KB036206

새로운
통일 이야기

이 도서의 국립중앙도서관 출판예정도서목록(CIP)은 서지정보유통지원시스템 홈페이지(http://seoji.nl.go.kr)와 국가자료공동목록시스템(http://www.nl.go.kr/kolisnet)에서 이용하실 수 있습니다. CIP제어번호: CIP2017007482(양장), CIP2017007483(학생판)

새로운
통일 이야기

| 박재규 · 김근식 · 김성경 · 김학성 · 서주석 · 양문수 · 조봉현 · 조재욱 · 조한범 · 홍현익 지음 |

한울
아카데미

   대한민국은 일본 제국주의로부터 독립 후 광복의 환희를 별반 누리지도 못하고, 미국·소련 주도의 세계정세하에서 분단의 현실에 처해졌다. 해방 이후 '소용돌이의 정치' 속에 분단을 볼모로 한 강대국들의 각축전이 통일을 갈망하고 희구하던 세력과 국민을 압도하며 배제해갔다. 이후 권위주의 세력은 북한과 통일 문제를 정권 차원에서 이용하면서 우리 사회에 극심한 '레드 콤플렉스' 현상을 확대·재생산해왔는데, 이런 징후는 민주화 이후에도 수그러들지 않았다. '산업화'와 '민주화'를 성공적으로 성취했다고 평가받기도 하는 한국형 발전 모델은, 그래서 아직은 미완의 상태이다. 민주화 과정에서 파생된 '정치적 이념'의 양극화 속에 통일과 북한 문제도 심각한 '진영 논리의 틀'로 재단되고 접근되는 오늘의 현실은 지극히 우려스럽다.

   이런 맥락에서 통일과 북한 문제를 객관적으로 논의하고, 균형 잡힌 대안을 찾는 것은 어려운 과제가 되었다. 그러기에 해마다 적지 않은 통일 관련 책들이 발간되고 있지만, 대학생들에게 적합하고 적절한 교재에 대한 갈증은 더욱 심해지고 있다. 대부분의 책이 세부적인 전문 분야에 집중하는 경향이어서 통일 문제에 대해 종합적으로 인식하고 체계적으로 접근한 균형 잡힌 대안은 찾아보기 어렵다. 이뿐만 아니라 새로운 '남남 갈등'이라 할 만한, 통일과 북한 문제를 둘러싸고 우리 사회에서 전개되는 이념적 양극화 현상은 객관적인 관점의 형성마저 어렵게 만들고 있다. 이런 문제의식을 전제로 통일 문제에 대한 현실적이고 균형 잡힌 관점과 시각을 함양하고자 이 책을 출간하게 되었다.

경남대학교는 2016년부터 영남권의 '통일교육선도대학'으로 선정되어 통일과 관련해 다양한 사업을 해오고 있다. '통일교육선도대학' 사업은 통일부의 후원을 받아 대학 차원에서 통일 교육 모델을 개발하고, 학내의 통일 교육 활성화를 목표로 하고 있다.

경남대학교 통일교육선도대학 사업의 일환으로 기획된 이 책은 '대학생 눈높이'에 적합한 열린 교재로 만들어졌다. 통일 문제를 처음 접하거나, 통일 문제에 관심은 있으나 구체적 방향에는 익숙지 않은 대학생들을 대상으로 한다.

경남대학교 통일교육선도대학 육성사업단 편집위원회에서는 '열린 교재'를 목표로 한쪽에 치우치지 않도록 다양한 논의를 담고자 했다. 이런 우리의 원칙이 얼마나 충족되었는지는 독자의 몫으로 남긴다. 하지만 모든 집필자들이 편집위원회의 기조에 맞춰 최선을 다했다고 자부한다.

경남대학교 교수진 외에도 조봉현(IBK 경제연구소), 홍현익(세종연구소), 조한범(통일연구원), 김학성(충남대학교), 양문수·김성경·서주석(북한대학원대학교) 등 외부 인사들이 참여해 만든 이 책은 통일과 관련된 다양한 내용을 총 11장에 담아냈다.

이 책이 한반도 통일 시대를 준비하는 데 유익하고 의미 있는 나침반

이 되어 대학생들뿐만 아니라 일반 독자들에게도 성큼 다가가기를 바란
다. 또한 다소 혼란스러운 정치 현실 속에 충실한 안내서로 자리매김하
기를 기대한다.

2017년 3월

경남대학교 총장 박재규

차
례

차례

북한은 우리에게 무엇인가

박재규

경남대학교 총장

1. 머리말

북한을 바라보는 시각은 2000년 남북정상회담 이후 변화했다. 북한에 대한 이중적인 인식이 여전히 자리 잡고 있었지만, 과거의 냉전적 대결 의식이 약화되고, 그 대신 화해·협력 의식이 강화되었다고 평가된다. 이런 의식 변화의 저변에는 남북정상회담으로 상징되는 남북 화해 협력 사업의 지속적인 추진, 세계적인 탈냉전과 이에 따른 이데올로기의 규정성 약화, 북한의 제한적인 개혁·개방의 추진 등이 놓여 있다. 특히 남북 교류와 화해 협력의 진전은 한국을 '방북 1만 명 시대'와 '북한의 두 번째 무역 상대국'으로 만들었다.

그러나 민족 화해 의식이 고양되고 있었음에도 남한 사회에는 여전히 대북 대결 의식이 존재하고 있고, 적지 않은 사람들이 북한을 의혹의 눈초리로 바라봤다. 1999년, 2002년, 2009년 세 번에 걸친 서해교전, 북한의 핵 개발 속에 북미 간의 핵 공방 등 한반도의 불안정한 구조는 아직도 근본적으로 청산되지 않았으며, 이런 구조적 바탕 위에서 냉전적 대결 의식의 잔재 역시 우리 사회 곳곳에 아직까지 잔존하고 있다. 그동안 간헐적으로 표출되었던 우리 사회 일부의 대북 불신 양상은 이명박·박근혜 정부 출범 이후보다 심화되었고, 특히 2010년 연평도 포격 사건과 함께 2015년 여름에는 DMZ 목함 지뢰 사건에 이어 서부전선에서 남북이 서로 포격을 가하는 군사적 충돌이 벌어졌다.

이처럼 화해·협력의 진전과 대북 불신이 서로 상충됐던 사건들은 우리에게 북한이라는 존재가 일방적으로 규정될 수 없음을 방증하는 것이기도 하다. 우리 사회에 존재하고 있는 이 같은 이중성의 근본 기저에는 '우리에게 과연 북한은 무엇인가'라는 질문이 놓여 있다. 적인가 동포인가, 혹은 흡수통일의 대상인가? 이런 질문에 답하면서 우리 시대의 대북관을 탐색하고자 한다.

2. 민족 화해 시대의 북한

인식의 혼란

지난 반세기 동안 남과 북은 반목과 질시의 세월을 보내왔다. 남한은 '반공과 반북'의 기치 아래 북한의 모든 것을 부정해왔고, 북한은 '반미'의 기치 아래 남한의 모든 것을 미국의 예속물로 간주해왔다. 남한에서는 분단과 한국전쟁, 냉전의 역사를 지나면서 사회 내부적으로 북한에 대한 대결 의식이 가장 지배적인 이념적 지향으로 내면화되었다. 그러나 일관된 반목과 질시[적대성(敵對性)]에도 불구하고 남과 북은 같은 민족이라는 동포애를 강하게 공유하고 있는 것 또한 사실이었다. 그리고 민족과 동포라는 공통의 감정은 통일에 대한 강렬한 열망의 밑바탕을 이루고 있었다.

세계적인 냉전 구조 속에서 남과 북의 대결 의식은 상대적으로 명확했다. '적敵과 아我'라는 이분법에 기초한 냉전적 흑백논리가 온 사회를 지배하고 있었고, 이에 따라 친구 아니면 적이라는 피아의 분명한 구별만이 허용되었다. 그러나 냉전이 종식되고 사회주의 진영의 몰락과 자본주의로의 체제 전환이라는 새로운 세기의 역사가 시작되자 남북한 관계도 변화하기 시작했다.

남북 관계의 극적인 변화는 2000년에 성사된 정상회담을 계기로 가시화되었다. 정상회담은 대결과 반목, 냉전의 흑백논리에 기초해 서로를 바라보던 데서 벗어나 화해와 협력, 탈냉전의 새로운 눈으로 상대방을 바라보는 열린 자세를 갖게 한 '사건'이다. 정상회담 이후 남북 간에는 정부당국과 민간 차원에서의 각종 대화와 교류가 확대되었고, 남북한은 경제적·사회문화적 협력 관계를 형성·발전시켰다. 또한 정상회담은 우리 사회 내부에 공공연하게 자리 잡고 있던 냉전의 반공 대결 의식을 약화시키고 대북 화해 및 협력 의식(한반도 민족주의)을 고양시켰다.

그러나 화해 및 협력 의식의 고양과 함께 다른 한편에는 남남 갈등의 새로운 갈등 구조가 형성되고 있다. 남남 갈등은 과거 냉전 시기의 관성이던 남북 간 적대적 인식의 잔존, 즉 북한을 주적으로 간주하고 적대와 대결의 대상으로 인식하는 흐름이 아직도 남아 있다는 것을 말해준다. '북한 붕괴론' 혹은 고토 점령식의 '흡수통일론'을 기치로 북한을 타도와 제거의 대상으로 간주하는 냉전적 대결 의식이 민족 화해 시대에도 강하게 남아 있는 이유는 북한이라는 존재에 대한 상반된 인식이 근저에 자리 잡고 있기 때문이다.

화해와 협력의 증대에 의한 민족의식과 동포애의 고양이 남과 북의 새로운 시대를 이끌어가는 미래 지향적 대북 인식을 대표한다면, 여전히 대결과 배제를 기본으로 상대방을 인정하지 않으려는 냉전 의식은 과거 지향적 대북 인식을 대표하고 있다. 그리고 이런 상반된 대북관이 오늘날 우리 사회에 주요한 갈등의 한 축으로 자리 잡고 있는 것이다. 지금의 남남 갈등은 어찌 보면 자유 민주주의 사회에서 '사상의 자유'와 '의사 표현의 자유'에 부합될 뿐 아니라 오히려 토론을 통해 합리적 발전을 꾀한다면 사회 발전의 주요한 동력이 될 수도 있을 것이다. 그러나 우려스러운 것은 남남 갈등이 서로 간의 대화와 소통이 단절된 채 북한에 대한 인식의 혼란을 더욱 부채질하며 자기와 의견이 다른 상대방을 원천적으로 부정하는 데서 출발하고 있고, 또 그것을 통해 자신들의 정당성을 추구하고 있다는 점이다.

사실 외적으로 표출되는 남남 갈등의 이면에는 현재 북한에 대한 인식의 '이중성'이 자리 잡고 있다. 물론 북한에 대한 인식의 이중성이 비단 어제오늘의 현상만은 아니지만, 남북 간에 화해와 협력이 진전되고 민족 화해 의식이 제고된 경험은 과거에 잠복해 있던 대북관의 상충성을 더욱 첨예화했다. 그리고 대북관의 이중성은 개인들의 심리적 의식뿐 아니라 남과 북의 정부 당국 간 관계와 민간 차원의 교류와 협력에서도 다양하게 나타났다.

북한이라는 존재의 이중성은 남과 북이 통일을 지향하는 과정에서 필연적으로 노정될 수밖에 없는 과도기적 진통임이 틀림없다. 따라서 이런 이중성을 올바로 인식하고 향후 평화통일의 관점에서 바람직한 대북관을 모색해보는 것이야말로 탈냉전 이후 남북 화해와 협력의 시대에 시급히 요청되는 과제가 아닐 수 없다.

3. 적으로서의 북한

여전히 우리 사회에는 북한을 적으로 바라보는 시각이 적잖이 존재한다. 북한은 화해와 협력의 대상이라기보다 주적이자 적대와 대결의 대상인 것이다. 그리고 이는 인식에서의 이중성을 넘어 북한이라는 실체가 지닌 이중성에 근거한다. 즉 북한은 현실적으로도 적의 모습으로 우리와 부닥치고 있다는 것을 부인할 수 없다.

한반도의 분단은 이미 반세기를 넘어섰다. 그 사이 남북한의 관계는 말 그대로 세계적인 냉전의 대결 속에서 '제로섬Zero Sum' 게임을 벌여왔고, 남북은 서로에 대한 적대 의식을 당연하게 받아들였다. 이런 대결 의식의 지속은 크게 세 가지 차원에서 지탱되어왔다. 첫째, 냉전 시대의 이데올로기적 유산이고, 둘째, 한국전쟁의 기억과 군사적 대치의 현실이며, 마지막으로 냉전 대결 의식의 사회적 재생산 구조이다.

먼저 대한민국은 출범과 동시에 전 지구적인 냉전 구조 아래 반공(반북) 이데올로기의 유산을 떠안아야 했고, 이에 따라 남한은 전 사회적 동원 체제를 통해 북한에 대한 적대 의식을 모두에게 익숙한 것으로 자리 잡게 만들었다. 남북한이 분단과 전쟁을 겪으면서 냉전의 규정력 아래로 편입되어 전 국민 총동원 체제를 갖추어가는 과정은 곧 반공 이데올로기의 내면화 과정이었으며, 승리지상주의의 군사주의적 사회문화가 뿌리내리는 과정이었다. 서로를 적대시하는 치열한 체제 경쟁 과정은 군사적 대결에서의 승리와 한 치의 빈틈도 없는 철통같은 방위 체제를 가장 중요한 사회적 가치로 인식하게 만들었고, 승리가 아니면 곧 죽음이라는 극단적인 흑백논리를 강요했다. 그리고 냉전식 흑백논리는 20세기 말 세계적인 탈냉전에도 불구하고 아직까지 우리 사회 곳곳에서 힘을 발휘하고 있다. 북한을 둘러싸고 벌어지는 남남 갈등의 중요한 원인 역시 이러한 냉전과 탈냉전이 동시에 뒤엉켜서 나타나는 우리만의 특수한 자화상의 일면이라고 할 수 있다.

또한 남과 북은 휴전선을 사이에 두고 200만 명에 가까운 상용 무력이 군사적으로 대치하고 있다. 전 세계에서 이처럼 많은 수의 중무장 병력이 대치하고 있는 곳도 없다. 세계에서 무장과 군의 밀집도가 가장 높은 지역이 바로 한반도이며, 이는 곧 휴전선을 '무장화된 비무장지대'로 만들고 있다. 이 같은 군사적 대치의 현실에서 북한이 적으로 인식되는 것은 '안보 제일주의'의 관점에서 당연시되고 있다. 사실 남북한은 한국전쟁이라는 '끝나지 않은 전쟁'의 상흔을 깊이 안고 있다. 남북의 1000만 이산가족의 아픔이 그렇고, 양측이 경쟁적으로 전 국민 동원 체제를 갖추고 있는 현실이 그러하며, 간헐적으로 터져 나오는 무장 충돌의 뉴스에서도 우리는 전쟁의 상흔을 쉽게 목도할 수 있다. 한국전쟁이 아직 끝나지 않았으며 진행형이라는 사실은 민족 화해의 시기에도 두 차례의 서해교전을 통해 극명하게 드러났고, 심심치 않게 보도되었던 국군 포로의 탈북 사건에서도 발견된다. 그러나 무엇보다도 한국전쟁이 끝나지 않았다는 것은 남과 북의 혈기왕성한 청년들이 '국방의 의무' 속에서 총부리를 직접 겨누며 대치하고 있고, 지체 없이 전쟁 태세를 갖춰야 하는 현실로서의 '전시 체제'를 직접 체험하고 있는 데서 찾아볼 수 있다. 장차 통일의 주역이 될 젊은이들이 서로 총칼을 겨누고 전쟁의 불안 속에서 생활하고 있다는 것은 그 자체로 상대방에 대한 적대의식을 재생산하고 고착화하는 가장 큰 현실적 토대인 것이다.

마지막으로 대북 적대 의식은 이를 체계적으로 재생산해내는 사회정치적 구조에 의해서도 여전히 진행형이 되고 있다. 과거 오랫동안 우리 눈에 익숙했던 사방 곳곳의 '안보' 및 '반공' 포스터와 벽보, 입간판 등이 시민들을 내면화하기 위한 무차별적인 선전이었다면, 지금은 북한 실상의 단면을 과장하거나 확대함으로써 '비하의식'과 '대북 우월' 의식을 통해 반북 이데올로기를 재생산하고 있다. 사회정치적 재생산 현상은 마치 '회로'가 작동하듯 구조화되어 우리의 무의식에 각인되어 있고 체계적으로 지속된다. 일종의 '반공주의 회로'가 작동하는 것이다.* 이러한 재생산은 학교에서도, 군대에서도, 대중매체를 통해서도 진행되고 있다. 가끔씩 터져 나오는 이른바 '색깔론'도 국민들의 기억 저편에 존재하는 '레드 콤플렉스'를 자극함으로써 손쉽게 정치적 이득을 취하려는 목적에서 비롯된 것이다.

적으로서 북한은 한반도의 분단과 전쟁, 냉전 체제의 지속과 구조화, 그리고 오늘날까지 이어지는 대립 체제의 역사가 만들어낸 또 북한의 또 하나의 실체이다. 북한에 대한 적으로서의 인식은 여전히 우리 의식의 한 편을 강하게 붙들고 있을 뿐만 아니라 제도적인 장치 역시 아직도 고스란히 남아 있다. 이런 상황에서 우리가 취하는 대북 정책은 그 밑바탕에 '안

---

* 권혁범은 한국 사회에서 반공주의의 의미 체계와 정치사회적 기능을 비판적으로 검토하면서 이를 '반공주의 회로판'으로 명명하고, 이념적 수준의 반공주의는 약화되지만 내면화된 일상적 사유 체계이자 분단 규율 친화적 세계관으로서 반공주의는 존속될 가능성이 높다고 전망했다(권혁범, 2000).

보'가 기본적으로 강조될 수밖에 없다. 북으로부터 우리를 지켜야 한다는 '안보'와, 북과 더불어 살아야 한다는 '공존'의 딜레마가 바로 지금 우리의 대북 정책이 안고 있는 어려움의 한 단면이라고 할 수 있다.

4. 동포로서의 북한

적으로서의 북한이 냉전과 한국전쟁, 사회정치적 재생산에 의해 내면화된 의식의 일부라면, 다른 한편으로 동포애를 기반으로 한 화해 의식 역시 우리 의식의 일부를 차지하고 있다. 더구나 2000년과 2007년 두 차례의 정상회담을 계기로 화해와 협력 의식이 고양되면서 잠재된 동포애가 확산되고 있고, 이를 통해 젊은 세대를 중심으로 북한과의 공존의식이 날로 증대했다. 남북한 경제협력과 금강산 관광을 비롯한 다양한 인적 교류의 확대는 남한 사회에 '흡수통일'의 비합리성을 깨닫게 했고, 결국 서로가 협력하는 가운데 통일이 이루어져야 한다는 새로운 자각을 불러일으켰다. 과거 동서독 교류처럼 연간 500만 명이 넘는 숫자에 비하면 시작 단계에 불과했지만, 남북한은 2003년 이미 교류 인원이 '1만 명'을 넘어섰고, 그 정치적·사회적·국제적 효과는 훨씬 높게 나타났다.

남북한이 서로를 화해와 협력의 대상이라는 것을 깨닫고 상호 인정과 평화공존 방식이 가장 합리적이고 효과적인 남북한 관계라고 인식하기 시작한 것은 2000년 정상회담부터이다. 그러나 정상회담이 있기 전에도 남북 관계의 개선은 더디지만 지속적으로 추진되어왔다. 멀게는 노태우 정부 시절의 '7·7 선언'부터 1989년 이후의 경제 교류, 1998년 세계의 이목을 집중시키며 시작된 금강산 관광 등이 자리 잡고 있다. 1990년대 중반 북한의 정치·경제적 위기를 틈타 불거진 '북한붕괴론'과 '흡수통일론'이 '북한의 위기는 곧 우리의 기회'라는 전형적인 '승패' 관념에서 비롯된 냉전 의식이라면, '흡수통일론'을 넘어 평화적인 공존과 공영을 통한 통일의 추구는 탈냉전과 동포애를 바탕으로 한 장기적인 평화통일의 관념에서 있다.

무엇보다도 남북한의 협력은 서로에게 이득이 되는 이른바 '윈윈 win-win' 게임이다. 이미 한국은 선진 제국의 높아지는 견제와 중국 등 후발 국가들에 의한 추격이라는 힘겨운 무한 경쟁의 압력에 놓여 있다. 해마다 해외 이전을 통한 제조업 공동화 현상이 심화되고 있으며 높은 노동 비용 때문에 가격 경쟁력도 위협받고 있는 현실이다. 이런 조건에서 남북한의 협력은 서로에게 경제적인 이득일 뿐만 아니라 한반도를 동북아 물류와 경제협력의 중심지로서 역할을 하게 만들 것이다. 실례로 경의선·동해선 연결은 남북한의 끊어진 혈맥을 잇는 의미뿐만 아니라 중국과 시베리아를 거쳐 유럽까지 연결되는 새로운 '비단길'의 의미를 부여하고 있었으며, 개성공단의 건설은 남북한 협력의 새로운 모델이 될 것이라는 기대가 있었다. 물론 여기에는 북미 관계, 새로운 남북 관계 등 넘어야 할 산이 적잖이 쌓여 있지만, 남북한의 협력과 화해가 전제되지 않는다면 애초에 생각지도 못하고 시작조차 못했던 프로젝트임이 분명하다.

북한은 한반도 통일의 대상이자 한쪽 주체로서 우리와 대면한다. 통일은 남한만의 방식으로도 혹은 북한만의 방식으로도 가능하지 않다. 이미 북한은 1980년에 주장했던 연방제 통일에서 체제 유지의 성격을 가미한 '느슨한 연방제'로 바뀌었다. 마찬가지로 남한 역시 단기간의 '흡수통일'을 공식적으로 배제하고 평화공존과 점진적인 통일을 목표로 삼았다. 남과 북은 이미 1992년 '남북기본합의서'에서 '통일을 지향하는 과정에서 과도적으로 형성된 특수한 관계'로 서로를 규정했다. 또한 상대방을 소멸의 대상이 아니라 합의를 통한 통일의 대상으로 설정하고 있다는 것도 아울러 표현되고 있다. 이 같은 인식을 토대로 남북한은 정상회담 이후 시드니 올림픽에서의 공동 입장, 2002년 부산아시아 게임에서의 공동 입장과 북측 응원단의 활동, 대구 유니버시아드 대회에서의 공동 입장 등 국제적으로 상호 체제를 공식 인정하고 있음을 보여주었다.

동포로서의 북한 인식은 국민 여론 조사에서도 분명하게 표현되고 있다. 1995년의 여론조사에서는 북한을 적으로 인식하는 국민들이 약 4 대 6의 비율로 우위에 있었던 데 비해 1999년에는 이 비율이 6 대 4 정도로 뒤바뀌었고, 이러한 추세는 정상회담 이후까지 지속되었다.* 이처럼 화해·협력이 본격화되기 이전에는 북한 붕괴와 흡수통일의 분위기가 지배적이었다. 그러나 김대중 정부 이후 햇볕정책의 추진으로 민족 화해가 증진되면서 1999년에는 성급한 북한 붕괴가 가능하지도 바람직하지도 않다고 인식하게 되었고, 그 결과 남북한의 평화적 공존이 현실적으로 유용한

---

* 국민들의 북한에 대한 의식 조사를 살펴보면 1995년의 경우 지원 및 협력 대상(11.7%, 25.2%)이 36.9%인 반면, 경계 및 적대 대상(43.7%, 15.9%)이 59.6%로 약 4 : 6의 비율이었다. 1999년의 경우 지원 및 협력 대상(19.3%, 32.6%)이 51.9%, 경계 및 적대 대상(28.7%, 8.2%)이 36.9%로 비율이 역전되었다. 2003년의 조사에서도 동포애와 적대의 비율은 52.5%, 39.7%로 1999년과 거의 변화가 없다. 이에 관해서는 최수영 외(1995; 1999)와 최진욱(2003) 참조.

통일 과정이라는 것을 깨닫게 된 것이다. 과거 냉전 시대의 적대적 대결 의식 대신에 화해와 협력의 공존의식이 확대되면서 국민들의 대북관은 동포애적 의식으로 바뀐 것이다.

동포애에 기반을 둔 남북한의 교류와 협력은 평양이 남한 사람들의 반걸음으로 시끌벅적해지고, 금강산이 서해교전의 여파에도 협력의 상징으로서 기능을 잃지 않았던 모습에서 확인된다. 2003년의 삼일절 공동 행사, 8·15 민족통일대회, 개천절 공동 행사를 비롯해 제주도 민족평화축전 등 남북한의 공동 행사도 횟수가 늘어났을 뿐 아니라 규모도 커지고 내용 면으로도 사회문화적인 공동 행사로 발전했다. 북한과의 경제 교류도 7억 달러를 넘어서서 일본을 제치고 2대 교역 상대국이 되기도 했다. 이에 맞춰 북한도 '7·1 경제관리개선조치'를 통해 '시장'을 인정하는 개혁 조치를 취하고 경제특구 등을 개방했다. 이러한 남북한의 협력 및 북한의 개혁적인 조치 경험은 남북한이 화해와 협력을 더욱 발전시키고 동포애를 더욱 고양시키는 데 기여할 것이다. 그리고 동포로서의 북한이라는 의식의 확대는 결국 평화적인 통일의 가장 분명한 기반이 될 것이다.

5. 민족 화해와 평화통일

앞에서 살펴본 것처럼 북한은 적과 동포라는 두 가지의 상충된 실체로 존재하며, 이러한 상충된 이미지는 냉전과 탈냉전이 교차하는 현실 속에 객관적 성격을 띠고 있다. 그리고 이를 반영하듯 우리 사회는 개성공단 폐쇄 조치 등에서 나타난 것처럼 남남 갈등이라는 뜻하지 않은 홍역을 앓고 있다. 남남 갈등은 북한에 대한 적과 동포, 대결과 협력, 냉전과 탈냉전, 배제와 공존이라는 이분법적 사회 인식과 질서의 혼란 속에서 발생한 것으로 우리 사회가 좀 더 성숙한 사회로 발전해나가기 위한 과도적 진통이라 할 수 있다.

현재의 한반도는 냉전의 마지막 잔재를 떨쳐 버리고 탈냉전의 새로운 시대로 나아가는 과도기적 상황에 처해 있다. 남북한은 2000년 정상회담을 통해 앞으로의 한반도는 전쟁을 넘어 평화와 대결의 시대를 지나 화해와 협력, 배제를 넘어 공존을 추구하는 정합적Positive-Sum 관계를 맺어가기로 약속했고, 이를 기반으로 점진적인 통일로 나아갈 것을 다짐했다. 그러나 새로운 생명의 탄생은 해산의 고통 없이 저절로 찾아오지 않는다. 우리 사회의 남남 갈등은 바로 이와 같은 과도적 진통 중 하나이다.

그리고 이러한 남남 갈등은 이념적 대결이나 서로에 대한 배제를 통해 극복되는 것이 아니라 북한의 현실에 대한 정확한 인식과 편향되지 않는 시각 및 국민적 합의로 세워진 대북 정책 추진을 통해 극복되어야 한다. 또한 남남 갈등은 역설적으로 남북 협력을 더욱더 강화함으로써 극복될 수 있다. 현재 생겨나고 있는 남남 갈등은 북한에 대한 잘못된 인식과 무지 혹은 편견에서 많은 것이 비롯되었다. 이러한 편견과 무지는 남과 북의 부단한 접촉과 협력을 통한 객관적 현실의 확인과 대화로써 해결될 수 있다. 따라서 우리는 적과 동포로서의 북한이라는 객관적 현실에 맞춰 튼튼한 안보를 기초로 부단히 교류하고 협력함으로써 현재의 혼란과 갈등을 풀어나갈 수 있을 것이다.

비록 지금 우리 사회가 남남 갈등과 서로 다른 대북 인식 탓에 혼란을 겪고 있지만, 평화와 통일의 길을 가야 한다는 데는 모두가 동의하고 있다. 북한에 대해 의혹과 경계의 눈길을 거두지 않는 측이든 북한에 대해 동포로서 따뜻한 애정을 눈길을 보내는 측이든 간에 평화와 통일에 대한 기다란 전망에서는 일치하고 있다. 물론 극단적으로 친북·반북의 외치는 이들은 최소한의 합리적인 판단마저도 상실하고 있으므로 논외로 해야 할 것이다.

평화와 통일의 길을 가기 위해 남북한의 협력은 필수적으로 요청되는 사안이다. 동·서독의 교훈을 굳이 들지 않더라도 부단한 협력을 통한 상호 신뢰 구축, 협력의 제도화 등을 통해서만 평화적 방식의 통일 과정이 시작될 수 있고, 결국 우리가 원하는 통일의 완성도 기대할 수 있을 것이다. 현재 체제 경쟁의 우열은 이미 판가름 나 있다. 남북한 국력의 가장 중요한 지표인 경제력은 이미 비교가 되지 않는 상태이다. 물론 경제력이 국력의 모든 것을 다 표현할 수는 없지만, 정치와 국방 등 모든 분야에서 경제력이 뒷받침되지 않는다면 아주 허약한 체제일 수밖에 없다.

남북한의 협력은 이런 현실적 조건에서 출발할 수밖에 없다. 따라서 남한의 북한에 대한 지원 혹은 투자가 협력의 중심이 될 수밖에 없으며, 일부에서 말하는 '퍼주기'라는 비판은 현실 인식을 결여한 것으로 볼 수 있다. 또한 대북 협력을 퍼주기라며 비판하는 사람들은 기능주의적 접근에 따라 경제협력 등 정치·군사 외적 분야에서의 신뢰 구축이라는 전통적인 남한 사회의 통일 접근법을 부정하는 셈이다. 사실 그동안 북한이 줄기차게 요구해온 연방주의적 접근(정치·군사적 접근의 우선)에 대해 우리는 기능주의적 접근(비정치적 분야의 교류 우선)으로 맞서왔다. 그런데 1990년대 이후부터 북한의 현실적 조건과 필요에 의해 우리의 기능주의적 접근을 북한이 수용하기 시작한 것이다. 우리는 이를 직시해야 한다.

물론 남북한 간의 협력은 제도적 기반을 아직 탄탄히 갖추지 못하고 있다. 그것은 여전히 존재하는 우리 사회의 제도적 장애와 북한 체제의 준비 부족 등이 원인이다. 앞으로는 지금까지의 협력 관계를 넘어 정부와 민간이 수레바퀴의 양 축을 담당하는 전면적인 남북 협력으로 더욱 발전되어야 한다. 그것이 남북한을 과거의 '적대적 상호 의존관계'로부터 '상보적 상호 의존관계'로 바꾸어놓을 것이며, 서로가 이익을 얻는 '윈윈'의 관계로 만들 것이다.

이러한 남북 협력은 평화와 통일을 위한 가장 중요한 기반이 될 것이다. 평화와 통일은 남북한의 선언이나 협정으로만 이루어지지 않는다. 오랜 신뢰와 협력의 제도화를 통해서만 가능하다. 그리고 이를 뒷받침하는 것은 남북한 구성원들이 서로에 대해 이해하고, 올바르게 인식할 때 공고한 토대를 마련할 수 있다. 이런 점에서 올바른 대북관의 형성은 남북 협력을 이룰 첫 출발점이라 할 수 있다.

오늘날 한반도는 세계 유일의 냉전 고도孤島에서 막 벗어나려는 참이다. 그러나 북한을 둘러싼 상반된 평가와 견해가 충돌하고 있는 것도 사실이다. '북한은 우리에게 무엇인가'라는 질문에 적과 동포라는 이중적인 인식이 존재하는 것처럼, 북한에 대한 정책에서도 포용과 엄격한 상호주의가 충돌하고 있다. 그러나 한반도의 평화와 통일은 남북의 적극적인 협력 없이는 불가능하다. 그리고 그 출발은 남한이 먼저 해야 한다. 지금 우리는 평화와 통일의 주춧돌을 놓고 있다. 주춧돌이 튼튼히 놓여야 성벽이 튼튼하듯, 지금의 남북 협력이 견고해져야만 한반도의 평화와 통일도 건실해질 것이다.

6. 맺는말

이제 다시 처음의 질문으로 돌아가 보자. 북한은 무엇인가? 적인가 아니면 동포인가? 현실적으로 우리는 북한에 대한 상충되는 이중성 속에서 북한을 바라보고 있다. 그러나 우리에게는 동포로서의 북한이라는 더욱더 넓고 포용적인 인식이 요구된다. 평화와 통일이라는 한반도의 미래를 위해 남북 협력을 더 확대하고, 전면화해야 하기 때문이다.

이 장의 내용을 정리하면 다음과 같다.

첫째, 현재의 북한 인식은 이중적인 속성을 띠고 있는데, 적으로서의 북한과 동포로서의 북한이 그것이다. 둘째, 북한에 대한 이중적인 인식은 객관적인 구조를 갖추고 있다. 북한에 대한 적으로서의 인식은 남과 북의 군사적 대치, 서해교전과 같은 물리적 충돌 등에서 볼 수 있듯이 군사적 현실인 것이다. 한마디로 말하자면 한반도의 '안보' 문제와 직결되기 때문이다. 셋째, 북한에 대한 동포로서의 인식은 유구한 역사에 기반을 둔 '민족의식'과 평화통일의 현실적 필요에 기초한다. 즉 같은 민족이라는 인식에 기초해 현실적으로 교류 및 협력을 통한 평화적 통일의 대상으로 북한을 인식하는 것이다. 넷째, 남북 협력은 평화와 통일을 위해 중요한 사업이다. 현실적으로 남북 협력은 남한이 주도적으로 추진해야 하며, 더 적극적으로 진행되어야 한다. 다섯째, 남북 협력을 더욱더 전면적으로 추진하기 위해서는 민족 화해 시대에 걸맞게 올바른 대북관을 갖추어야 한다. 그것은 북한에 대해 더욱 포용적인 자세를 취하는 것이다.

참고문헌

권혁범. 2000. 「반공주의 회로판 읽기」. 조한혜정·이우영 엮음. 『탈분단 시대를 열 며』. 삼인.

최수영 외. 1995. 『1999년노 통일문제 국민여론조사 결과』. 민족통일연구원.

_____. 1999. 『1999년도 통일문제 국민여론조사』. 통일연구원.

최진욱. 2003. 「남북관계의 진전과 국내적 영향」. 통일연구원 협동연구학술회의 발 표 논문(9.26).

2

통일 비용과 통일 편익

조봉현
IBK 경제연구소 부연구소장

1. 통일 환경의 변화

동북아 정세는 급변하고 있다. 미국의 신정부 출범, 미국과 중국의 갈등, 주변 강대국의 자국 이익주의 강화, 북한의 핵 실험을 비롯한 끊임없는 도발, 남북 관계 악화 등 불확실성이 점차 커지고 하루가 다르게 변화하고 있다. 이런 가운데 한국 경제는 새롭게 도약해야 하고, 동북아의 중심 국가로서 성장해나가야 한다. 그 돌파구가 한반도의 평화통일이다.

한반도 통일은 우리 시대의 최대 과제이다. 통일은 대한한국의 미래이다. 한반도는 동북아 경제 중심에 위치해 대륙과 해양을 연결하고 유라시아 시대를 개막할 수 있는 관문이다. 지금부터라도 우리는 한반도 통일에 대비해 국가의 미래를 내다보는 차원에서 전략을 수립해야만 한다.

우리 정부의 통일 외교 노력으로 국제사회에서도 한반도 통일에 대한 관심이 제고되고 지지도 확산되고 있으며, 한반도의 통일 비전이 국제적으로 공감대를 형성해가고 있다. 중국의 시진핑習近平 주석은 2014년 7월 "한반도의 자주·통일을 지지한다"라고 했고, 러시아의 블라디미르 푸틴Vladimir Putin 대통령은 2013년 11월 "통일은 당연한 과정"이며 "통일은 평화적인 방법을 통해 양측의 이익을 고려해 이뤄져야 한다"라고 했다. 2014년 10월에 열린 '세계한인회장대회'에서도 한반도 평화통일 지지 결의문을 채택했다.

한반도 통일이 언제 어떻게 이루어질지는 누구도 알 수 없지만, 최근들어 통일을 현실적인 문제로 인식하기 시작했다. 헬무트 콜Helmut Kohl 전서독 총리는 1989년 10월 서독 국회의사당 강연에서 "독일 통일은 정말

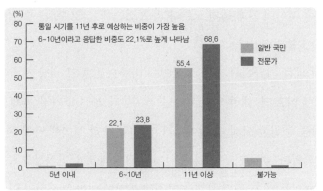

현대경제연구원(2013.10) 대상: 일반 국민과 전문가

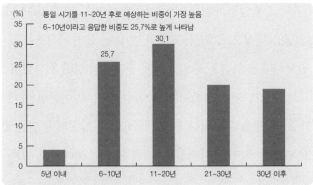

IBK경제연구소(2010.3) 대상: 중소기업

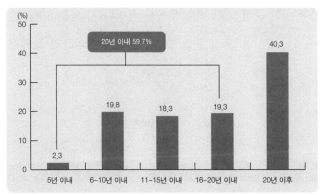

중소기업중앙회(2014.7) 대상: 중소기업

그림 2-1 **통일 예상 시기**

오래 걸릴 것이며 언제 될지 모른다"라고 했는데, 그로부터 4주 뒤에 베를린 장벽이 붕괴되었다.

국내의 각 기관에서 기업과 국민을 대상으로 통일 예상 시기를 조사한 자료에 따르면, 대략적으로 11년 전후부터 20년이 가장 높게 나타났다. 그만큼 통일은 이제 먼 이야기가 아니다. 우리 시대에 닥칠 현실적인 문제가 되었다. 하지만 우리가 통일에 대해 올바르게 인식하고 준비하고 있는지는 의문이다. 우리 사회는 아직도 통일에 대한 부정적인 인식이 높다. 서울대학교 통일평화연구소가 전국 16개 시도의 만 19세 이상 성인남녀 1200명을 대상으로 조사·발표한 '2010년 통일의식조사'에 의하면, 통일이 필요하다는 의견은 59%로 전체 응답자의 절반을 넘었다. 그러나 이런 결과는 2007년의 64%에 비해 낮아진 것이다. 이뿐만 아니라 '그저 그렇다'가 20%, '필요하지 않다'는 응답도 21%나 차지해 통일을 긍정적으로 바라보지 않는 국민이 간과할 수 없을 정도로 존재하고 있음을 알 수 있다.

통일에 대한 준비 또한 매우 부족한 실정이다. 서울대학교 통일평화연구원에서의 실시한 '2014 통일의식조사' 결과에 의하면 '통일대박론'에 공감한다고 답한 비율은 31.4%에 그쳤다.

표 2-1 **통일대박론 공감**

(단위: %)

매우 공감	약간 공감	보통	공감 안 함	전혀 공감 안 함
3.9	27.5	40.0	22.1	6.5

자료: 서울대학교 통일평화연구원, '2014 통일의식조사'(2014.9).

표 2-2 **일반 국민들의 통일 비용 부담 의식 현황**

(단위: %)

부담하지 않음	연 1만 원 이하	연 2~10만 원	연 11만 원 이상
46.0	33.4	17.5	3.1

자료: 현대경제연구원(2011.11).

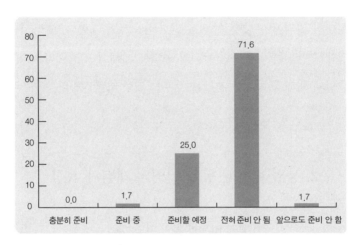

그림 2-2 **기업의 통일 대비 현황**

자료: IBK경제연구소(2010).

통일의 경제적 부담에 대한 부정적 인식도 강하다. 국민들의 통일 비용 부담 의사를 보면 '부담하지 않겠다'는 비율이 46%로 매우 높은 반면, 연 11만 원 이상을 부담하겠다는 비율은 3.1%에 그치고 있다.

통일 대박의 핵심은 기업의 역할인데, 기업들은 통일 시대를 준비조차 못하고 있다. 준비했거나 준비 중인 기업은 100여 개 가운데 두 개(1.7%)도 안 된다.

한반도 통일에 대한 올바른 인식을 바탕으로 통일의 공감대를 확산(국민 생활 속의 통일)하고, 정부뿐만 아니라 모든 경제 주체가 꾸준히 통일을 준비하는 것이 무엇보다 중요하다.

통일 비용 부담에 대한 우려가 아직도 광범위하게 확산되어 있다고 판단된다. 한반도 통일에는 눈에 보이는 것이든 보이지 않는 것이든, 다양한 형태의 편익이 상상할 수 없을 만한 규모로 존재한다. 따라서 우리는 통일에 수반되는 비용뿐만 아니라 편익에 대해서도 정확히 이해함으로써 통일에 대해 균형적인 시각을 갖추는 것이 바람직하다.

2. 통일 비용과 통일 편익의 개념과 쟁점

1) 통일 비용과 통일 편익 개념

통일 비용과 통일 편익을 분석하기 위해서는 무엇이 비용이고 편익인지를 정확히 알아야 한다. 무심코 비용이나 편익이라고 생각했던 부분이 실제로는 그 효과가 미미해 체감하지 못하는 경우가 있다. 심지어는 예측하기 어려운 여러 가지 제약 요소 때문에 비용은 편익으로, 편익은 비용으로 뒤바뀌는 경우가 발생할 수도 있다.

통일 비용은 통일 이후 하나의 통합국가로 정치·경제·사회 시스템이 안정을 이루면서 정상적으로 운영되기 위해 부담해야 되는 비용(부담)이다. 통일이 되면 부담하지 않아도 될 '기회비용 opportunity cost'이기도 하다.

표 2-3 **통일 비용과 통일 편익의 개념**

통일 비용	통일 편익

○ **남한의 비용**
- 대북 SOC 투자 및 북한 경제 재건비
- 북한 주민 지원 비용(생계보조비, 실업수당,
  보건의료비 등)
- 남북 제도 통합 비용
- 인구이동에 따른 주거, 교통, 교육, 의료 부문
  등의 혼잡 비용
 	
○ **북한의 비용**
- 체제 전환에 따른 비용
- 노동력 부족 및 실업 증가
- 인플레이션 등
	○ **남한의 편익**
	- 대북 투자로 인한 경기활성화
	- 분단 유지 비용 절감(국방, 외교비 등)
	- 국가위험도 감소
	- 규모의 경제 실현(시장 확대) 및 생산요소의
	  유기적 결합(노동력, 천연자원 개발 등)
	- 시너지 효과(물류비 절감, 주변국과의 교역
	  확대)
	
	○ **북한의 편익**
	- 분단유지비 절감, 국가위험도 감소
	- 시장 확대, 기술 혁신, 생산성 제고
	- 대규모 SOC 개발 및 지하자원 개발

○ **남한의 비용** - 사회적 혼란(각종 범죄와 투기) - 이념적·남북 지역 간 갈등 ○ **북한의 비용** - 국가 체제의 격변 - 사회적 혼란(체제 부적응자 증가) - 소득격차 및 국민적 열등감	○ **남·북한의 편익** - 국가 브랜드 가치와 대외 인지도 제고 - 스포츠 강국 부상 - 관광·문화·학술 산업 발전 - 북한 주민의 인권 신장 - 이산가족 문제 해결

(좌측 세로: 경제적 / 비경제적)

자료: 조동호(2010).

경제적 통일 비용은 대북 사회간접자본Social Overhead Capital(이하 SOC) 투자, 북한의 경제 재건 비용, 북한 주민 지원 비용, 남북 제도의 통합 비용 등이다. 비경제적 통일 비용은 사회 혼란과 이념적 갈등, 남북 간 소득 격차와 남북 주민들 간의 이질감 등이 될 것이다.

통일 편익은 통일로 얻게 될 경제적 이익(가치)이다. 경제적 통일 편익은 대북 투자에 따르는 경기 활성화 효과, 규모의 경제 실현과 남북 경제의 시너지 효과, 북한의 부존자원 개발을 통한 수입 대체와 관광 수입 증대 효과, 분단된 교통망 복원 및 연결을 통한 물류비 절감 효과, 분단 유지 비용 절감 및 국가위험도 감소 효과 등이다. 비경제적 통일 편익은 통일 한국의 국가 브랜드 가치와 국격國格 제고, 스포츠 강국으로 부상, 사회·문화·관광 서비스 부문의 기회 확대를 통한 삶의 질 향상, 북한 주민의 인권 신장과 이산가족 문제 해결 등이다.

2) 통일 비용과 통일 편익 쟁점

통일 비용이 큰지, 통일에 따른 이익이 큰지 등 통일 비용과 편익에 대한 논란이 크다. 여기서 몇 가지 쟁점을 살펴보고자 한다.

첫째, 통일 비용과 통일 편익 견해차이다. 통일 편익>통일 비용이면 통일대박론이 강조되고, 이를 적극적으로 지지한다. 반면 통일 비용>통일 편익이면 통일에 대한 부정적 인식이 강해져 통일에 대한 인식이 소극적으로 바뀔 것이다. 하지만 많은 이들이 통일 편익이 비용보다 훨씬 크다는 데 대체로 공감하고 있다.

둘째, 통일 비용의 용도이다. 통일 비용의 용도를 투자성 지출과 소비성 지출로 나눌 수 있다. 투자성 지출의 관점에서는 통일 비용 대부분이 투자성 지출로서 당장에는 비용이 들지만, 장래에는 더 큰 이익을 낸다고 주장한다. 소비성 지출의 관점에서는 남북한의 사회복지 수준을 맞추기 위해 대규모 소비성 이전 지출이 불가피하다고 본다. 독일의 통일 비용

표 2-4 **통일 비용의 용도와 지출 주체에 따른 분류**

		지출 주체		
		정부/공공 부문	민간 부문	해외 부문
지출 용도	투자성 지출	기반 시설 건설 비용, 농업 및 산업 지원 비용	민간 기업 투자 등	외국 기업과 국제기구 투자 등
	소비성 지출	사회복지, 교육, 공공 행정 지출	민간단체 지원 등	국제기구와 국제 NGO 지원 등

자료: 김석진(2014).

추정치를 보면 소비성 지출의 비중이 50% 이상 되었다.

어느 한쪽만 강조하는 통일 비용 산정은 문제가 있다. 투자성 지출과 소비성 지출을 적절히 고려한 통일 비용 산정이 필요하다. 소비성 지출을 무시할 수는 없지만, 투자성 지출이 훨씬 더 크다는 의견이 많다.

셋째, 통일 비용의 부담 주체인데, 정부 투자와 민간 투자로 나눌 수 있다. 통일이 되면 정부 투자 비중이 높은지, 민간 투자 비중이 높은지를 봐야 한다. 대체로 민간 투자의 비중이 훨씬 높을 것으로 예상되는데 공공 기반 시설 투자는 정부가 하겠지만, 일반 산업 및 개발 투자는 민간이 주도할 것이다. 정부와 민간, 해외와 국내 등의 적절한 조화와 역할 분담이 중요하다.

넷째, 통합 유형에 따른 통일 비용이다. 급진적 완전 통합이냐, 점진적 통합(부분 통합) 이후 통일이냐에 따라 통일 비용은 상이하다. 사회복지 제도를 보면, 남북한이 20배의 소득 격차가 나는 상황에서 기초생활 보장과 4대 보험제도 등을 북한에 그대로 적용할 경우 통일 비용 부담이 매우 크다. 공공 지출이 GDP의 10%에 달할 것이라는 추정도 있다. 노동시장 통합은 일정한 기간에 걸쳐 노동시장을 분리할 것이냐, 아니면 바로 통합할 것이냐가 문제이다. 바로 통합 시 '북한 근로자 임금 상승→기업 투자 저조→대량 실업에 의한 사회복지 비용 증가 등이 우려가 되기도 한다.

대체로 통일이 급진적일수록 그리고 통일 시점이 늦을수록 통일 비용이 클 것으로 예측된다. 점진적으로 남북한의 격차를 줄여나갈 수 있는 전략을 모색하고, 그에 따라 통일 비용을 산정할 필요가 있다.

다섯째, 통일 비용과 통일 편익 추정이 상이해 천차만별의 의견을 내고 있다. 통일의 형태와 방법, 비용 개념, 기준, 시기와 방법 등에 따라 다양한 의견이 제시되고 있다. 통일 비용과 통일 편익에 대한 연구는 학자와 연구 기관마다 다양하게 시도해왔으며, 통일 비용 추정은 최소 500억 달러부터 최대 5조 달러에 이르기까지 약 100배의 편차가 있다. 통일 편익 추정에서 일부 항목만 반영되거나 유무형의 비경제적 효과가 제대로 반영되지 않아 '과소평가'될 수도 있다. 통일된 기준과 방법으로 통일 비용과 통일 편익을 추산하는 것이 중요 과제이다.

여섯째, 통일 비용 지출과 통일 편익 기간이다. 통일 비용 지출이 얼마나 장기화될지 통일 편익은 계속될 것인지가 문제이다. 통일 비용은 결국 남북한의 소득 격차에 기인하므로, 통일 이후 소득이 균등해지기까지 어느 정도의 기간이 걸리느냐는 문제와 직결된다. 독일의 경우 공공 부문의 통일 비용은 통일 후 15년 정도 서독의 GDP 대비 4~5% 수준이었다. 일반적으로 10년이면 어느 정도 균형점을 찾을 것으로 예상하지만, 20년이 되어도 북한 지역이 남쪽의 50% 수준에도 미치지 못할 것이라고 추정하기도 한다.

통일로 얻을 수 있는 편익이 과연 언제까지 계속될 것인지도 문제이다. 대체로 일시적인 편익이 아니라 최소한 장기화될 것이며, 더 나아가 새로운 편익을 창출함으로써 오랜 기간 지속될 수도 있다. 통일 비용은 한시적으로, 통일 편익은 시차를 두고 장기간에 걸쳐 발생하게 된다. 인적자원, 지하자원 가치, 지정학적 위치, 통합 물류망, 국가 신용도 제고 등으로 통일 비용의 지출 기간보다 통일 편익 기간이 훨씬 길 것이다.

일곱째, 통일 비용의 조달 여부이다. 통일 비용은 매우 크므로 지금부터라도 기금을 조성해나가야 한다는 주장이다. 엄청난 소요 비용을 미리 준비하지 않으면 통일 시 경제적 부작용이 커질 수 있다는 주장이다. 반면 통일 시점에 편성해도 된다는 주장도 있다. 정부 예산 가능성과 그 효과 측면에서 볼 때 통일 기금을 미리 준비하는 것은 큰 의미가 없으며, 통일 시점에 조달해도 된다는 논리이다.

통일 기금 조성은 통일 인식을 확산하는 측면에서 규모와 관계없이 추진하는 것이 바람직하다. 하지만 실제 통일 비용을 미리 준비하겠다는 주장은 설득력을 얻기 어려울 것으로 보인다.

3. 통일 비용과 통일 편익 분석

통일 비용 추정은 통일의 형태와 방법, 시기와 목표 수준, 추정 방법 등에 따라 최소 500억 달러부터 최대 5조 달러로 편차가 크다.

통일 비용과 편익 추산과 관련해 간단한 예를 들어 설명해보자(이석,

표 2-5 북한 경제개발 소요 비용과 복지 및 교육 지출 추정(2015~2034)

(단위: 억 달러)

	경제개발 소요 비용	복지 및 교육 지출		경제개발 소요 비용	복지 및 교육 지출
2015	68	712	2025	245	728
2016	77	712	2026	270	730
2017	88	713	2027	297	733
2018	101	713	2028	328	735
2019	115	714	2029	361	737
2020	131	715	2030	398	739
2021	150	718	2031	439	740
2022	171	719	2032	485	742
2023	196	722	2033	535	742
2024	223	724	2034	592	741

자료: 이석·김두얼(2011).

2012). 보통 통일 비용을 계산할 때 북한 지역 주민들에게 남한 수준의 복지나 교육과 같은 서비스를 제공하는 비용이 가장 많이 들 것이라고 생각한다. 가상의 비용 추정을 통해 각 연도별로 먼저 북한 지역의 경제개발 소요 비용과 복지 및 교육 지출에 필요한 비용을 예측해보면 복지, 교육 지출이 어마어마하게 들어가는 것으로 나온다. 여기서 경제개발 소요 비용이란 과거 한국의 고성장 시대에 상응하는 경제 발전에 들어가는 금액을 의미하며, 복지 및 교육 지출은 2008년 한국의 수준을 기준으로 삼았다.

한반도가 통일이 되면 경제적 부문에서의 통일 편익이 통일 비용보다 훨씬 크다는 데는 이견이 없다. 한반도 통일의 최대 수혜국은 남북한이 될 것이며, 특히 북한의 경제적인 이득이 상당할 것으로 전망된다. KIEP(2014)

표 2-6 **2000년대 이후 통일 비용 추산**

연구자 · 기관 (발표 연도)	통일 시점 (기간)	통일 비용	추정 방법 및 기준
골드만삭스 (2000)	2000~2010 2005~2015	8300억~2조 5400억 달러 1조 700억~3조 5500억 달러	목표 소득 방식 (남한 60%)
박석삼 (2003)		점진적 통일: 8300억 달러 급진적 통일: 3121억 달러	항목별 추정 방식 (위기관리 비용)
이영선 (2003)	5~11년간	점진적 통일: 732억 달러 급진적 통일: 1827~5614억 달러 (남한 60% 달성에 10년 소요 가정)	항목별 추정 방식 (위기관리 비용 중심)
SERI (2005)	2015	546조 원 (최저생계비, 산업화 지원)	항목별 추정 방식
랜드硏 (2005)	–	500억~6670억 달러 (통일 후 4~5년 내 2배 수준 향상)	목표 소득 방식
피터벡 (2010)	–	30년간 2조~5조 달러 (남한의 80%)	목표 소득 방식
미래기획위원회 (2010)	2011	점진적: 3220억 달러 급진적: 2조 1400억 달러	–
찰스 울프 (2010)		620~1조 7000억 달러 (현재 북한 GDP 700달러→ 남한 수준 2만 달러로 향상)	목표 소득 방식
전경련 (2010)	–	3500조 원	전문가 설문조사
김유찬 (2010)	2010	1548.3~2257.2조 원 (통일 후 20년 비용)	항목별 추정 방식 (위기관리+SOC)
현대경제硏 (2010)	2010 (10~18년)	1인당 3000달러: 1570억 달러 1인당 7000달러: 4710억 달러 1인당 1만 달러: 7065억 달러	목표 소득 방식 (한계 자본 계수)
통일부 용역 과제 (2011)	2020 (20년)	379.2조~1261.1조 원 (2030년 1인당 GDP 남한의 20%)	항목별 추정 방식 목표 소득 방식 (통일 후 10년간 포함)
	2030 (30년)	813조~2836조 원 (2040년 1인당 GDP, 남한의 36%)	
	2040 (40년)	1000.4조~3277.6조 원 (2050년 1인당 GDP, 남한의 40%)	

자료: 홍순직 외(2010).

표 2-7 통일 비용 및 통일 편익의 추정 결과

(단위: 억 달러)

목표 소득		3,000달러 (10년)	7,000달러 (15년)	1만 달러 (18년)
통일 비용(A)		1,570	4,710	7,065
통일 편익(B)	부가가치 유발	836	2,509	3,764
	국방비 절감	1,226	2,623	4,245
	국가위험도 감소 (외채 조달 비용 절감)	135	230	341
	소계	2,197	5,362	8,350
통일 순 편익(B−A)		627	652	1,285

주: 통일 편익(B)에는 통일 후 남북 공동의 경제협력 확대는 물론, 관광 및 지하자원 개발 등의 기타
  편익은 포함하지 않았다.
자료: 홍순직 외(2010).

는 남북한 경제통합 시 2016년부터 2030년 동안 북한의 GDP 성장률은 연
평균 16%p 확대되고, 남한은 1%p 증가할 것으로 전망하고 있다. 70년 이
상 분단이 유지된 한반도에 평화를 정착시키고, 남북한 주민의 사회적 동
질성을 회복하는 등 비경제적인 편익도 발생하게 된다.

　현대경제연구원의 추정 결과에 따르면 통일 후 북한의 1인당 소득
3000달러를 달성하면, 통일 편익은 통일 비용(1570억 달러)보다 약 630억
달러 많은 2200억 달러가 된다. 북한의 1인당 소득 7000달러와 1만 달러
를 목표로 했을 경우에도 통일 비용보다 통일 편익이 각각 650억 달러,
1300억 달러 클 것으로 추정된다.

　남북 공동의 경제협력 확대에 따른 편익까지 고려할 경우, 통일 편익
은 더욱 커질 것이다. 북한 인력의 고용을 통한 기업 경쟁력 향상, 8000만

표 2-8 **통일 편익(통일부 연구 용역 결과)**

통일 시점(기간)	통일 편익	비고
2030년 (30년)	유형의 편익(후생 수준 향상) 2021~2030년: 140.83억 달러 2031~2040년: 494.56억 달러	통일 후 10년간 포함
	무형의 편익 (분단 비용 해소, 경제 활성화, 비경제적): 49.21조원	

자료: 통일부 연구용역 과제(2011.10).

인구의 내수 시장 형성, 관광 자원의 활용을 통한 관광 수입, 북한 지하자원의 개발을 통한 해외 자원의 수입 대체 효과, 교통 인프라 연결에 따른 물류비 절감 및 국제물류 수입 등이 예상된다. 북한자원연구소가 2012년에 발표한 자료에 의하면, 북한에 매장되어 있는 주요 지하자원 18가지 광물의 잠재적 가치는 1경 1026조 원(약 9조 7574억 600만 달러)에 달하는 것으로 추정된다.

통일부의 연구 용역 결과에 의하면 실질 GDP와 후생 수준이 변화해 통일 편익이 커질 것으로 추정되었다. 2030년을 통일 시점으로 가정해 통일 이전의 경제공동체 형성 기간(2021~2030) 20년과 통일 이후의 통합 기간(2031~2040) 등 총 30년 동안 통일 비용을 813~2836조 원을 투입할 경우 경제적 순이익은 총 635.4억 달러가 발생한다는 것이다. 무형의 비경제적 편익을 살펴보면 분단 비용 해소 편익 16.63조 원, 경제 활성화 편익 16.36조 원, 비경제적 편익 16.22조 원 등 총 49.21조 원으로 분석된다.

통일연구원에서 분석한 북한 GDP의 증대 효과에 따른 경제 분야의 통일 편익을 보면, 통일 비용 대비 통일 편익이 훨씬 큰 것으로 나타났다.

표 2-9 **통일 비용과 통일 편익(통일연구원 연구 결과)**

(단위: 조 원)

	통일 비용(a)	통일 편익(b)	순 통일 편익(a-b)
2031	23.0	16	7
2032	24.4	37	12.6
2033	25.0	60	35.0
2034	25.5	87	61.5
2035	26.1	116	89.9
2036	26.6	148	121.4
2037	27.2	181	153.8
2038	27.7	217	189.3
2039	28.3	254	225.7
2040	28.9	292	263.1
2041	29.4	332	302.6
2042	30.0	370	340.0
2043	30.5	407	376.5
2044	31.1	442	410.9
2045	31.6	477	445.4
2046	32.1	510	477.9
2047	32.6	543	510.4
2048	33.1	574	540.9
2049	33.6	606	572.4
2050	34.1	636	601.9
합계	581.8	6,304	5722.2

주: 1) 2013년 기준 실질 금액
  2) 통일 비용: 산업·통상·에너지, 농림수산식품, 기반 시설 등 투자성 재정 지출
  3) 통일 편익: 통일 시 북한 GDP－비통일 시 북한 GDP
자료: 통일연구원(2013) 재구성.

산업·통상·에너지, 농림·수산·식품, 기반 시설 등 투자성 재정 지출을 기준으로 한 통일 비용은 통일 이후 20년간 581조 원으로 추산된다. 반면 통일 이후 북한 GDP 증대에 의한 통일 편익은 통일 이후 20년간 6304조 원으로 추산된다.

자본의 투자로 북한의 GDP가 증가하면 그중 상당 부분은 남쪽의 소득으로 귀결될 것이다. 북한 지역 투자가 남한 지역 투자의 대체가 아니라 남쪽에 긍정적 효과가 창출될 것이다. 해외 직접 투자가 본국의 수출, 생산, 고용을 유발하는 효과와 함께 개성공단의 경우도 부품 공급이 늘어나고, 제품 판매가 활성화되어 국내 생산과 고용 유발 효과가 나타날 것이다.

통일 비용은 북한의 경제 발전과 함께 점차 감소하겠지만, 통일 편익은 경제적·비경제적인 상승효과로 점점 증가하리라 기대된다. 통일에 의한 각종 경제적 편익 외에도 국가 브랜드의 가치가 제고되고 대외 인지도가 향상되며, 이산가족 문제가 해결되고 북한 주민의 인권이 신장되며 문화가 발전하는 등 비경제적인 통일 편익까지 고려해보면 통일 비용에 비해 통일 편익이 훨씬 클 것으로 예상된다.

통일 편익은 남북한에만 국한되는 사안이 아니다. 한반도와 밀접하게 이해관계를 맺고 있는 주변 국가에도 이익을 가져다주게 된다. 다소간의 차이는 있지만 남북한의 통일이 주변국에도 편익을 발생시키는 것으로 나타났다. KIEP(2014)는 세계투입산출모형World Input-Output Table을 이용해 한반도 주변국의 통일 편익을 분석한 결과 중국 3009억 달러, 미국 379억 달러, 일본 244억 달러, 러시아 136억 달러의 편익을 발생시킬 것으로 전

표 2-10 **한반도 주변국에 대한 남북한 통일의 편익 분석 결과**

(단위: 억 달러, 1000명)

	시나리오 I			
	총산출	GDP	對통일한국 수출	고용
일본	684	246	256	21.0
중국	1,742	485	552	564.1
미국	660	291	285	23.3
러시아	160	74	56	77.2
	시나리오 II			
	총산출	GDP	대(對)통일한국 수출	고용
일본	244	86	171	7.4
중국	3,009	841	799	905.3
미국	379	148	206	13.0
러시아	136	64	52	71.6

주: 통일 시나리오 I—한반도 평화통일 II—한반도 평화통일 후 통일한국과 중국 간 경제협력 증대
자료: KIEP(2014).

망된다. 이는 중국, 극동 러시아, 한국 등 동북아시아 국가 간 자유 교역을 통해 발생하는 초과 이득windfall을 포함하지 않은 것으로, 이를 포함할 경우 편익은 더욱 극대화될 것이다.

무엇보다 통일은 대한민국 경제에 재도약 기회를 가져다줄 것이다. 저성장, 저물가, 저고용, 저출산 문제 등을 한꺼번에 해결할 수 있는 길이 통일이다. 통일이 되면 대한민국이 다시 한 번 도약할 수 있는 기회가 열릴 것이다.

4저(底) 1고(高)	통일 경제의 재도약		
• 저성장: 중진국 함정 잠재성장률: 1990년대 6~7% → 2000년대 이후 3% • 저물가: 경기침체형 물가하락 소비자물가지수(%): (2010) 3.0 → (2013) 1.3 • 저고용: 양적·질적 측면 저하 청년고용률(%): (2005) 44.9 → (2013) 39.7 • 저출산: 지속적 하락 추세 출산율(명): (2000) 1.45 → (2013) 1.18 • 고령화: 성장 저해 요인 생산 가능 인구: 2016년(3704만 명) 이후 감소	Strong Economy	• 인구 8000만 명 달성 • 북한 경제 성장 지원 투자 → 내수 중심의 경제 완성	
	Sustainable Economy	• 북한의 풍부한 노동력 및 지하자원 • 한국의 자본과 기술력 → 산업경쟁력 획기적 제고	
	Good Economy	• 한반도 비핵화 • 분단 유지 비용 절감 → 지정학적 리스크 해소	

한반도는 동북아 경제 중심에 위치하고 있어 남북한 통일은 대륙과 해양을 연결해 유라시아 시대를 열어갈 수 있다. 남북한 철도가 연결되고, 이것이 TCR(중국횡단철도), TSR(시베리아 횡단철도) 등과 연결되면 그 경제적 효과는 엄청날 것이다.

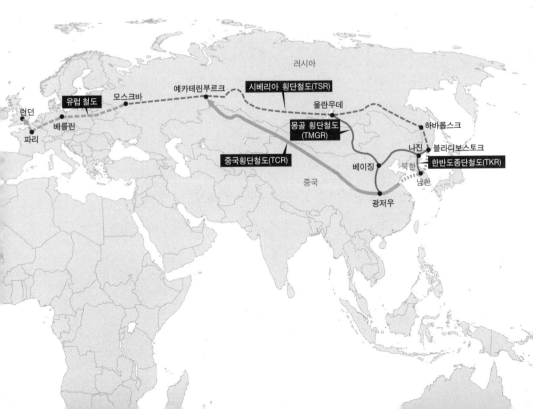

4. 시사점

70년 넘는 남북 분단에 의해 북한 경제의 발전이 지연되고 남북 주민의 동질성은 약화되었다. 사회주의 계획경제의 비효율성과 핵무기 개발 등으로 북한 경제는 국제사회에서 고립되었고, 경제난은 여전하나. 시간이 갈수록 남북 간의 경제적 격차가 더욱 확대되고 있으며, 남북 주민의 경제체제, 문화, 생활양식 등에서도 많은 격차가 있어 한민족인데도 사회적 이질감이 확산되고 있다.

이제는 남북한 통일을 이루는 것은 숙명적인 과제이며, 시대적 소명이자 우리 경제가 대도약할 수 있는 기회이기도 하다. 남북한 통일은 70년간 분단의 역사를 종식시켜 한반도뿐 아니라 세계의 평화를 증진시킬 것이다. 통일은 북한 경제뿐 아니라 저성장 기조가 지속되고 있는 남한 경제에도 대도약할 수 있는 기회를 제공해줄 것이다.

통일 비용과 통일 편익을 계산하거나 확정하는 것은 매우 어렵다. 이런 가운데 비용이 편익보다 적으니 통일이 우리에게 해롭다거나 비용이 편익보다 더 크기 때문에 통일이 우리에게 이롭다는 식의 결론을 내리는 것은 바람직하지 않다. 비용을 줄이는 방법으로 통일을 설계해나가야 한다. 그런데 통일 비용만을 논의하는 방법은 통일은 반드시 한국 경제에 부정적인 요소로 작용할 것이라는 인식을 내포하고 있기 때문에 통일을 주저하게 만든다. 반면에 통일 편익만 강조하다 보면 통일에 대한 지나친 망상에 빠질 수가 있다. 통일 비용과 통일 편익을 합리적으로 추정하고, 균형적 시각을 갖춰야만 한다.

통일 비용과 통일 편익의 실효성 검토를 통해 다음과 같은 몇 가지 시사점을 도출할 수 있다.

첫째, 통일은 대한민국이 새롭게 도약하고 성숙할 수 있는 기회의 창이다. 통일을 바라볼 때, 통일 비용을 우려하는 관점에서 벗어나 통일 편익이라는 희망적 시각에서 접근할 필요가 있다. 통일이 되면 남북한 소득 격차 해소와 북한 지역 개발 등을 위해 대규모 통일 비용을 지출하게 되겠지만, 그 결과 우리가 얻게 될 통일 이익은 비용보다 훨씬 크다.

둘째, 한반도 통일은 한국 경제 성장의 핵심 요소가 될 것이다. 한국 경제의 희망을 어디서 찾을 것인가? 통일에서 찾아야 한다. 일부 기업과 업종에 의한 성장 시대는 더는 기대할 수 없다. 골드만삭스의 자료에 따르면 한반도가 통일되면 매년 10%대의 경제성장률을 보일 것이고, 2050년이 되면 1인당 GDP가 약 9만 달러에 이를 수 있다고 한다. 통일한국은 30~40년 내에 GDP 규모 면에서 프랑스, 독일, 일본을 능가할 수가 있다고 했다.

셋째, 기업의 관점에서 통일 시각의 정립이 필요하다. 통일 과정과 통일 이후에 비용을 줄이고 통일 편익을 극대화하기 위해서는 기업의 주도적 역할이 중요하다. 기업인의 참여 없이 통일 대박은 있을 수 없다. 통일이 되면 우리 기업이 새로운 글로벌 리더가 될 수 있을 것이다.

넷째, 통일은 청년과 젊은 층에게 도전 의식을 고취하고 꿈과 희망을 주는 동력이 될 수 있다. 또한 일자리 창출, 창업 등 제2의 벤처 시대가 열릴 수 있다. 청년들은 지금부터라도 통일 시대에 대비해 준비해나가야 할 것이다.

다섯째, 통일 대박은 저절로 이루어지는 것이 아니라 준비된 상황에

	준비 안 된 통일	준비된 통일
금융시장	• 한반도 리스크 확대로 금융시장에 부정적 영향 장기화 • 환율, 주가, 금리 등 급변동 ※ 국채 발행에 따른 금리 상승 ※ 외국인 매도에 따른 주가 급등락 • 국가신용도 하락으로 외국인 투자 위축, 국내 자본 이탈 기시화	• 북한의 시장경제 체제 이행과 한반도 리스크 해소 • 남북한 경제통합에 대한 긍정적 분위기로 금융시장 안정세 지속 • 남북경협 및 통일 기업 관련 종목을 중심으로 주가 급등 • 환율 및 금리는 장기적인 안정 구조로 정착
실물경제	• 북한 리스크가 장기화되면서 경기 위기 수준을 넘어서는 경기 침체 우려 ※ 금리 상승에 따른 집값 하락 가속화	• 북한이라는 신규 시장 특수로 실물 경제 활발해짐 • 수출입 등 대외 거래 활성화
기업	• 생산, 투자, 자금 조달 등이 정체되면서 기업의 연쇄 부도 위험 또한 급증 • 자금 조달 비용 상승이 생산 비용 상승, 채산성 하락으로 연결	• 해외 진출 기업의 북한 유턴 등 기업의 대북 진출이 활발해짐 • 생산 투자 본격화, 내수 증대로 기업 경기는 호황 국면

서만 가능하다. 모든 경제 주체의 통일 인식 확산과 준비가 필요한 시점이다. 철저한 준비가 없다면 오히려 통일은 쪽박으로 전락할 수도 있다.

여섯째, 공감대 형성으로 통일 인식을 확산시켜나가야 한다. 통일이 가져올 평화와 경제 성장의 이점을 알려 공감대를 형성하고, 통일 인식을 널리 확산해야 한다. 국민들에게는 생활 속의 통일, 주변국 모두에도 한반도 통일의 중요성을 인식시켜 국내뿐만 아니라 국제적으로 확산시켜나가야 한다.

일곱째, 통일 준비 차원에서 새로운 남북경협을 추진해야 한다. 남북한의 경제력 격차를 완화하고, 경제의 동질성을 회복하기 위한 다양한 경제협력을 모색해야 한다. 기존의 남북경협이 북한을 지원하고 변화를 유도하는 차원이었다면, 이제는 통일에 대비한 경제통합과 통일 후 경제 성장의 관점에서 접근할 필요가 있다.

참고문헌

김근식. 2015. 「통일대박과 통일예멘」. ≪통일시대≫. 민주평화통일자문회의.

김재영. 2015. 「통일비용의 재원과 조달방법」, ≪통일법연구≫, 1권. 헌법이론실무
학회.

이석. 2012. 「과연 무엇이 통일비용이고 통일편익인가?」, ≪KDI 북한경제리뷰≫, 11월
호. KDI.

이승현·김갑식. 2011. 「한반도 통일비용의 쟁점과 과제」, ≪정책연구≫, 통권 171호,
국가안보전략연구원.

서울대학교 통일평화연구원. 2014. '2014 통일의식조사'.

조동호. 2010. 「통일비용 논의의 바람직한 접근」, ≪JPI 정책포럼≫, 29권.

조한범. 2013. 「정치·사회·경제분야 통일 비용·편익 연구」. 통일연구원.

_____. 2015. 『한반도 통일의 비용과 편익: 정치 사회 경제 분야, 통일비용·편익 종
합연구』. 통일연구원.

홍순직 외. 2010. 「남북통일, 편익이 비용보다 크다」. ≪한국경제주평≫, 통권
422호. 현대경제연구원.

Korea Institute for International Economic Policy. 2014. *Cost-Benefit Analyses of
Unification and Economic Integration Strategies of the Korean Peninsula: Summary
Report*.

독일 통일 사례에서의 교훈

김학성

충남대학교 정치외교학과 교수

1. 머리말

인류 역사에서 국가와 민족의 분단 및 통일 사례는 수없이 많으나, 제2차 세계대전 이후 이데올로기의 대립과 동서 냉전으로 말미암아 분단의 비극을 겪게 된 민족은 그리 많지 않다. 한반도를 비롯해 베트남, 예멘, 독일, 중국이 대표적인 예이다. 그나마 베트남, 예멘, 독일은 어떠한 형태로든 통일을 이룩했고, 한반도와 중국만이 분단의 비극을 아직 극복하지 못하고 있다.

세계적인 탈냉전의 조류에도 한반도에서 냉전적 상호 대립은 아직도 지속되고 있다. 21세기가 출발하는 시점에 남한의 진보 정부가 대북 관여 engagement 정책을 추진함으로써 남북한 사이에 교류·협력이 확대·발전하기도 했지만, 연이어 집권한 보수 정부는 남북한 관계를 다시 냉전적 대결 상태로 환원시켰다. 그렇지만 향후 한반도의 평화와 통일을 염원하는 우리의 헌법적 입장을 고려하면, 남북한 관계가 언제까지 경쟁과 대결을 지속할 수만은 없다. 미래의 통일을 위해 남북한의 대화와 교류·협력은 재개되어야 하고, 그렇게 될 수밖에 없을 것이다. 이를 향한 노력의 과정에서 우리보다 앞서간 외국의 분단과 통일 경험은 유용한 활용 대상이다.

외국의 분단과 통일 경험에서 의미 있는 교훈을 얻으려면 우선 어떠한 시각과 태도로 외국의 통일 사례에 접근해야 할 것인지를 먼저 생각해보아야 한다. 무엇보다 외국 사례의 교훈으로는 긍정적인 측면뿐만 아니라 부정적인 측면이 있기 때문이다. 예컨대 분단 시절 동서독의 활발했던 교류, 비록 결과는 나빴으나 상호 합의에 기초한 예멘의 통일 방식 등은 우리가 주목할 만큼 가치 있는 사례로 간주될 수 있다. 이에 반해 독일의 경제·사회적 통일 후유증과 통일예멘의 정치적 통합 과정에서 나타난 어려움과 내전 발발은 타산지석으로 삼아야 할 대상으로 우리에게 시사하는 바가 많다.

이뿐만 아니라 각 국가의 분단과 통일 사례가 역사적·상황적 맥락에서 유사성보다 상이성을 더 많이 포함하고 있다는 사실도 간과될 수 없다. 외국의 분단 역시 냉전적 대결 구도라는 큰 틀 속에서 이루어졌다는 점에서는 한반도 분단과 공통분모를 가지고 있다. 그러나 각 국가와 민족 특유의 역사적 배경, 정치적·사회적·경제적·문화적 상황, 국제정치적 환경 등에 따라 분단 상황은 제각기 상이한 모습을 보이고 있기 때문에 일률적인 잣대로 평가할 수도 없을뿐더러 한반도 현실에 그대로 적용하기도 어렵다. 따라서 외국의 사례로부터 적절한 교훈을 얻기 위해서는 각 사례를 그대로 한반도에 적용하려 한다든지 또는 정반대로 배경과 상황의 차이를 내세워 모범적으로 보이는 외국의 어떤 사례가 우리에게는 적용될 수 없다는 식의 단순한 생각을 경계해야 한다. 그 대신에 각 국가의 경험을 체계적으로 이해하고, 이를 한반도 상황에 창조적으로 적용하려는 노력이 요구된다.

이러한 문제의식과 접근 태도를 바탕으로 교훈을 찾는 과정에서 우리는 통일 과정이나 통일 이후의 문제보다는 다른 분단국들이 분단 현실을 어떻게 관리하면서 통일을 준비해왔는지에 대해 더욱 주의 깊게 주목할 필요가 있다. 일차적으로 한반도는 분단 극복이라는 과제를 해결해야 하기 때문이다. 물론 외국의 통일 과정과 통일 이후 발생한 통합의 문제도 결코 무시될 수는 없다. 통일 이후 나타난 통합 문제들은 각 국가의 통일 이전의 분단 관리와 통일 정책을 평가할 수 있는 잣대인 동시에 우리에게는 분단 관리와 통일 준비의 바람직한 방향을 간접적으로 알려줄 수 있기 때문이다.

구체적이며 적절한 교훈을 찾기 위해서는 좀 더 체계적으로 외국의 사례를 이해하려는 자세가 요구된다. 일반적으로 분단과 통일의 문제는 크게 국내적 차원, 분단국의 민족적 차원, 국제 환경 차원으로 나눌 수 있다. 국내적 차원에서는 다른 반쪽에 대한 인식과 정책 방향을 비롯해 통일에 대한 의지나 준비가 어떻게 이루어졌는지를 찾을 수 있다. 민족적 차원에서는 분단 시기 분단국들 간 관계를 이해하는 것이다. 경쟁과 협력의 수준을 확인함으로써 대체로 통일의 역량과 가능성을 가늠해볼 수 있다. 마지막으로 국제 환경 차원에서는 분단국이 속한 지역에서 주변 국가들과 어떠한 이해관계를 맺으며 분단 상황에 대응했는지를 확인하는 것이다. 이러한 체계적 이해 방식에 중요한 것은 세 가지 차원이 결코 독립된 별개의 것이 아니라 서로 밀접하게 상호작용함으로써 분단 상황과 통일 가능성에 영향을 끼쳤다는 사실이다.

이상과 같은 인식과 방법론적 태도에 입각해, 여기서는 주로 독일의 사례를 중심으로 평화통일의 길을 찾아보고자 한다. 정략적 합의통일이 결국 내전으로 비화되었던 예멘의 통일 사례는 평화적 합의통일도 그에 합당한 필요조건과 충분조건이 충족되지 못하면 불행을 초래할 수 있다는 사실을 확인시켜준다. 요컨대 예멘의 사례는 우리가 지향하는 평화통일과는 거리가 멀다. 이에 비해 독일의 사례는 우리에게 부러움의 대상인 동시에 매우 소중한 간접 경험으로 제공한다. 분단의 배경과 상황이라는 측면에서 여러 차이점이 있기는 하지만, 과거 서독의 분단 관리 정책은 예나 지금이나 우리의 통일 정책에 좋은 본보기로 활용되고 있으며, 더욱이 독일 통일 이후 나타난 내적 통합 과정의 여러 문제점은 우리가 활용할 매우 가치 높은 타산지석이 될 수 있기 때문에 더욱 그러하다.

2. 냉전 시기의 독일 분단 문제와 서독의 분단 관리 정책

1) 독일의 분단과 냉전 구조

독일 분단은 제2차 세계대전의 패전과 미국과 소련 사이에 연이어 발생했던 냉전의 산물이다. 블록 대결의 냉전 구조가 고착되면서 동서독은 각각 미국과 소련 중심의 동서 블록에 철저히 통합되었으며, 이를 통해 전쟁 책임을 외형적으로 사면받을 수 있었다. 서방 연합국들은 한편으로 한국전쟁을 경험한 후 유럽에서 공산권의 팽창을 저지한다는 목표 아래 1954년 서독의 재무장과 나토NATO 가입을 허용했으며, 다른 한편으로는 유럽의 경제통합에 서독을 끌어들임으로써 서독이 다시금 군사 강대국으로 부상할 가능성을 미연에 방지하고자 했다.

이에 비해 동독은 소비에트화를 통해 소련의 위성국가로 전락했다. 소련은 독일을 공산화해 자신의 영향력 아래 두려고 했던 애초의 정책 목표가 서독의 나토 가입으로 무산되자, 동독을 동서 냉전의 첨병 기지로 삼았다. 문제는 동독 정권이 국내외로부터 정당성을 인정받지 못했다는 것이다. 안으로는 동독 주민의 서독을 향한 탈출이 지속되었고, 밖으로는 서방 세계로부터 국가로 인정을 받지 못했다. 따라서 동독 정권은 서독으로부터는 물론이고 국제사회에서 당당하게 국가로 인정받기 위한 외교에 전력을 집중했다.

1960년대 초반까지 냉전이 가속화되던 유럽의 국제 정세 속에서 전형적인 현실주의 정치가였던 서독의 초대 총리 콘라드 아데나워 Konrad Adenauer는 미국이 주도하는 서유럽 진영에 철저하게 통합되는 것을 정책적 제일 목표로 삼았다. 반면 정부 수립 초기, 통일 문제에 관한 그의 정책적 관심은 상대적으로 낮았다. 당시 야당의 통일에 대한 열망, 소련과 동독의 통일 공세를 묵살하고 분단의 기정사실화를 의미하는 서유럽으로의 통합 정책을 추진한 이유는 크게 두 가지였다. 첫째, 독일이 소련의 팽창주의적 희생물로 전락하지 않도록 방지하기 위한 것, 즉 반공주의적 안보 목표 때문이다. 둘째, 미국과 소련 중심의 냉전적 국제 체제가 확립된 상황에서 서방 연합국의 신뢰를 획득해 서독만이라도 점령 통치를 벗어남으로써 주권을 조속히 회복하기 위한 것이었다.

아데나워는 서독의 재무장과 나토 가입이 성사된 후에야 비로소 통일 문제에 본격적으로 관심을 보이기 시작했다. 그렇지만 기본적으로 동독을 한낱 소련의 점령지 SBZ: Sowjetische Besatzungszone로 간주했기 때문에 통일 문제는 소련과 해결해야 할 사안으로 생각했다. 따라서 그는 분단을 극복하기 위해 1955년 소련과 국교를 정상화하는 한편, 동독 불인정, 오데르 나이세 국경선 불인정, '할슈타인 원칙'*을 내세우는 이른바 '강자의 정책 Politik der Stärke'을 추진했다. 아데나워는 서방의 지원 아래 소련을 정치적·경제적으로 압박함으로써 독일 문제에 대한 소련의 양보를 얻어낼 수 있다고 생각했기 때문이다. 그러나 1950년대 말부터 1960년대 초반까지의 국제 환경은 전혀 다른 방향으로 전개되었다. 특히 1961년 베를린 장벽의 구축과 이에 대해 미국과 서방 동맹국들이 보여준 온건한 대응은 '강자의 정책'이 비현실적이라는 사실을 깨닫게 했다.

1960년대에 들어오면서 유럽의 냉전 질서는 긴장 완화라는 변화의 소용돌이에 휩싸이게 된다. 미소 간 대타협에 따른 긴장 완화는 유럽의 동서 분할을 기정사실화하는 것을 의미했다. 즉 베를린 위기 당시 존 F. 케네디John. F. Kennedy의 일방적인 대소 양보에서부터 1963년 발표된 케네디의 '평화전략', 미소 간 핵실험 금지Test-Ban 조약, 핵비확산조약NPT 협상으로 연결되는 일련의 과정에서 긴장 완화는 유럽의 현상 유지를 전제로 한다는 사실이 분명히 드러났다. 1950년대 핵전쟁의 공포를 벗어날 수 없었던 유럽 국가들은 미소의 이익과는 다르지만 안보적 위험을 통제할 수 있다는 점에서 긴장 완화를 매우 긴요한 것으로 받아들였다. 서독의 경우도 전쟁 억지를 위한 긴장 완화에는 원칙적으로 찬성했다. 그러나 아데나워의 기민당CDU 정부는 냉전적 현실에 집착해 독일 문제의 해결 없이 긴장 완화는 무의미하다는 입장을 고집했다.

그 결과 서독의 기민당 정부는 대내외적으로 정책적 어려움에 처하게

---

* 당시 외무차관이었던 서독의 할슈타인은 아데나워 총리의 명을 받들어, "소련을 제외하고 동독과 수교한 국가와는 외교 관계를 맺지 않겠다"라고 연방의회에서 보고했다. 이 내용은 이후 '할슈타인 원칙'으로 불리게 되었다.

되었다. 국내적으로는 1966년 기민당과 사민당SPD의 대연정große Koalition 이 출범하기 이전까지 한동안 대외 정책 노선을 둘러싸고 갈등을 겪었다. 대외적으로도 긴장 완화를 둘러싸고 미국과 갈등을 겪었다. 이는 기본적 으로 독일 문제의 해결 방법과 긴장 완화가 초래할 안보적 위협에 대한 서 독의 불안감에서 기인했다. 이에 따라 서독은 '선先긴장 완화, 후後독일 분 단의 문제 해결'을 강조하는 미국 및 서방 동맹국들과 불편한 관계에 놓이 게 되었으며, 소련 및 동유럽 국가들로부터는 긴장 완화를 거부하는 '실지 회복주의자' 또는 '제국주의자'라는 비난의 화살을 감수해야 했다.

이러한 상황에서 빌리 브란트Willy Brandt를 중심으로 하는 사민당은 1960년대 초반부터 유럽 정세 변화에 부합해 동서독 긴장 완화 정책을 구 상하기 시작했다. 브란트는 서방 동맹국의 이익과 반대되는 정책이 서독 의 외교적 고립을 초래할 뿐만 아니라, 베를린 장벽으로 발생한 이산가족 들의 고통을 해결하는 데 전혀 도움을 주지 못한다고 판단했기 때문이다. 브란트의 구상은 1969년 사민당이 정권을 장악하면서 본격적으로 실천 될 수 있었다.

2) 긴장 완화와 분단의 평화적 관리

서독 정부는 기본적으로 독일 민족의 의지만으로는 분단의 극복이 불 가능하다는 현실 인식하에 통일정책이라는 용어를 사용하는 데 매우 주 저했으며, 독일의 분단 및 통일 문제와 관련된 모든 정책을 독일정책 또는 동방정책이라는 표현으로 대신했다. 독일정책은 대체로 대동독 정책을,

동방정책은 분단 극복의 외적 조건을 창출하기 위한 대소련 및 동유럽 정책을 각각 지칭하는 것이었다. 그러나 양 정책은 완전히 별개로 구분될 수 있는 것이 아니었다. 동독 정권이 자신의 생존을 소련에 의존하고 있는 상황에서 양 정책은 밀접한 상관관계를 맺을 수밖에 없었다.

서독의 독일 및 동방정책은 1969년 브란트의 사민당 정부 출범을 계기로 일대 변화를 겪었다. 브란트 정부는 동독 불인정과 할슈타인 원칙에 입각한 아데나워의 정책을 포기하고 동서독의 관계 정상화를 통한 현상 유지의 인정을 토대로 유럽의 긴장 완화에 역점을 두는 정책을 추진하기 시작했다. 이러한 정책 전환은 서독 국내 차원에서는 일대 정치적 논쟁을 불러일으켰지만, 동서독 관계의 발전과 유럽의 평화 질서 정착에는 지대하게 기여했다.

(1) 서독의 국내 정치적 차원

1949년 정부 수립 이후 1990년 통일에 이르기까지 서독은 '자유', '통일', '평화'를 독일정책의 기본적 가치이자 목표로 설정했다. 문제는 현실적으로 세 가지 가치와 목표가 동시에 충족되기는 매우 어려웠다는 것이다. 즉 자유를 강조하면 동독과 소련의 반발 때문에 동서독 관계의 개선은 물론이고 평화 정착이 힘들었으며, 이에 비해 평화를 강조하면 동독 정권에 대한 인정을 바탕으로 동서독 관계의 개선은 가능하지만 동독 주민의 자유와 인권이 동독 정권에 전적으로 맡겨짐으로써 개선될 여지가 매우 적었다. 나아가 통일은 당위적인 목표이지만, 독일 분단의 특수성 탓에 현실적 목표로 내세우는 데는 한계가 있었다.

분단 초기 아데나워 정부는 자유, 평화, 통일의 순서로 우선 목표를 정하고 독일정책을 추진했다. 요컨대 아데나워는 국내 정치적으로 자유민주주의의 확립에 최우선적으로 노력을 기울였다. 자유민주주의는 반공주의에 입각한 대서방 통합 정책의 일환일 뿐만 아니라 나치Nazi를 낳았던 독일의 전통적인 절대관료국가Obrigkeitsstaat의 전통을 청산하기 위해 반드시 필요했다. 제2차 세계대전 직후 서독의 지식인 대다수도 자유민주주의를 바탕으로 민주적 시민문화를 정착시키는 것이 가장 급선무라고 여겼다. 이러한 배경하에 서독에서는 국가 주도의 민주주의 정치교육이 강력히 추진되었으며, 자유와 인권을 강조하는 민주 시민 문화가 급성장할 수 있었다.

1961년 동독과 소련이 베를린 장벽을 구축한 이후 서독 사회에서는 분단과 통일에 대한 인식에 일대 전환이 일어났고, 이에 따라 아데나워의 독일정책은 그 목표 순위가 자연스럽게 변화했다. 특히 당시 서독의 진보적 지식인들을 중심으로 "분단 상황을 인내할 수 있게 만드는 여건의 조성이 우선적으로 필요하다"라는 인식이 확산되었으며, 이는 브란트의 핵심 참모 에곤 바Egon Bahr의 "접근을 통한 변화"라는 명제와 함께 1960년대 독일정책의 변화를 촉진했다.

1960년대 중반 무렵 변화하던 서독의 독일정책은 1969년 브란트의 사민당 정부 출범으로 구체적인 모습을 드러냈다. 브란트의 정책 구상은 크게 세 가지로 요약할 수 있다. ① 독일 문제는 본질적으로 국제적 문제이기 때문에 동독 불인정 정책은 무의미하며, 따라서 ② 공산주의 체제의 변화를 목표로 삼는 미국의 긴장 완화 정책을 독일정책에 적용시켜야 한다. 그러나 ③ 현상 유지 인정은 궁극적으로 분단의 현상 변화를 가능케 하는 국제적 여건을 조성하기 위한 잠정적 조치이다. 이는 브란트의 새로운 독일정책이 아데나워의 정책과 달리 자유보다 평화를 우선적인 목표로 추구하고 있다는 것을 분명히 보여준다.

브란트 정부는 '1민족 2국가' 원칙 아래 1972년 '동서독 기본 조약' 체결, 1973년 동서독의 UN 동시 가입 등을 통해 동독을 국가로 사실상de facto 인정했다. 이에 대해 당시 보수 야당 기민당의 주류는 브란트의 독일정책을 강력히 비판했다. 비판의 초점은 동독 체제 인정이라는 일방적 양보를 통해 통일의 당위성을 약화시키고, 동독 정권이 동독 주민들의 자유와 인권을 억압하도록 용인하는 결과를 낳았다는 것이다. 보수 야당은 동서독 관계의 정상화에도 불구하고 동독의 차단 정책Abgrenzungspolitik 때문에 정부 여당의 주장처럼 독일 민족의 분단에서 비롯된 고통을 줄일 수 있을 정도까지 동서독 교류가 활성화될 수는 없을 것이라고 판단했다. 따라서 국제정치의 여건상 동서독 관계의 정상화가 불가피하다면, 협상 과정에서 동독으로부터 분명한 대가를 받아내어야 한다고 주장했다. 심지어 기민당의 자매 정당인 기사당CSU은 연방헌법재판소에 기본 조약의 위헌 소청까지 제기했다. 그러나 당시 서독 사회의 전반적 여론은 브란트의 정책을 유일한 대안으로 간주하고 지지했다. 이는 1972년 11월 연방의회 선거에서 사민당이 제2차 세계대전 이후 처음으로 기민당을 제치고 제1당이 되었다는 데서 입증된다. 또한 1973년 연방헌법재판소도 기사당의 위헌 소청을 기각했다.

브란트의 정책은 현실 상황 속에서 서독 정부가 선택할 수 있는 최선의 대안이었다. 동서독 관계가 정상화되지 못할 경우 유럽의 평화 정착이 어려웠을 뿐만 아니라 동서독 교류의 제도적 활성화를 꾀할 수 없었기 때문이다. 물론 동서독 관계가 정상화되더라도 동독 정권이 교류·협력의 활성화에 대한 서독의 요구에 전적으로 따르지 않을 것이 자명했다. 이런 딜레마에도 브란트는 현상 유지를 인정함으로써 동독 정권이 체제 안정에 대해 자신감을 갖고 동서독 관계의 제도적 발전의 기틀을 확보할 수 있다면, 동독 정권도 점진적으로 동서독 교류·협력의 확대에 호응할 것이라고 확신했다. 그러나 문제는 보수 야당의 비판처럼 동독 정권을 인정함으로써 동독 주민들의 자유와 인권 억압이라는 현실에 대해 당장은 눈감을 수밖에 없는, 의도치 않은 결과를 낳을 수밖에 없었다는 것이다. 이는 정치교육 덕분으로 민주화된 서독 사회의 윤리적 정서와 상응하지 않을 뿐더러 서독 '기본법'(헌법)과 부합되지 않음으로써, 서독의 체제 정통성을 지탱하는 기본 규범을 위협할 소지가 다분히 있었다. 이런 맥락에서 기사당의 위헌 소청에 대한 연방헌법재판소의 판결 내용은 중요한 의의가 있다. 재판소는 연방 정부의 '기본법'에 입각한 정치적 행위에 대해 위헌 여부를 판결할 수 없기 때문에 소청을 기각하지만, '동서독 기본 조약'의 해석과 실천은 철저히 '기본법'에 적합하게 이루어져야 한다는 점을 분명히 밝혔다. 특히 당시 동서독 국경선에서 벌어지고 있던 동독의 장벽과 철조망 구축, 지뢰와 중화기 설치, 탈출자에 대한 총격 명령 등은 '기본법'에 부합되지 않는다고 지적했다.

연방헌법재판소의 판결 이후 한동안 순조롭게 추진되던 사민당의 독일정책은 1970년대 후반 동독의 자유화 및 인권 문제와 관련해 다시금 국내적 논쟁의 소용돌이로 휘말려 들었다. 동독의 저명한 반체제 인사들이 동독 체제의 자유와 인권 억압을 신랄하게 비판하는 책을 서독에서 출판했기 때문이다. 이들의 고발은 기본 조약 체결 이후 개선되고 있던 동서독 관계가 실질적으로 동독 내부에 거의 영향을 끼치지 못하고 있다는 것을 경험적으로 보여줌으로써 보수 야당의 비판에 날개를 달아주었다. 이를 통해 사민당의 독일정책에 대한 정치적·사회적 논쟁이 재현되었으나, 그렇다고 긴장 완화와 동서독 관계의 발전을 추구하는 사민당의 독일정책을 멈출 수는 없었다.

1982년 재정 정책을 둘러싼 갈등으로 자민당FDP이 사민당과 연정을 파기하고 기민당과 손잡음으로써 탄생한 콜 정부도 결국은 브란트의 독일정책 기조를 승계했다. 심지어 브란트의 정책에 가장 비판적이었던 기사당의 당수 프란츠 슈트라우스Franz Josef Strauß는 동서독 관계의 개선을 위해 1983년과 1984년 두 차례에 걸쳐 동독에 총 20억 DM에 달하는 차관을 주선하기도 했다. 보수 정당들 역시 긴장 완화와 동서독 관계의 발전 이외에는 동독의 자유화와 인권 개선을 향한 길을 찾기 어려웠기 때문이다. 더구나 1970년대 후반부터 1980년대 중반 미하일 고르바초프Mikhail Gorbachov의 개혁 정책이 시작되기까지 세계적으로 신냉전 시대를 경험하면서 콜 정부는 국제적인 긴장이 동서독 관계를 훼손할 가능성을 차단하고자 노력했다. 이 점에서 동독 정권도 기본적으로는 같은 생각이었기 때문에 신냉전에도 불구하고 동서독 관계는 크게 훼손되지 않았으며, 오히려 동서독 관계가 발전해야 할 필요성이 더욱 강조되었다.

이처럼 서독의 독일정책 기조는 1970년을 전후한 이래 큰 변화를 보이지는 않았다. 그러나 양대 정당인 기민당 및 기사당과 사민당 사이에 동독의 자유화와 인권 문제에 대한 기본적인 관점의 차이는 분명히 있었다. 기민당 및 기사당은 서독의 '기본법'을 잣대로 동독의 자유와 인권 문제를 바라보았으며, 문제 해결을 위해 동독 체제를 근본적으로 변화시켜야 한다는 견지를 취했다. 사민당도 긴장 완화를 위해 자유와 인권 문제를 희생시킬 수 없다는 데는 기본적으로 동의했지만, 서독의 기준으로 동독의 자유와 인권 문제에 접근하는 것은 비현실적이라고 판단했다. 동독의 자유화와 인권을 개선시킬 길을 점진적으로 모색해야 한다는 것이었다.

그러나 양대 정당 간의 기본적 견해 차이는 동독 체제를 하나로 묶어 바라보는 전체적 접근에서 연유하는 것이며, 동독 주민들의 자유나 인권을 침해하는 개별적 사안에 대해서는 정부 수립 이래 들어선 어떤 서독 정부든 가능한 한 모든 수단을 동원해 문제를 해결하고자 노력을 쏟았다. 대체로 동독 정권에 도덕적으로 압력을 가하는 국내외의 여론을 등에 업고 '조용한 교섭'을 추진하는 방식으로 문제를 해결하고자 했다. 이러한 노력은 제한적이나마 적지 않은 성과를 거두었다.

(2) 동서독 관계 차원

브란트 정부가 출범하기 이전에 서독 정부는 동독을 국가로 인정하지 않았기 때문에 동서독 정부 간의 공식 접촉은 거의 이루어지지 못했다. 다만 제2차 세계대전 후 4대 강국의 점령 통치 기간에 실시되었던 점령 지역 간의 민간 차원의 인적·물적 교류는 동서독 정부의 분리 수립에도 불구하고 지속될 수 있었다. 특히 경제 교류의 중요성에 비추어 동서독은

1951년 예외적으로 '경제 및 무역에 관한 베를린 협정'을 체결했다. 베를린 협정은 양 독일 간의 특수 관계를 강조한 서독의 관점과 동서독 경제교류를 통한 경제적 이익과 의미를 확보하려는 동독의 이해관계가 서로 부합했기 때문에 성사될 수 있었다. 그러나 이것은 정부 간의 협정이 아니었다. 서독은 민간 기관인 독일 상공회의소를 내세워 협정을 체결했으며, 동독은 국가로 인정받으려는 의도에서 무역성이 대표로 나섰다.

1950년/1960년대 동서독 간 인적 교류는 정통성 부재에 대한 동독 정권의 고민을 단적으로 반영했다. 정부 수립 초기에 동독 정권은 양 지역 주민들의 상호 방문에 대해 이중적 정책을 취했다. 즉 서독 주민의 동독 방문은 제한적이나마 허용한 반면, 동독 주민의 서독 방문은 엄격히 규제했다. 동독 정권이 동독 주민의 서독 방문을 허가하지 않은 주된 이유는 주민의 서독 탈출 때문이었다. 1950년대에 노동력 감소를 우려할 만큼 대규모로 이루어진 서독으로의 탈출에 대한 동독 당국의 대응은 탈출 기회를 가능한 한 봉쇄하는 것이었다. 그렇지만 1950년대 중반만 해도 매년 평균 250만 명의 동독 주민이 서독을 방문할 수 있었다. 물론 모든 동독 주민이 서독 방문의 기회를 얻을 수 있는 것이 아니며, 연금 수혜자들의 서독 친지 방문이 주종을 이루었다.

동독 주민들의 서독 탈출을 놓고 고심하던 동독 정권은 마침내 베를린 장벽 구축을 고안했다. 베를린은 독일 분단 이후에도 전쟁에서 승리한 4대 강국의 점령 지역으로 계속 남아 있었기 때문에 동서 베를린의 관계는 동서독의 일반적인 관계와는 다른 양상을 보였다. 베를린 장벽이 설치되기 이전까지 동서 베를린은 비교적 자유롭게 서로 왕래하며 다양한 형태로 교류하고 있었다. 그러므로 베를린은 동독 주민의 탈출 통로로 애용되었다. 특히 1952년 동독 정권이 동서독의 국경선을 폐쇄한 이후 동독으로부터의 탈출 중 절반 이상이 베를린을 통해 이루어졌다. 상황이 이렇게 전개되자 동독 정권은 베를린 장벽을 설치함으로써 동서 베를린 주민들의 자유 왕래를 근원적으로 막기에 이르렀다.

베를린 장벽이 설치된 이후 급격히 감소했던 동서독 주민의 상호 방문은 1963년부터 다시 회복되기 시작했으며, 1960년대 중반에는 매년 약 200만 명의 서독 주민이 동독을 방문하기에 이르렀다. 또한 동독 연금 수혜자들의 서독 친지 방문도 재개되었으며, 동서독 기본 조약이 체결되지 이전까지 매년 100만 명 정도의 동독 주민이 서독을 방문했다. 이러한 가운데 동독 정권은 주민들의 상호 방문에 대해 새로운 규제들을 적용하기 시작했다. 서독 주민의 동독 방문에 대해 연 허용 횟수와 체류 일자를 제한했으며, '최소 의무 환전Mindestumtausch' 제도를 도입해 서독의 모든 방문자들이 1인당 1일 기준으로 최소 5DM를 동독 화폐로 교환하도록 의무화했다. 최소 의무 환전 제도는 동독이 외화를 확보하는 하나의 수단이 되었다.

이처럼 동독 정권은 인적 교류의 회복 과정에서 서독의 동서독 관계 개선 요구에 대한 반대급부로서 동독 불인정 정책을 포기할 것을 서독에 강요하는 한편, 경제적 이익을 추구하는 정책을 동시에 추구했다. 이에 대해 서독 정부는 동독에 경제적 혜택을 제공할 수 있음을 직간접적으로 보여줌으로써 동서독 교류를 확대하려 했다. 예컨대 1963년부터 서독 정부는 동독 내 정치범들을 서독으로 데려오는 대신 동독에 경제적 대가를 지불하는 '정치범 석방 거래Freikauf'를 시작했고, 또 1965년에는 동독 회사에 최초로 장기 융자를 제공함으로써 인도주의 차원의 교류에 대한 동독 정권의 호응을 유발시켰다. 이처럼 동서독 사이에 정치적 문제와 경제적 문제의 상호 교환 관계는 1960년대 후반기로 들어오면서 더욱 뚜렷해졌으며, 마침내 서독의 대동독 경제 지원은 양 독일 관계의 유지 및 발전을 위한 지렛대로 서서히 자리 잡아갔다.

이와 같은 현상은 동서독 경제 교류에서도 분명히 드러난다. 1951년 '베를린 협정'을 체결할 당시에 서독은 동서독 경제 교류가 공산 정부에 대한 동독 주민들의 저항 의식을 고취시켜 통일을 앞당길 수 있는 방편인 동시에 서베를린 통행로의 안전을 확보하기 위한 수단으로 간주했다. 즉 서독 정부의 입장에서 동서독 교역은 경제적 측면보다 정치적 측면에서 더 큰 의미를 띠고 있었다. 이에 반해 동서독 교역에 대한 동독의 입장은 경제적 측면에 중점을 두고 있었다. 동독 경제는 분단에 의해 산업구조가 불균형 상태에 빠졌을 뿐만 아니라, 전쟁 배상 차원에서 1953년까지 계속된 소련의 경제 수탈 때문에 구조적 어려움에 처해 있었다.

그러나 1960년대 초반까지 동서독 경제 교류·협력은 정치적·안보적 이유로 결코 순탄하게 발전되지 않았다. 더구나 베를린 장벽 설치 이후 서독은 동서독의 교역과 경제협력이 통일을 실현할 수단으로 활용되기는 어렵다고 인식했다. 서독은 이에 따라 동독 주민들의 삶을 향상시키는 데 초점을 맞춰 동서독 경제 교류를 진전시켰다. 즉 동서독 경제 교류는 더는 통일 실현이나 동독 압박을 위한 규제 수단이 아니라 분단의 고통을 완화할 수 있는 적극적 수단이 되기 시작했다.

1972년 12월 '동서독 기본 조약'의 체결에 따른 양 독일 관계의 정상화는 동서독 교류·협력의 확대를 위한 제도적 기반이 되었다. 비록 분단 이래 동서독 교류·협력은 끊임없이 지속되어왔지만, 기본 조약 체결 이전의 동서독 관계는 서독의 동독 불인정 탓에 정부 간 대화가 막혀 있는 가운데 불안정하게 진행되어왔다. 동서독 관계의 안정적인 발전은 기본 조약의 체결을 계기로 정부 간의 교류·협력이 제도화되면서 비로소 가능해졌다.

그러나 브란트의 새로운 독일정책이 순조롭게 추진된 것은 결코 아니었다. 특히 기본 조약 협상 과정에서 동독은 자국을 법적으로 온전히 인정할 것을 요구함으로써 한동안 협상이 난항을 겪었다. 이 문제는 당시 유럽에서의 평화공존을 절실히 바랐던 소련이 동독 정권에 압력을 가함으로써 해결될 수 있었다. 기본 조약 체결 이후에도 동독 정권은 서독과 분야별 교류·협력 대화에 응하는 한편, 교류·협력의 증가가 동독에 미칠 영향을 우려해 대서독 차단 정책을 추진했다. 동독 정권은 경제적·인도적 사안과 달리 정치적·이념적 성격을 강하게 내포하고 있는 문화 분야에서 교류·협력이 확대되는 것을 매우 두려워했기 때문이다.

동독 정권의 차단 정책에도 동서독 관계가 활성화될 수 있었던 것은 기본적으로 서독 정부의 현실주의적 독일정책 덕분이었다. 특히 1974년 서독 총리가 된 슈미트의 현실주의적 접근 태도는 주목할 만한 가치가 있다. 그는 통일을 향한 전제조건이 양 독일에 존재하지 않는 상황에서 통일의 논의보다 통일 여건의 조성을 위한 실질적 개선에 초점을 맞추었다. 이 과정에서 서독은 동독 정권에 동서독 교류·협력의 확대가 경제적 이익을 보장해줄 것이라는 점을 확신시킴으로써 차단 정책의 벽을 조금씩 허물 수 있었다.

동서독 관계가 점진적으로 활성화되어온 상황에서 1982년에 탄생한 기민당의 콜 정부도 브란트의 독일정책을 뒤엎을 수 없었다. 오히려 기존의 정책 노선을 승계함으로써 동서독 교류·협력을 강화하는 데 역점을 두었다. 보수 정당들 역시 긴장 완화와 내독 관계의 발전 이외에 분단에서 비롯된 민족적 고통의 감소와 특히 동독 주민이 인간다운 삶을 영위하도록 할 별다른 방도가 없었기 때문이다.

이처럼 내독 관계가 확대·발전하는 계기를 제공했던 브란트의 새로운 독일정책은 동독 내부의 변화 잠재력을 점진적으로 축적시켰고, 궁극적으로 독일 통일의 주요 동인으로 작용했다. 동독 체제의 붕괴가 1980년대 말 소련의 개혁 정치에 직접적으로 영향을 받았다는 데는 의문의 여지가 없으나, 동서독 교류를 통해 축적된 동독 주민들의 통일에 대한 갈망이 없었다면 동독의 평화 혁명은 기대하기 어려웠다는 점을 고려하면, 브란트가 시작했던 독일정책이 독일 통일에 끼친 영향은 지대했다.

(3) 유럽 국제 환경 차원

앞에서 언급했듯이 독일의 분단과 통일 문제는 기본적으로 국제정치적 사안이라고 말해도 과언이 아니다. 분단의 원인에 대해서는 두말할 필요도 없고 동서독이 미국과 소련의 냉전적 대결의 교두보 역할을 했다는 점에서 더욱 그러하다. 특히 베를린의 불명확한 국제법적 지위 탓에 1960년대 초반까지 베를린은 동서 블록 대결의 시험대가 되기도 했다.

즉 소련은 1950년대 후반부터 베를린을 중심으로 긴장을 고조시킴으로써 미국의 반응을 시험했으며, 그 마지막 시도가 1961년 베를린 장벽의 구축이었다.

베를린 장벽 그리고 더욱 결정적으로는 1963년 케네디의 '평화 전략'을 계기로 국제적 긴장 완화가 서서히 태동하는 가운데 서독 정부는 독일 통일 문제와 유럽의 긴장 완화라는 두 가지 상호 갈등적인 정책 목표 중 한 가지를 선택해야 하는 상황에 직면했다. 당시 보수 정당이 집권했던 서독 정부는 내키지 않았겠지만, 미국을 비롯한 동맹국들이 긴장 완화를 추구하는 현실을 거부할 수는 없었다. 1966년 기민당과 사민당의 대연정이 이루어지면서 서독 정부는 본격적으로 긴장 완화 정책에 동참했다. 이른바 새로운 동방정책이라는 이름을 얻은 서독 정부의 긴장 완화 정책은 1960년대 말 유럽 정세의 변화 덕에 빛을 발했다. 새로운 동방정책의 추진을 가능하게 한 당시 유럽 정세의 변화는 크게 네 가지 측면에서 찾을 수 있다. 첫째, 1960년대 말 동서 블록은 유럽 안보 회의 개최에 상호 긍정적인 견해를 보였다. 둘째, 1968년 소련은 체코슬로바키아 침공을 계기로 동유럽에 대한 자신의 세력권을 재확인함으로써 대서방 정책에 자신감을 가질 수 있었다. 셋째, 당시 경제 발전의 동력을 서방의 경제력 및 기술에서 찾을 수밖에 없었던 소련에게 미국보다는 서유럽 국가 특히 서독이 경제협력의 파트너로서 훨씬 덜 부담스러웠다. 넷째, 1950년대 말부터 서서히 드러났던 중소 분쟁이 1969년 무력 충돌로 이어지는 가운데, 소련은 유럽에서 안보적 안정의 필요성을 더욱 절실히 느꼈다.

물론 서독이 찾아온 기회를 최대한 활용하지 못했다면 브란트의 동방정책은 두말할 나위 없이 성과를 거두지 못했을 것이다. 새로운 동방정책의 가장 큰 특징은 긴장 완화와 평화 정착을 통해 궁극적으로 동서 유럽의 관계 및 동서독 관계의 변화를 유도하겠다는 큰 목표 아래 제2차 세계대전 후 형성된 이른바 얄타 체제의 현상 유지를 인정했다는 것이다. 이는 대결 구도 속에서 포위와 압박을 통해 동유럽 체제를 변화시키려는 과거 정부의 정책이 비현실적이라는 인식에서 도출되었다.

실제로 과거 기민당 정부의 현상 불인정 정책은 동유럽 공산 정권의 독재와 권위주의는 물론이고, 소련의 대동유럽권 강압 지배가 지속될 수 있는 기반을 제공해주었다. 이뿐만 아니라 전후 20여 년 동안 소련의 지배권과 동유럽의 공산 체제가 어느 정도 정착된 상황에서 서방의 대동유럽 정책이 동유럽을 직접적으로 변화시킬 가능성은 매우 낮았다. 따라서 브란트 정부는 긴장 완화를 통해 소련의 세력권을 인정함으로써 소련이 동유럽 위성국가들의 국내적 개혁에 더 너그러워질 수 있게 만들고, 동시에 동독을 포함한 동유럽 정권이 개혁에 자신감을 가질 수 있는 환경을 조성해 장기적으로 동유럽의 변화를 촉진시키는 이른바 '선순환'을 추구했다.

브란트의 외교가 동쪽에만 집중된 것은 아니다. 서방정책에서도 많은 성과를 거두었다. 무엇보다 유럽공동체의 확대와 협력 심화 정책에 적극적인 태도를 취했다. 브란트의 외교정책은 결과적으로 '유럽 안보 및 협력 회의CSCE'가 실현되는 데 매우 중요한 계기로 작용했다. 이렇듯 브란트의 동방정책은 세계적 차원에서는 긴장 완화의 정착에 기여했고, 유럽 지역의 차원에서는 평화질서의 구축과 동서 유럽의 협력을 촉진시켰으며, 동시에 독일 민족의 차원에서는 독일 문제의 유럽화를 초래했다. 이후 서독 외교는 세 개의 차원이 유지할 수 있게 만들어야 할 과제를 짊어지게 되었다. 무엇보다 유럽의 평화와 협력을 발판으로 유럽 분단의 극복을 모색하고, 이를 바탕으로 독일 문제를 해결하려는 목표는 세 가지 차원이 유기적으로 연결·발전될 때 비로소 가능한 것이기 때문이었다. 물론 군사적 소국이며, 지역 세력에 머물 수밖에 없었던 서독이 세 가지 차원의 유기적인 연결을 주도하기에는 역부족이었다. 서독은 동서 유럽의 경제·사회 협력에 기여할 수는 있었지만, 이를 발전시키기 위해서는 미국이나 소련처럼 군사적 세력이 뒷받침되어야 했기 때문이다.

그러나 1970년대 초반부터 조성되기 시작한 유럽의 긴장 완화는 마침내 유럽 평화 질서를 점진적으로 구축해나갔다. 이는 지역 질서가 단순한 군사적 세력균형을 넘어 경제적 상호 의존에 의해 지배된다는 것을 의미하며, 서독이 지역 질서에서 경제·사회적 역량을 최대로 발휘할 수 있는 배경으로 작용했다. 그러므로 고르바초프의 개혁 정치가 진전되는 가운데 소련이 서독에 경제 지원을 요청했다는 사실은 전혀 이상하지 않았다. 이처럼 경제력을 배경으로 서독이 꾸준히 추진했던 브란트식의 동방정책은 서독의 취약한 군사 안보 능력을 상쇄하는 성과를 거두었다. 결국 서방 동맹 체제의 발판 위에 긴장 완화와 동서 유럽 간의 협력을 위한 서독의 능동적이고 지속적인 동방정책은 유럽의 냉전 종식은 물론이고, 분단 극복을 향한 여건의 조성 과정에서 핵심적 역할을 담당했다.

3. 독일 통일과 내적 통합의 문제

1989년 11월 9일 베를린 장벽이 무너지고 1년이 채 지나지 않아 이루어진 독일 통일은 세계의 이목을 집중시켰다. 조속한 통일에 대한 기대를 접어두고 분단의 평화적 관리에 집중했던 서독의 정책 기조를 감안할 때, 평화적 방법으로 그렇게 급속히 진전된 독일의 통일은 매우 놀라운 사건이었다.

국제정치적 측면에서 보면 독일 통일은 냉전적 국제질서의 종식을 알렸을 뿐만 아니라 새로운 국제 질서의 형성 과정에 일익을 담당했다. 특히 독일 통일이 유럽 통합 과정에 미친 영향은 주목할 필요가 있다. 무엇보다 독일 통일은 유럽공동체의 경제적·정치적 통합을 강화한 '유럽연합EU'의 출범을 가속화함으로써 협력과 평화를 기반으로 새로운 유럽 지역 질서를 창출하는 촉매제가 되었기 때문이다. 이는 나치의 과오를 반성했던 서독이 민족주의를 내세우기보다 유럽 통합의 틀 속에서 통일을 추진해왔기 때문에 마침내 얻을 수 있었던 결과라고 말할 수 있다.

이러한 국제정치적 의미와는 대조적으로 통일독일의 국내 현실은 그리 긍정적이지만은 않다. 통일이 되었다는 사실에 대해서는 모든 독일 국민들이 환호를 보내었지만, 국내적 통합 과정의 어려움에 직면하면서 '통일 후유증'이 부각되었기 때문이다. 통일을 준비하는 우리의 입장에서 독일 통일이 초래한 내적 통합의 문제는 매우 귀중한 타산지석으로 의미를 가질 수 있다. 그러므로 독일 통일에서 교훈을 얻기 위해 우선 독일의 통일 후유증이 과연 어떠한 것이며, 그 원인이 무엇인지 따져볼 필요가 있다.

1) 내적 통합의 실태와 문제점

독일 통일 이후 발간된 보고서와 설문 조사의 결과물들은 내적 통합이 단기간에 이루어지기 어렵다는 사실을 공통적으로 지적하고 있다. 특히 '마음의 벽' 또는 '한 국가 내 두 사회'라는 상징적 표현에서 그 어려움은 단적으로 드러난다. 통일 초기의 감격과 열광에 의해 묻혀 있다가 시간이 지나면서 예상보다 더욱 심각하게 표출된 내적 통합의 어려움은 정치적·경제적·사회적 현실과 주민 개개인 내지 집단 심리 등 모든 사회적 차원에 혼재 되어 있다. 이러한 어려움은 다음 세 가지 측면으로 요약·정리될 수 있다.

(1) 구 동독 주민들의 적응 문제

통일 이후 구 동독 주민들이 한동안 겪은 새로운 사회 체제에 대한 적응의 어려움은 내적 통합 문제의 핵심이었다고 할 수 있다. 무엇보다 단시간 내 극복되기 힘들 것으로 보이는 이들의 사회심리적 불안정 내지 혼란상은 통합의 주요 걸림돌이 되었다. 적응의 어려움과 관련해 동독 지역 주민들이 공통적으로 지적했던 문제는 통일 이후 냉혹해진 사회적 환경, 유대감의 상실, 가족과 친지간에 느꼈던 포근함의 상실, 분주함과 스트레스 등으로 요약된다.

시간이 흐르면서 동독 지역 주민 상당수가 점점 새로운 생활 여건에 성공적으로 적응하는 것으로 나타나지만, 이러한 결과가 모든 세대와 계층에 일률적으로 적용되는 것은 아니었다. 통일 초기 청소년과 장년층이 상대적으로 다른 세대에 비해 적응을 잘하는 것으로 나타났다. 그 이유는 새로운 체제 아래에서 더 많은 사회적 기회를 얻을 수 있으며, 직업 전환 측면에서도 큰 어려움을 느끼지 않기 때문이다.

(2) 양 지역 주민 간의 상호 불신과 갈등

통일 이후 통일의 결과에 대한 양 지역 주민들의 상이한 평가 태도와 상호 불신은 내적 통합의 어려움을 단적으로 보여준다. 우선 통일이라는 역사적 사실을 놓고 동서독 지역 주민들의 만족도를 조사해보면, 동독 지역에서는 통일이 되면서 직접적으로 불이익을 겪은 구 지배 계층을 제외하고는 주민 대다수가 통일되었다는 사실에는 전혀 불만이 없었다. 이에 반해 서독 지역 주민들은 통일 초기의 열광이 식어버리자 통일을 근심거리를 제공하는 사건으로 받아들였다.

문제는 이러한 일반적인 만족도 차이가 아니라, 그 이면에 작용하고 있는 양 지역 주민 간의 통일 결과에 대한 평가의 차이에 있다. 서독 지역 주민들은 통일 비용의 과중한 부담에 불만을 느꼈고, 동독 주민들은 앞에서 보았듯이 새로운 체제에 적응하는 데 불만을 느꼈다. 이러한 불만은 상대 지역에 대한 원망으로 확대되었다. 즉 양 지역 주민들은 상대 지역을 범주화해 각각 거만함, 신뢰성 부족, 이기적·기회주의적이라는 의미와 게으름, 무능함 등의 의미가 내포된 베시Wessis(서쪽 것들)와 오시Ossis(동쪽 것들)라는 말로 폄하했다. 이와 같은 상호 간의 부정적 평가는 '마음의 벽'을 쌓았으며, 시간이 흐르면서 개선되기는 했으나 내면적으로 온전히 극복되기는 어려웠다.

(3) 정체성 위기와 정치·사회 문화의 혼란

일반적으로 사회구성원들의 공동체적 정체성이 어느 정도 확고한지, 그리고 정치·사회 문화의 다양성과 통일성이 얼마나 잘 조화를 이루는지의 문제는 한 사회의 통합 정도를 파악하는 중요한 지표로 간주된다. 이러한 측면에서 보면 통일 이후의 정체성 위기와 정치·사회문화적 혼란상을 노정했던 독일 사회는 통합에 심각한 어려움을 겪었다.

체제 붕괴를 갑작스럽게 경험한 동독 지역에서의 정체성 위기는 충분히 이해될 수 있다. 1989년 11월 베를린 장벽이 무너진 후 동독 주민들이 "우리는 하나의 민족이다Wir sind ein Volk"라는 구호를 외쳤을 때, 통일독일의 민족 공동체적 정체성이 쉽게 확립될 것으로 보이기도 했다. 그러나 이는 순수한 민족감정의 발로라기보다 통일만 되면 서독 주민들과 같은 경제적 풍요를 당장 누릴 수 있을 것으로 생각한 동독 주민들의 기대 그 이상도 이하도 아니라는 것이 얼마 지나지 않아 밝혀졌다. 독일 연방 정부의 막대한 통일 비용 부담에도 경제체제의 재편 과정에서 자신들의 경제적 기대가 단번에 충족될 수 없다는 것을 깨달은 동독 지역 주민들의 정체성은 더욱 혼란한 상태로 빠져들었다.

문제는 정체성 위기가 비단 동독 지역에만 국한된 현상이 아니었다는 점이다. 서독 체제 중심으로 통일이 이루어졌음에도 통일 후 서독 지역에서도 심각한 정체성 위기가 발생했던 것이다. 통일 이전 70% 이상의 서독 국민들이 독일인이라는 사실에 긍지와 자긍심을 가지고 있었다. 그러나 통일 직후 자긍심은 60%를 약간 상회하는 정도로 떨어졌다.

통일독일 국민들의 정체성 위기는 단지 국가에 대한 자긍심 부족뿐만 아니라 현실적으로는 정치·사회문화의 혼란으로 나타났다. 특히 독일 정당 구조의 파편화 현상, 동서독 지역 간의 이념적 가치의 편차 증대, 극우 세력의 득세, 범죄율 증가는 통일 이후 한동안 지속되었던 독일의 정치·사회문화적 혼란상을 직간접적으로 보여주는 대표적 사례이다.

동서독 지역 간의 정치·사회문화적 차이는 독일연방공화국의 정치·경제체제에 대한 신뢰 내지 지지도 차이에서 더욱 분명히 드러났다. 독일이 통일된 지 10년이 지나도록 그러한 차이는 좁혀지지 않았다. 그 즈음 실시된 설문조사에서 서독 지역 주민들의 약 70~80%가 시장경제 및 자유민주주의 체제를 최선의 대안으로 받아들이고 있는 반면, 동독 지역 주민들의 경우에는 20~30%만이 그렇게 생각했다. 동독 지역 유권자의 60%는 친사회주의적 성향을 보였으며, 20%는 국수주의적인 경향마저 보였다. 사회통합을 위한 독일 연방 정부의 정신적·물질적 노력을 감안할 때, 이러한 조사 결과는 체제 통합의 어려움뿐만 아니라 통합 과정상에 문제가 있었다는 것을 단적으로 보여준다. 물론 시간이 지나면서 동서독지역 주민 사이에 이념적 수렴 현상이 나타나기는 했지만, 차이는 아직도 지속되고 있다.

2) 내적 통합의 저해 원인

내적 통합을 가로막는 요인들은 여러 가지이다. 분단의 유산, 통일 과정, 통일 이후 통합 정책 등 여러 차원에서 그 요인들이 혼재해 있다. 체계적으로 정리해보면 '주관적·인식적 차원'과 '객관적 차원'으로 대별해볼 수 있다. 그러나 이러한 구분은 분석을 위한 방편이며, 엄밀히 말해 내적 통합의 어려움은 양 차원을 넘나드는 매우 복합적인 원인이 있다.

(1) 주관적·인식적 차원: 사회문화 및 사회심리적 요인

| 분단의 문화유산 |　40여 년의 분단 기간 동안 형성된 동서독이 사회문화적 이질화는 내적 통합을 저해하는 주요 요인으로 간주된다. 문화는 속성상 짧은 시간 내에 변화되지 않는다. 따라서 이질화된 양 지역의 사회문화가 쉽게 동화되기는 매우 어렵다. 동서독의 사회문화적 이질화는 일차적으로 양 체제의 상이한 현대화 과정이 낳은 귀결이라고 말할 수 있다. 주지하다시피 자본주의사회와 사회주의사회는 현대성을 서로 다르게 이해한다. 전자는 현대화를 근대 이래 서구 중심의 시장경제와 자유민주주의의 발전과 동일시한 반면, 후자는 자본주의사회의 모순을 해소할 수 있는 노동자 중심의 대안적인 사회를 건설하는 과정으로 이해했다. 이러한 차이는 외형적으로 느껴지는 생활양식의 수준뿐만 아니라 그 내용에서 연원한다.

전후 서독에서는 사회 및 권력 분화를 바탕으로 자율적·개방적이며 다원화된 시민사회가 형성·발전하는 과정에서 개인화와 공동체의 해체라는 특징을 보이는 사회문화가 구축되었다. 자본주의적 현대화의 이러한 일반적 특성뿐만 아니라 역사적 과오를 되풀이하지 않으려는 서독 정부와 사회의 의도적 노력도 서독 사회에서 전통의 해체를 가속화했다. 서독은 전통적인 절대 관료 국가적 정치문화를 서구적 시민민주주의 문화로 전환시키는 것과 탈나치화의 맥락에서 민족주의를 나쁜 이데올로기

로 낙인찍음으로써 정치사회적 민주화를 성공적으로 정착시켰다. 이러한 서독 사회의 민주적 시민문화는 분단 시기 동독을 포용하는 기반으로 작용했으며, 동서독 관계의 발전에 직간접적으로 기여했다.

그러나 서독의 현대화 과정은 국민들의 국가정체성을 기형화시켰다. '경제애국주의'와 '헌법애국주의'라는 말에서 드러나듯이 서독인들의 정체성은 민족적 자긍심보다 경제 발전과 민주주의적인 헌법 질서에 의지하는 현상을 보였기 때문이다. 따라서 통일 이후 통일 비용에서 비롯된 경제적 어려움과 헌법 질서의 기초가 흔들리면서 서독 지역 주민들의 정체성이 혼란에 빠진 것은 결코 우연이 아니다. 더욱이 서독 주민들은 통일 비용의 과중한 부담 속에서 이질적인 동독 지역 주민들의 삶의 양식을 포용할 만한 마음의 여유가 없었으며, 그 결과 서독 주민들의 눈에 동독주민들의 생활양식은 일차적으로 이해가 아닌 부정의 대상으로 비쳤다.

동독의 경우에는 사회주의적 현대화 전략을 채택함으로써 출발부터 서독과는 매우 상이한 사회문화를 추구했을 뿐만 아니라 현존하는 사회주의국가로서 유토피아적 사회주의 이념과는 상이한 사회문화적 모순을 창출하기도 했다. 즉 중앙집권적이며 상명하달식의 당 국가 체제는 동독 주민들이 철저히 당의 권위에 예속될 것을 강요함으로써 통제에 일방적으로 순응하는 신민적인 문화에 익숙하게 만들었다. 특히 당의 지휘를 받는 사회단체들을 매개로, 또는 사회의 각 부분과 개인의 사생활에까지 침투한 비밀경찰의 활동으로 유지되었던 현실사회주의의 공산당 독재적 지배 구조는 동독의 사회문화를 왜곡·변형시켰다. 억압적이고 획일적인 통치 구조 속에서 동독 주민들은 만성적인 사회심리적 결핍을 느끼게 되었고, 억압에 대해 이중적 행위 양식으로 대응했다. 그들은 공적 생활에는 매우 순응적인 태도를 보였지만, 사적 생활에서는 억압과 통제로부터 도피해 가족 내지 배타적 소집단 간의 유대를 강화했다. 이처럼 이른바 '틈새사회' 또는 '연줄공동체'로 규정되었던 동독 사회문화의 유산은 서독 체제로의 동화를 방해하는 요인이 되었다.

| 동독 지역 주민들의 가치관 혼란과 사회적 불안감 | 급작스러운 통일 직후 동독 지역 주민들은 감당하기 어려운 통일의 충격, 즉 서구적 현대화에 충격을 받았다. 특히 이들은 새로운 체제와 제도가 요구하는 낯선 가치관과 생활양식을 받아들이는 과정에서 당혹감과 불안감을 보이고 있다. 나아가 통일 이후 자신들의 기대가 충족되지 못하자 팽배하는 불만은 지적 아노미anomie 상태로까지 확대되기에 이르렀다. 이러한 현상에 관해 구 동독 지역의 사회심리학자 한스요하임 마츠Hans-Joachim Maaz는 동독 지역 주민들이 통일 후 생활 전반에 걸쳐 신경증 증세를 보였다고 분석한다. 다시 말해 동독 지역 주민들은 통일 후 실업, 사회보장, 시장경제 체제에서 요구되는 경쟁 능력 및 직업 전환 교육, 가치관의 급격한 변화와 방향성 상실, 점증하는 범죄율, 사회적 적대감의 증대, 과거에는 알려지지 않았던 엄청난 환경 파괴, 구체제에서의 공산당과 비밀경찰Stasi에 대한 협력 의혹, 새로운 사회 체제에 대한 보이지 않는 강요 등에 직면해 엄청난 사회적 불안감에 시달렸다는 것이다.

동독 지역 주민들의 가치관 혼란은 민주주의와 시장경제에 대한 인식 태도에서 단적으로 나타난다. 이들은 민주주의와 시장경제에 내재된 기본적 가치와 규범에 대해서는 서독 지역 주민들과 공감대를 이루고 있었다. 그러나 이러한 가치들의 우선순위에서 큰 차이를 보인다. 대표적인 예로서 동독 지역 주민들은 '자유'보다 구 동독 체제 아래에서 내면화된 '평등'에 우선적 가치를 두고 있다. 과거 자유의 가치를 제대로 알지 못했던 그들에게 서독 사회의 다양성, 실용성, 여가생활 지향성은 매우 낯선 것이 아닐 수 없다. 따라서 갑자기 주어진 '자유'를 자기 발전의 계기로 만드는 데 적지 않은 어려움을 겪었으며, 일부는 쾌락적·물질적 측면에서 자유를 만끽하는 데 그쳤다.

나아가 민주주의와 시장경제를 '질서Ordnung'라는 측면에서 인식하는 서독 지역 주민들과 달리 동독 지역 주민들은 사회적·경제적 성과로 측정하는 경향이 강하다. 구 동독 정권의 온정주의에 익숙한 그들은 자유 시장 체제가 요구하는 사회적 경쟁을 감당하지 못함으로써 사회적 불안감에 휩싸였고, 자신의 사회적 안전을 스스로 책임지기보다 국가에 의존하는 행태를 보였다. 동독 지역 주민들이 느끼는 사회적 불안감은 단순히 가치의 혼란 문제를 넘어 통일 이후 급증한 실업률과 단숨에 극복하기 힘든 동서독 지역의 경제적 격차에서 기인하기도 한다. 물론 통일 이후 동독 지역 주민들의 경제적 수준이 과거와 비교할 수 없을 정도로 상승한 것은 분명하며, 그들도 이 사실에 대해서는 인정한다. 문제는 통일이 가져다줄 물질적 혜택에 대한 동독 지역 주민들의 애초의 기대가 너무나 컸으므로, 현 상황에 대해 그만큼 실망하고 있다는 점이다.

동독 지역 주민들의 가치관 혼란과 사회적 불안감은 크게 두 가지 문제를 초래했다. 첫째, 과거 시절에 대한 좋은 기억들을 선택적으로 회상하고 향수를 느낀다는 점이다. 특히 자본주의의 비인간적 측면에 대한 반작용으로 사회주의 이념의 이상적 측면을 동경한다. 이러한 추세는 그들이 구 동독과의 관계에서 자신의 정체성을 새롭게 발견하는 경향과 직결된다. 둘째, 사회경제적 현실에 대한 비판적 평가이다. 사회경제적 현실에 대한 개인적 불만은 새로운 체제에 대한 적극적 지지를 방해할 뿐만 아니라 국가와 민족의식을 토대로 정체성의 혼란을 극복하는 데 장애 요인으로 작용할 위험성이 매우 높다.

동독 주민들의 부적응과 불만은 단순히 환경 변화의 탓으로만 돌릴 수 없다. 급격한 체제 변화로 말미암아 과거의 극복도, 새로운 체제로의 적응도 제대로 감당하지 못한 자신들의 탓이기도 하다. 그러나 시간이 지나면서 구 동독 주민들은 서독 체제에 일방적으로 동화되는 것을 거부하는 경향을 보이기 시작했다. 부분적으로는 동서독 사이에 혼성적hybrid 문화가 발생하기도 했으나, 구 동독의 유산을 이어받은 자신들의 집단 정체성을 새롭게 깨닫게 되면서 변화하기 시작했다. 동독적인 것을 자각한 결과 구 서독 지역과 구분되어 구 동독 지역에만 고유한 '부분문화Teilkultur'가 점차 형성되고 있다.

이러한 현상에 대해 통일독일의 연방 정부와 사회는 부정적으로 보기보다 오히려 긍정적으로 평가하고 있다. 체제 통합의 과정에서 애초 동화를 목표로 한 것이 크나큰 오산이었다는 점을 깨달았기 때문이다. 따라서 내적 통합 과정에서 연방 정부와 서독의 지식인들은 문화적 다양성과 서로 다름을 인정하는 방향으로 나가고 있다. 민주화된 사회에서 가장 중요한 것은 다양성을 존중하며, 이로써 발생하는 갈등의 잠재력을 평화적으로 해결할 수 있는 정치 및 사회문화를 창출하는 것이라는 독일 정치교육의 목표를 상기하면, 연방 정부의 정책 방향은 충분히 이해될 수 있다.

(2) 객관적 차원: 정치·사회·경제 구조적 요인

주관적·인식적 차원의 문제들은 단순히 가치관 내지 심리적 문제에만 국한되는 것이 아니라, 통일 이후 정치·사회·경제 분야의 구조 변화와 이에 따른 동서독 지역 주민들의 생활 조건 변화에 의해 영향을 받았다. 특히 동독 지역 주민들에게 사회 구조의 변화는 엄청난 영향력을 끼쳤다. 예컨대 정신적·물질적 생활 여건의 개선과 더불어 과거에 경험하지 못했던 새로운 사회적 불평등에 직면하면서 이들의 사회문화 및 사회심리적 문제들은 더욱 증폭되고 복잡해졌다. 이러한 객관적 차원의 문제들은 정치사회적 측면과 사회경제적 측면으로 대별할 수 있다.

| 정치사회적 측면 | 통일 이후 동독 지역 주민들의 사회문화 및 사회심리적 문제를 초래 내지 증폭시키는 정치사회적 요인은 크게 세 가지로 요약할 수 있다.

첫째, 정치사회적 계층 구조의 변혁이 미친 결과이다. 비단 과거 동독 공산당 간부뿐만 아니라 당에 충성했던 계층은 통일 이후 기득권을 상실했으며, 이에 반해 구체제에서 억압받던 계층은 지위 상승의 기회를 획득했다. 전자에 속하는 계층의 경우 새로운 체제에 불만을 품는 것이 당연하며, 이는 통일 이후 양 독일 지역 주민들 간의 이데올로기적 차이를 반영하는 하나의 주요 변수로 작용한다. 그런데 문제는 후자의 계층에 속한

사람들도 새로운 정치사회적 상황에 크게 만족하지 못한다는 점이다. 구 동독 체제에서 공산당에 반대했던 일반 주민들도 통일 이후 선거에서 구 동독 공산당의 후신인 민사당PDS을 지지하는 경우가 적지 않다는 사실은 어떻게 설명될 수 있는가? 이는 바로 다음에서 지적할 두 번째 요인과 직결된다.

둘째, 통일 이후 제도 확립 과정에서 동독인들의 정치사회적 소외 현상이다. 정치사회적 제도 통합 과정에서 동독 지역의 주 정부를 이끌어가는 정치 지도자들은 물론이고, 사회 전반의 주요 관리자 자리를 대개 서독 출신들이 독점했기 때문이다. 이데올로기 문제로 과거의 공산 엘리트들은 상급 관리자가 될 수는 없다고 하더라도 동독 지역의 행정, 사법, 군, 교육, 기업의 체제를 재편하는 과정에서 동독 지역 주민들의 배제와 서독인들의 과도한 진출이 문제를 불러일으켰다. 이러한 현상은 동독 지역 주민들의 열등감을 부채질하는 동시에, 동독이 서독의 식민지로 전락했다는 감정을 촉발했으며, 동독 지역 주민들의 불만과 정체성 상실을 더욱 증폭시켰다.

셋째, 통일독일이 피할 수 없는 구 동독의 과거 청산 작업도 내적 통합의 어려움을 가중시킨 한 요인이다. 사실 과거 청산은 결코 쉬운 일이 아니다. 그중에서도 특히 비밀경찰Stasi의 과거 청산은 통합 문제와 직간접적으로 관련을 맺고 있다. 따지고 보면 대부분의 동독 지역 주민들도 구 동독 시절 비밀경찰 활동의 피해자라고 해도 과언이 아니다. 그런데도 비밀경찰 문서의 정리와 처리 과정에서 동독 지역 주민들은 또다시 고통을 받았다. 구 동독 비밀경찰은 사회통제를 위해 각계각층에 협력자를 두었는데, 그중에는 자의적 협력자도 있었지만 강요에 의해 심지어는 자신도 모르게 협력자로 분류되기도 했다. 이러한 상황에서 통일 이후 비밀경찰 문서의 정리 작업은 동독 지역 주민들 사이에 상호 불신과 반목을 야기하는 요인으로 작용했다. 상호 불신은 실업률의 증가, 가치관 전도 및 혼란과 더불어 사회심리적 불안을 고조시키는 원인이 되었으며, 결국 범죄율 증가, 외국인에 대한 적대감 표출 및 극우 세력의 급속한 신장과 같은 사회병리 현상으로 표출되었다.

이상과 같은 문제들은 사실상 서독 체제 중심의 통합 과정에서 피하기 힘든 것이었다. 구 동독 시절 시민운동가들은 통일 당시 동서독 주민의 정체성이 동등하게 고려될 수 있는 새로운 헌법을 제정했다면, 많은 문제가 해결될 수 있었을 것이라고 주장한다. 서독 '기본법' 146조(국민투표 방식)가 아닌 23조(주의 연방 가입 방식)에 따른 통일 방식은 통일의 실현에는 도움이 되었지만, 사회 통합을 저해한 정치적 실수였다는 것이다.

| 사회경제적 측면 | 통일은 동서독 지역을 막론하고 모든 독일 국민에게 사회경제적으로 매우 큰 충격을 안겨주었다. 애초 급속하게 전개된 통일 과정에서 동서독의 일반 주민들은 통일이 가져다줄 경제적 후유증에 대해 심각하게 생각하지 않았으며, 단지 통일을 주도한 연방 정부의 약속과 통일독일의 밝은 장래를 너무 쉽게 믿었다. 그러나 통일 이후 독일의 경제 상황은 연방정부의 예상과 상당한 차이를 보였다.

서독 주민의 경우 통일로 인해 엄청난 경제적 부담을 안게 되었다. 경제통합을 위해 필요한 통일 비용은 결국 서독 주민들의 몫이 될 수밖에 없었기 때문이다. 실제로 예상치 못했던 엄청난 비용을 조달하기 위해 독일 정부는 통일 당시의 약속과 달리 증세 조치를 취했으며, 이마저도 막대한 통일 비용 조달에는 턱없이 모자라기 때문에 재정 적자의 확대와 공공 지출의 대폭 삭감을 감행했다. 사회보장 혜택의 축소를 의미하는 공공 지출의 삭감은 서독 지역에서 소득 분배의 불균등을 심화시켰다. 사회보장 혜택을 누려왔던 저소득층은 더욱 가난해진 반면, 동독 지역에 대한 투자를 유발하기 위해 취한 감세 조치로 고소득층은 혜택을 입었기 때문이다. 이는 1992년 제2차 세계대전 이후 최대의 노조 파업이 발생한 하나의 요인으로 작용했다. 이렇듯 통일 비용의 과도한 부담은 서독 주민들의 통일 결과에 대한 불만을 증폭시켰으며, 이 불만은 동독 주민들에 대한 원망으로 전이되는 추세를 보였다.

급속한 체제 흡수적 통일은 동독 지역 주민들에게 더욱 큰 문제를 안겨주었다. 통일은 동독 경제의 급속한 붕괴를 초래했기 때문이다. 신탁관리청Treuhandanstalt 주도로 추진된 사유화와 시장경제 체제로의 급변 과정에서 동독의 산업구조가 완전히 해체됨으로써 생산성의 급락과 대량 실업이 초래되었다. 통일 초기 산업의 해체와 사유화 과정에서 동독 노동인력의 약 반 정도가 실업 문제에 직면했다. 1989년 약 960만 명에 이르렀던 동독 지역의 노동 인력은 1991년 상반기 약 780만 명으로 줄었다. 이가운데서도 고정적 직장을 가진 사람은 약 500만 명에 불과했고, 약 240만명은 완전한 실업자, 나머지 약 100만 명은 잠재적 실업 상태인 임시 고용내지 단축 노동자로 일했다.

실업 문제는 시간이 지나면서 동독 지역 경제의 전반적 개선과 더불어 호전되고 있지만, 아직도 서독 지역의 실업률과 비교하여 두 배에 달하는 수준을 보이고 있다. 시장경제 체제에 대한 이해 부족 문제는 차치하고, 실업은 생계 문제와 직결된 것이기 때문에 새로운 체제에서 동독 지역 주민들의 사회적 불안감을 가중시키는 요인이 되고 있다. 서독 지역에 대한 동독 지역 주민의 상대적 빈곤 문제도 실업 문제 못지않게 사회 통합을 저해하는 요인이 되고 있다. 경제적 수치와 지표를 통해 볼 때, 지난 25여 년간 연방 정부의 동독 지역 경제 부흥 정책은 대체로 큰 성과를 거두었다는 것을 부인하기 어렵다.

문제는 동독 지역 주민들이 그러한 경제 성장에만 만족하지 않는다는 것이다. 앞에서도 지적했듯이 동독 주민들의 통일 요구에는 서독의 경제적 부에 대한 동경이 매우 큰 역할을 했다. 즉 동독 주민들은 통일이 되면 당장 서독 주민들과 같은 소비 수준을 누릴 수 있게 될 것으로 예상했다. 그러므로 경제 수준이 급상승하기는 했지만 여전히 존재하는 서독 지역과의 상대적 차이에 주목하고 있다. 연방 정부는 소득 수준 격차를 줄이기 위해 엄청난 노력을 기울였으며, 그 결과 동독 지역 노동자의 평균 임금수준은 서독 노동자들의 수준에 근접하고 있다. 그러나 동독 지역 주민들은 이에 만족하지 않으며, 여전히 존재하는 격차를 자신들의 사회문화적 부적응과 연계시킴으로써 한동안 2등 시민이라는 자괴감에 빠져 있기도 했다. 이들이 원하는 것은 하루바삐 물질적 삶에서 서독 지역 주민들과 대등해지는 것이다.

또한 임금수준 격차를 줄이려는 연방 정부의 인위적 개선 노력이 괄목할 만한 성과를 거두었음에도 실업률과 전반적 경제구조 측면에서 아직도 동독 지역 주민들의 상대적 빈곤 의식은 불식되지 못하고 있을뿐더러, 다른 한편으로 서독 노동자들의 불만과 반발을 유발하고 있다. 노동생산성의 증가와 일치하지 않는 인위적인 임금수준 증가 정책은 서독 지역 노동자의 경제적 부담을 의미하는 것이기 때문이다. 따라서 서독 지역 주민들은 동독 지역이 경제 부흥을 너 섬진적으로 추진하기를 원한다. 이처럼 양 독일 지역 주민들의 경제적 이해관계 차이는 상호 이해 증진을 방해하는 주요 요인으로 작용한다.

4. 독일의 사례가 주는 교훈

동독의 평화혁명이 발생한 이후 독일 통일이 이루어지기까지 약 1년 남짓한 시간이 걸렸다. 이렇듯 짧은 시간에 이루어진 통일 과정은 서독의 초대 총리 아데나워가 구상한 '자석이론'*과 그대로 맞아떨어지는 모습을 보였다. 동독 주민들의 서독 선택, 서독에 대한 주변 강대국의 신뢰, 서독의 경제력을 필요로 했던 소련의 상황 등이 독일 통일의 동력이었다는 사실을 염두에 두면, 아데나워의 혜안을 누구도 부인할 수 없다. 그렇지만 과연 서방정책만으로 자석이론이 실현될 수 있었을까? 통일이 실현된

---

* 아데나워는 분단의 극복이라는 독일 국민의 희망을 희생시키면서, 또 야당의 비난을 무릅쓰고 서유럽 체제로의 통합을 추진했다. 그는 일차적으로 서독의 경제적 부흥과 정치적 위상을 제고하게 되면, 마치 자석의 작용처럼 소련의 점령 지역(SBZ)으로 불렸던 동독이 서독으로 다시 편입될 수 있을 것이라고 확신했다.

직후 독일의 정치권과 언론은 과거 정부의 정책을 두고 서로 엇갈린 평가를 했다. 기민당을 비롯한 보수 진영은 브란트 방식의 현상 유지 정책이 동독의 자유화를 결코 실현하지 못했으며, 미소의 군비 경쟁에서 소련의 패배가 독일 통일을 가능하게 했다고 주장하는 반면, 사민당을 비롯한 진보 진영은 현상 유지 정책이 장기간에 걸쳐 동독과 동유럽 공산권의 변혁에 직간접적으로 영향을 줌으로써 통일이 가능했다고 강조했다.

이러한 엇갈린 평가에도 통일 과정에서 찾을 수 있는 첫 번째 교훈은 기본적으로 서독의 정책 역량과 통일 준비의 수준이라는 맥락에서 찾을 수 있다. 동독 주민이 서독으로의 이주를 원했고, 소련은 서독의 경제력에 의존하고자 했으며, 서방 동맹국이 과거의 기억을 지우고 독일 통일을 지지한 배경에는 아데나워의 정책 방향과 브란트의 신동방정책이 거둔 성과가 모두 작용했다. 이들의 정책은 시대 상황을 나름대로 적절히 수용한 결과, 동독을 비롯해 주변 국가들로부터 신뢰를 확보할 수 있었다. 이뿐만 아니라 서독 정부는 통일을 결코 강조하지 않았지만, 서방정책과 동방정책을 국제환경 변화에 적합하게 추진하는 가운데 언제가 될지는 모르는 통일을 위한 기반을 착실히 닦아온 것이다. 이런 기반이 확보되어 있었기 때문에 동독 주민이 서독을 선택했고, 주변 국가들도 유럽 질서를 불투명한 미래 속으로 끌고 들어가는 독일 통일을 수용할 수 있었다.

또한 서독은 말로써 통일을 강조하지는 않았지만, 통일의 당위성과 통일 방식에 대한 원칙을 늘 잊지 않았을 뿐만 아니라 독일정책이나 동방정책에서 그 원칙을 실천하겠다는 의지를 항상 보였다. 동독 체제의 붕괴가 시작된 이후 서독의 독일정책과 통일 외교에서도 새로운 목표를 추구한 것이 아니라 기존의 원칙과 목표를 그대로 고수했다. 그러므로 어떠한 다른 국가도 명분상으로는 독일 통일을 반대하기 어려웠다. 비단 경제력이 아니더라도 그러한 일관된 원칙의 추구를 통해 얻은 신뢰성은 통일을 이룩한 서독의 역량 중 하나였다. 이와 같은 독일의 사례를 보면서 한반도에서 유사한 상황에 발생하면, 과연 북한 주민들이 무조건 남한을 선택할지, 또한 주변 강대국들을 한국 중심의 통일에 동의하도록 유인할 만큼 우리가 정치적·경제적·사회적 차원에서 대외적 신뢰도를 충분히 확보하고 있는지 한 번 생각해보아야 할 것이다. 요즈음 우리나라에서 강조되는 통일 준비가 과연 어떠한 것이어야 되는지에 대해 독일의 사례는 많은 것을 이야기를 해줄 수 있다.

요컨대 독일의 사례가 우리에게 시사하는 가장 기본적인 것은 인내심을 가지고 중·장기적 통일 목표를 세워야 한다는 것이다. 물론 급작스러운 통일 가능성에 대한 대비도 반드시 필요하다. 그러나 이러한 두 가지 정책 과제는 결코 다른 차원의 문제가 아니다. 돌발 사태에 대한 대비는 중·장기적 목표 속에서 진행될 수 있기 때문이다. 이뿐만 아니라 독일 통일은 소모적이고 비현실적인 통일론에 붙잡혀 있기보다 현실적 통일 정책의 추진 필요성을 강력히 보여주고 있다. 현실적인 통일 정책이란 통일을 위한 조건 창출에 큰 비중을 두는 것을 의미한다. 통일 조건의 창출 과정은 비단 남북 관계 차원에만 국한되는 것이 아니라, 한국과 북한의 국내 정치, 경제, 사회, 문화 등 각 부문, 그리고 외교정책의 차원에서도 동시에 진행되어야 할 것이다. 여기서 문제는 북한의 변화를 기대하기 쉽지 않다는 것이다. 따라서 최소한 한국만이라도 통일에 필요한 조건들을 창출해야 할 것이다. 또한 우리의 대외적 위상을 고려할 때, 외교정책 차원에서 조건 창출은 우리 뜻대로 이루기 어렵다. 이러한 현실을 염두에 두면, 우리가 가장 잘할 수 있는 범위 내에서만이라도 조건 창출을 위한 노력을 기울여야 할 것이다. 이와 관련해 현재 우리가 최선을 다해야 하는 가장 기본적인 사안으로서 다음 두 가지를 손꼽을 수 있다. 첫째, 사회문화적 측면에서 통합의 기반을 마련하는 것이다. 즉 건전한 시민문화를 정착시켜야 한다. 둘째, 건전한 민족공동체적 정체성을 확립해야 한다. 이 두 가지는 궁극적으로 우리 사회의 통일 역량을 키우는 핵심적 기반이 아닐 수 없다.

두 번째 교훈은 이데올로기와 체제 경쟁으로 대립하고 있는 분단 상황에서 서독이 동서독 관계를 어떻게 제도화했는지를 올바로 이해하는 것이다. 서독은 동서독 교류·협력의 실질적·안정적 발전이 가능하도록 점진적이며 단계적인 정책을 마련하고, 지속적으로 추진했다. 이 과정에서 서독 정부가 보여준 인내심을 비롯해 필요시 동독 정권에 취한 원칙적인 강인함과 유연성에 주목할 필요가 있다. 동서독 교류·협력이 단기적으로 부각되지 않았지만, 장기적으로는 조금씩 축적되는 방식으로 동독 사회의 변화를 촉진시켰다는 점은 매우 중요한 교훈이 아닐 수 없다. 따라서 우리도 체제 유지에 급급한 북한의 상황을 충분히 감안해 대화와 상호 작용의 확대를 통해 북한 내부로부터 변화의 필요성을 스스로 깨닫게 하는 정책 방향에 주목해 한반도 상황에 맞는 대안을 찾는 것이 중요하다. 이와 관련해 일차적으로 모든 분야에 걸쳐 엄격한 상호주의보다 중·장기적 관점에서 신축적인 상호주의의 적용을 신중히 고려할 필요가 있다. 단 정치적·경제적으로 북한에 대한 양보가 필요할 경우, 정책의 효율성과 지속적 추진에 필수적인 국내적 지지를 확보하기 위해 남한 사회가 감당할 수 있는 한계는 지켜야 한다.

남북한의 교류·협력은 사회문화적인 부분에서는 물론이고, 사회경제적 측면에서 상호 이해의 폭을 넓혀나가야 한다. 사회문화적인 바탕이 마련된다고 하더라도 사회경제직 소선이 열악할 경우, 공동체 내 결집력이 생성되기는 쉽지 않다. 이는 독일 사회통합의 어려움이 사회경제적 요인에 의해 훨씬 증폭되고 있다는 점에서 입증된다. 분단 시기 동서독 간에는 남북한과 비교할 수 없을 정도로 인적·물적 교류가 많았다. 그런데도 통일 이후 사회 통합 과정에서 엄청난 사회경제적 충격을 경험했다. 통일 이전 동서독의 인적·물적 교류가 양적으로는 대단했지만, 질적으로 상호 결속력을 갖지 못했기 때문이다. 물론 이것이 동독의 체제 유지 정책 때문이었던 것은 부인할 수 없다. 한반도의 경우 북한 핵 문제에서 볼 수 있듯이 북한의 체제 유지 정책이 동독보다 훨씬 강하다는, 더욱 불리한 조건을 가지고 있다. 그러므로 남북한 관계에서 양적 측면의 증가에 최종 목표를 둘 것이 아니라 질적 증대를 향한 비전을 가지고 교류·협력의 확대에 매진해야 할 것이다. 결코 쉽지는 않겠지만, 통일 이전에 남북 경제공동체를 먼저 형성하고, 이를 토대로 북한의 경제현대화 수준을 제고시키는 동시에 사회경제적인 상호 이해의 기반을 마련하는 노력이 필요하다.

세 번째 교훈은 국제 환경 차원에서 찾을 수 있다. 기본적으로 국제정치적 성격을 가진 독일 문제는 유럽 지역 질서의 특징과 변화 속에서 그 운명이 좌우될 수밖에 없었다. 유럽 지역 질서는 정치·안보·경제의 모든 분야에서 기본적으로 다자주의를 기반으로 하고 있었으며, 미소 간에 세력균형을 이룬 블록 대결 덕에 매우 안정적이었다. 이러한 균형적 안정은 현상 변경을 매우 어렵게 만들지만, 제도적 협력을 가능케 함으로써 협력의 관성력을 증대시킬 수 있으며, 양독 관계의 제도화와 강대국의 독단을 상대적으로 억제한다는 장점이 있다. 따라서 1970년대 전후 동서 데탕트를 계기로 추진된 신동방정책과 대동독정책으로 인해 동서독 관계가 상대적으로 안정되어 교류·협력이 가능해지면서 동독 주민이 서독 체제에 대해 동경을 확대시키는 계기로 작용했다.

나아가 서독은 동독 붕괴 시점에 그러한 유럽 지역 질서의 성격을 잘 활용했다. 무엇보다 소련의 개혁으로 균형이 무너지면서 현상 변경의 기회를 놓치지 않았고, 그동안 잘 구축된 제도적 협력의 성과를 최대로 이용했다. 서독이 동독 체제 붕괴의 시점에 어떻게 미국과 소련의 신뢰를 확보할 수 있었는지를 기존의 제도적 협력의 성과라는 측면에서 생각해볼 필요가 있을 것이다. 만약 유럽의 질서가 양자주의적 성격을 띠었다면, 서독의 통일 외교 노력은 훨씬 많은 노력과 비용을 들였어야 했을 것이다. 이러한 시사점은 원인과 상황은 다르지만, 역시 분단의 국제정치적 성격을 강하게 띠고 있는 한반도 분단 문제에 적용되기에 매우 적절하기 때문에 향후 우리의 통일 외교 정책을 구상하고 실천하는 데 참조할 수 있을 것이다. 현재 북한의 핵 문제 해결을 위한 다자주의적 접근이 별 효과를 거두지 못하고 있는 것은 동북아의 국제 환경이 과거 유럽과 달리 양자주의적 특징이 있기 때문이다. 이러한 상황에서 미국과 중국의 경쟁에 우리의 분단 관리 내지 통일 외교가 종속될 가능성이 높다. 이를 극복하기 위해 미국과 중국이 한반도에 스스로 관심을 가질 수 있게 만드는 노력이 필요하며, 이는 곧 남북한 관계의 개선과 발전에서부터 시작될 수 있다.

네 번째 교훈은 독일의 방식이든 아니든 간에 평화통일이 한반도에서 이루어질 때, 내적 통합이 이루어지기 위해 무엇이 필요한지에 관한 것이다. 사회 통합은 기본적으로 사회문화적 차원의 문제로 간주되며 가치 통합의 의미를 강하게 띠지만, 실제로 제도 통합 방식에서 크게 영향을 받는다. 물론 제도 통합의 방식이 사회문화적 문제를 완전히 통제할 수 있는 결정 변수라는 말은 아니다. 상이한 체제에 익숙한 두 사회가 인위적인 제도 통합을 시도할 때, 사회문화적 갈등은 불가피하다. 이와 관련해 통일독일의 경험은, 남북한 주민의 상호 교류 및 접촉면의 확대와 새로운 제도에 대한 북한 주민들의 적응력 증대를 위한 정책적 노력은 당연히 필요하지만, 이러한 정책이 소기의 성과를 거둘 수 있기 위해서는 통합의 출발점이 매우 중요하다는 것을 보여준다. 즉 한반도에서 향후 국민 통합이 순조롭게 이루어지기 위해서는 억압된 체제에서 살아온 북한 주민이 외부의 개입 없이 스스로 내적 민주화를 이룰 수 있는 기회를 통합 초기에 가져야 할 것이다. 또한 북한 주민들이 체제 가치를 스스로 선택함으로써 통일한국인으로서 새로운 정치적·사회적 정체성을 확립하도록 유도해야 한다. 따라서 통합은 새로운 시대와 인류의 보편적 가치에 기초한 통일한국의 헌법 체계를 북한 주민들이 자발적으로 선택하도록 하는 데서 출발하는 것이 바람직하다.

물론 가치 통합은 이익 갈등과 결코 별개가 아니다. 통일 이후 동독 지역 주민들은 과거와 비교할 수 없을 정도로 자유와 경제적 풍요를 누릴 수 있었지만, 결코 만족하지 않았다. 서독 주민과 자신을 비교함으로써 느끼는 상대적 빈곤감과 경제적 풍요를 누리기 위해 피할 수 없는 시장의 경쟁 논리에 부담을 느꼈을 뿐 아니라, 서독인들이 동독 지역에서 정치·사회적 요직을 독점하는 것을 보면서 동독 주민들은 자신들의 이익을 대표할 수 있는 기회가 박탈되는 현실에 분노했다. 특히 과거 청산을 통해 동독 주민들이 마치 범죄 집단의 일원으로 간주되는 듯한 현상을 참기 어려워했다. 동독 주민과 달리, 서독 주민들은 통합 과정이 자신들의 경제적 희생을 강요하고 있다고 불만을 표출했다. 이렇듯 자기 이익에 대한 방어적 태도는 이념 내지 가치 측면으로 전이되어 상대에 대한 공격적 형태로 나타났다. 오시와 베시라는 표현은 그와 관련한 대표적인 예이다. 이 외에도 동독 지역 주민들이 과거 동독 시절의 좋은 기억만 선택적으로 상기하는 일종의 향수Ostalgie(Ost+Nostalgie)에 젖는 경향은 가치 통합을 더욱 어렵게 만든다.

향후 남북한 관계에서 평화적인 교류·협력이 재개된다면, 독일 사례가 우리에게 던져주는 교훈은 더욱 구체적으로 나타날 것으로 예상된다. 물론 독일의 사례가 그대로 우리에게 적용되기는 어렵겠지만, 여태껏 그러했듯이 독일 통일을 단지 결과로서 바라보는 것을 중단하고, 그 대신 모든 분단 및 통일 과정에 초점을 맞춰 독일의 분단 및 통일 상황과 여러 부문의 정책을 이해하려 노력한다면, 더욱 창의적인 교훈을 얻을 수 있을 것이다.

참고문헌

김학성. 1995. 『서독의 분단질서관리 외교정책 연구』. 민족통일연구원.

_____. 2006. 「독일의 사례」. 임채완 외. 『분단과 통합: 외국의 경험저 시례와 님북한』. 한울.

황병덕 외. 2000. 『신동방정책과 대북포용정책: 브란트와 김대중의 민족통일대구상』. 두리.

Ash, Timothy Garton. 1994. *In Europe's Name: Germany and the Divided Continent*. London: Vintage Books.

McAdams, A. James. 1989. "Inter-German Relations." in Gordon Smith et al. (eds.). *Developments in West German Politics*. London: Macmillan.

4

통일과 남북 경제공동체

양문수
북한대학원대학교 교수

이 장은 필자의 「남북한 경제통합론의 쟁점과 과제」(조대엽 · 이수훈 엮음, 『한반도 통일론의 재구상』, 선인, 2012), 「남북경협 27년의 역사에 대한 평가: 남북경제공동체의 이상과 현실」(경남대학교 극동문제연구소 엮음, 『분단 70년의 남북관계』, 선인, 2016), "Reformulating South-North Korean Economic Integration"(*Journal of peace and Unification*, Vol.4, No.2, 2014)의 내용을 현재 여건에 맞게 재구성한 것이다.

1. 머리말

한국 정부가 2016년 2월 개성공단 문제를 북한의 핵 개발과 직접 연계하면서 남북 관계의 마지막 끈이던 개성공단 가동을 전면 중단하는 조치를 취한 것은 1988년 노태우 대통령의 '민족자존과 통일번영을 위한 특별선언'(이하 7·7 선언) 이후 이어온, 남북 간의 화해와 협력을 모색하는 대북 정책의 종언을 의미한다. 이제 남북 관계는 노태우 대통령의 '7·7 선언' 이전 시대 혹은 1972년의 '7·4 남북공동성명' 이전의 시대, 즉 화해와 협력은 전혀 고려되지 않고 오로지 대결과 반목만 존재하는 시대로 돌아가게 되었다.

한국 경제가 저성장의 위기와 장기 침체의 늪에서 탈출하기 위해서는 남북경협, 남북 경제공동체, 그리고 통일을 통한 새로운 성장 동력의 확보가 절실히 요구된다는 목소리[*]는 점점 커지고 있지만, 현실은 오히려 거꾸로 가고 있다. 이제는 남북 경제공동체는커녕 남북경협의 싹마저 사라졌다. 한국 경제의 위기를 타개할 새로운 대안이 뚜렷이 보이지 않을수록 남북경협 나아가 남북 경제공동체에 대한 기대감이 커져가고 있지만, 현실에서는 맹위를 떨치고 있는 '안보위기론'에 파묻히고 있다.

그동안 우리 사회는 통일과 남북 경제공동체라는 지향점을 향해 이론

<small>* 이러한 목소리가 가장 집약적으로 표출된 것은 2012년 대선 때였다. 당시 여야의 유력 대선 후보들은 약간의 정도 차이는 있었지만, 공통적으로 북한과의 경제협력이 남한 경제의 새로운 성장 모멘텀이 될 수 있다는 데 인식을 같이했다. 특히 야권의 문재인 후보와 안철수 후보는 각각 '남북경제연합'과 '신북방시대'를 주요 공약의 하나로 내세우면서, 저성장의 늪에 빠질 우려가 있는 남한 경제의 새로운 돌파구로서 남북경제협력, 북한을 매개로 한 동북아 경제협력을 강조한 바 있다.</small>

과 실천의 영역에서 많은 노력을 기울여왔다. 그러나 현시점에서 냉정히 평가한다면 그 성과는 매우 미미하다고 할 수 있다. 실천의 영역에서는 통일과 남북 경제공동체 형성을 지향하면서 남북경협이 어느 정도 활기를 띠기는 했으나 개성공단 가동 전면 중단 조치에서 나타나듯 이러한 움직임은 최근 명백한 퇴조 양상을 보이고 있다. 이론의 영역에서는 그동안 남북 경제공동체 문제에 대해 학계를 비롯해 여러 곳에서 비록 중간중간 잠시 끊어지기는 했지만, 지속적으로 논의가 진행되어왔고 일정 수준의 연구 성과도 축적되어 있다. 하지만 사안의 중요성에 비추어본다면 논의는 여전히 걸음마 수준에서 벗어나지 못했다고 해도 과언은 아니다.

이 장에서는 이러한 문제의식을 기반으로, 여기에 최근의 여건 변화를 반영해 남북 경제공동체 구축 문제를 재조명하기로 한다.

2. 남북경협과 남북 경제공동체

1) 남북경협과 남북 경제공동체의 개념

경제공동체는 경제통합과 유사한 개념이지만 혹자는 경제통합보다 낮은 수준의 경제 관계로 파악한다.* 경제통합은 통상 두 개 이상의 경제

---

* 대부분의 학자들은 경제공동체와 경제통합을 엄밀히 구분하지 않고, 사실상 같은 의미로 사용하고 있다. 그동안 이 분야에서는 '민족 경제공동체,' '남북한 경제공동체', '남북(한) 경제통합' 등의 개념이 많이 사용되어왔다. 이런 개념에 관해서는 다소 엄밀한 검토가 필요하지만, 이 글에서는 논외로 한다.

단위가 궁극적 목표인 단일경제체제를 구축해가는 과정process이자 상태 state를 지칭한다. 그런데 국가 간에 이러한 경제공동체가 형성된다고 해서 이것이 반드시 단일 국민국가로의 발전을 의미하는 것은 아니다. 상이한 국민경제 간의 경제공동체 형성이 반드시 정치적 통합을 전제로 하는 것은 아니다.

하지만 남북 간에 형성되는 경제공동체는 통일의 한 과정으로 인식되고 있다. 통일은 정치, 경제, 사회, 문화 등 전반적인 분야에서 통합이 이루어지는 과정이고, 이런 각 분야의 통합 과정은 서로 밀접하게 연관되어 있어 분명 독립적으로 진행되기 어려운 것이 분명하다. 그렇다고 해도 경제 분야의 통합이 상대적으로 빨리 이루어질 가능성이 있는 것은 부정하기 어렵다.

기존에 한국 내 논의 구조에서 남북 경제공동체는 점진적·단계적 통일 방안에서 핵심 요소 중 하나였다. 통일을 위해서는 경제공동체를 우선 건설해, 그 기반 위에 정치적 공동체를 건설한다는 것이다. 예컨대 '민족 경제공동체 건설방안'*에서는 화해·협력 단계, 남북 연합 단계, 통일국가 완성 단계라는 세 단계를 설정했는데, 두 번째 단계인 남북 연합 단계에 경제공동체 건설을 상정하고 있다.

사실 남북 경제공동체 건설은 여러 단계에 걸쳐 이루어지는 장기적인 과정이라는 것에 유의할 필요가 있다. 매우 느슨한 형태의 경제공동체 건설부터 최종 목표인 완전한 경제통합에 도달할 때까지 형태를 달리하며

---

* '민족공동체 통일방안'은 우리 정부의 공식 통일 방안으로 1989년 9월 노태우 정부 시대에 '한민족 공동체 통일방안'으로 처음 제시되었고, 이어 1994년 8월 김영삼 정부 시대에 '한민족공동체 건설을 위한 3단계 통일방안'(민족공동체 통일방안)으로 보완·발전했다.

발전해가는 과정이다. 이러한 남북 경제공동체가 건설되는 방식과 경로는 한마디로 잘라 말하기 어렵다. 남북 경제공동체 건설은 기본적으로 통일의 방식과 경로에 크게 의존하기 때문이다. 따라서 매우 다양한 방식이 상정될 수밖에 없다.

한편 남북 경제공동체와 남북경협의 관계를 보면, 무엇보다 남북 경제공동체는 남북경협보다 한 차원 높은 경제 관계라고 할 수 있다. 남북경협에서 남북 당국 간에 경제통합에 대한 지향성(목표)을 공유하게 되면, 이는 남북 경제공동체의 초기 단계(혹은 기반 조성 단계)로 파악할 수 있다. 다만 이는 엄밀히 보았을 때의 개념적 차원이고, 통상적으로는 남북 경제공동체의 맹아 단계 혹은 초기 단계를 남북경협이라 칭하는 경우가 많다. 앞에서 언급한 3단계 '민족경제공동체 건설방안'에서는 첫 번째 단계인 화해·협력 단계에서의 남북 간 경제 관계를 남북경협으로 보는 경우도 있다.

한편 남북경협 단계에서 남북 경제공동체 단계로 발전하기 위해서는 여러 가지 경제적, 경제 외적 조건의 성숙이 필요하다. 단순히 경협이 확대 발전한다고 해서 경제공동체로 넘어가는 것은 아니라는 데 유의해야 한다.

2) 남북경협의 역사적 개관

남북경협은 1988년 7월 노태우 대통령의 '7·7 선언'을 계기로 공식적으로 막이 올랐다. 같은 해 11월 (주)대우가 처음으로 북한 물품(도자기)의 반입 승인을 획득하면서 40년 만에 남북한의 공식 교역이 재개되었다. 이어 한국 정부는 남북의 경제 교류·협력이 이루어질 수 있는 법적·제도적 기반을 마련하는 데 착수해 1990년 8월에 '남북교류·협력에 관한 법률'과 '남북협력기금법'을 제정했다.

1992년부터는 위탁가공교역이라는 새로운 경협 형태가 등장했고, 1996년부터는 남한 기업의 대북 투자 협력이 개시되었다. 1998년에는 금강산 관광사업이 시작되었고, 2000년에는 남북이 개성공단 개발 사업에 합의했다.

1988년부터 시작된 남북 교역은 이명박 정부 출범 전까지 양적으로 크게 성장했다. 전체 교역액은 1989년 0.19억 달러에서 2007년 17.98억 달러로 무려 95배나 증가했다. 내용 면에서 보아도 그 발전 양상을 짐작할 수 있다. 1988년 남북경협이 공식 개막한 직후에는 일반 물자 교역이

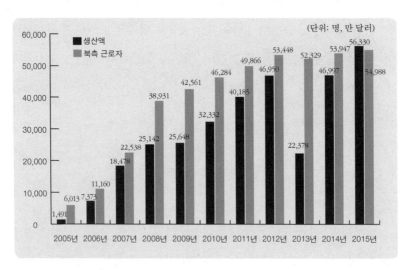

그림 4-1 **개성공단 사업 추이**
자료: 통일부.

중심이었으나, 점차 위탁가공 교역, 직접투자 등으로 발전했다.

그런데 이명박·박근혜 정부 시대 들어 남북경협은 위기적 상황에 봉착했다. 무엇보다도 이명박 정부 시대에 남북경협은 개성공단사업을 제외하고는 중단되었다. 이는 '5·24 조치'의 영향이 가장 크다. 2010년 북한에 대한 경제 제재 차원에서 취해졌던 이 조치 때문에 직접적으로는 일반물자 교역, 위탁 가공 교역 등이 중단되었으며, 또 그 여파로 금강산 관광사업의 중단 상태도 지속되었다. 박근혜 정부 시대 들어 남북경협의 상황은 더욱 악화되었다. 2013년에는 개성공단 사업이 6개월 가까이 중단되었다가 가까스로 재개되었는데 2016년 2월부터는 개성공단 가동이 아예전면 중단되기에 이르렀다.

3. 기존 남북 경제공동체 논의의 재검토

1) 고전적인 남북 경제공동체 논의

남북 경제공동체와 관련된 논의는 독일이 통일된 1990년 직후 활발히 진행되었다. 독일의 경험을 분석해 시사점을 도출하려는 시도가 급증했으며, 이에 따라 이 시기 남북통합에 대한 가장 많은 연구는 급작스러운 흡수통일에 대비한다는 차원에서 수행되었다. 하지만 시간이 경과하면서 통일독일에서 급격한 통일 후유증 등 많은 문제점이 발생하는 모습을 목격했고, 이에 따라 급진적 경제통합을 경계하는 목소리가 나오기 시작했다.

1998년 출범한 김대중 정부가 '사실상의 통일 상황'을 정책 목표로 설정하고, 대북 정책이 교류·협력의 활성화와 제도화에 초점을 맞추게 되면서 남한 내에서는 통일과 통일 방안에 대한 논의가 급격히 위축되는 현상을 보였다. 그 대신 남북한의 경제 교류·협력을 활성화하기 위한 방안을 모색하는 논의가 증가했다. 노무현 정부 시절에도 비슷한 경향이 이어졌다. 이후 이명박 정부와 박근혜 정부 시절에는 간헐적으로 북한 붕괴론이 고개를 들었고, 이에 따라 비공개적으로 급진적인 통일 방안과 남북경제통합 방안에 대한 논의가 다시 증가되기도 했다.

한편 독일의 경제통합은 나름대로 성과를 거두었지만, 너무 큰 경제 사회적 후유증을 불러왔다는 것이 대체적인 평가이다. 구 서독 입장에서는 통일에 따른 경제적 부담이 당초 예상보다 크게 증가했고, 통일 정부 입장에서는 재정 부담이 급증했다. 구 동독 입장에서는 실업이 크게 증가했고, 특히 자생적으로 성장할 수 있는 기반을 마련하지 못했다.

반면 점진적인 통합은 당위성이 있기는 하지만, 현실성 측면에서 많은 비판에 노출되어 있다. 예컨대 북한이 스스로 체제 전환에 나설 가능성이 매우 낮다는 것뿐 아니라 북한은 남북 경제통합에 강한 거부감을 품고 있다는 것이다. 또한 남북 관계가 악화되면 남북 간의 합의에 의한 경제적 통합은 더욱 멀어질 가능성이 있다고 한다.

한편 급진적 경제통합론은 이른바 북한 급변 사태 문제와 깊이 연관된다. 물론 북한 급변 사태가 남한 주도의 흡수통일을 보장하는 것은 아니지만, 그 가능성을 높여준다는 것이 급진적 경제통합론을 지지하는 사람들의 대체적인 생각이다.

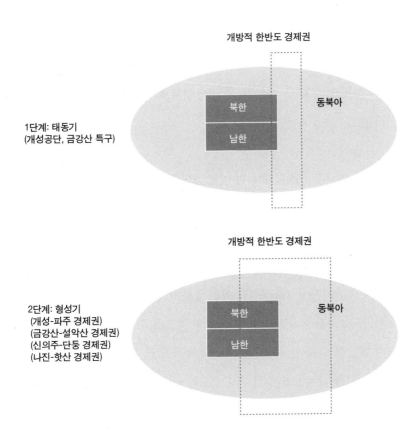

개방적 한반도 경제권

1단계: 태동기
(개성공단, 금강산 특구)

북한
남한

동북아

개방적 한반도 경제권

2단계: 형성기
(개성-파주 경제권)
(금강산-설악산 경제권)
(신의주-단동 경제권)
(나진-핫산 경제권)

북한
남한

동북아

그림 4-2 **한반도 경제권 개념도**

주: 그림에는 지역 차원의 소(小)경제권의 형성만 예시했다. 그러나 한반도 경제권에서는 지역 차원
   의 협력뿐만 아니라 산업/부문 차원의 협력도 충분히 존재한다. 아울러 국가 차원의 협력도 병행
   적으로 추진된다는 사실에 유의해야 한다.
자료: 양문수·이남주(2007).

　　최근 남북 경제공동체 분야에서 부상하고 있는 또 다른 논의로는 '급
진적 정치통합 이후의 점진적 경제통합', 즉 통일 후 북한 경제의 한시적
분리 방안이 있다. 이는 남북한이 급진적으로 정치통합은 이루지만, 경
제통합은 점진적으로 추진한다는 것이 골자이다. 즉 급진적으로 정치적

통일을 이룬 이후 일정한 기간 동안 한시적으로 북한 경제를 남한 경제와 분리해 관리·운영한다는 것이다. 하지만 이러한 주장이 현실의 세계에서 어느 정도 통용될 수 있을지, 얼마나 설득력이 있을지는 여전히 미지수이다.

2) 더 확장된 남북 경제공동체론

노무현 정부 시절에 등장한 평화경제론은 엄밀히 따지면 경제통합 이론이라기보다는 남북 관계에서 정치와 경제의 관계, 국제 환경을 포괄적으로 이론화하고자 한 시도이다. 이는 평화와 경제의 선순환을 강조하는 입장이다. 즉 경제를 통한 평화 추구를 한 축으로 하고, 평화를 통한 경제협력의 발전을 다른 한 축으로 한다. 특히 북핵 문제의 해결이 남북경제협력의 발전과 경제공동체 형성의 중요한 환경 변수라는 점을 인정하지만, 동시에 경제협력의 지속과 발전이 북핵 문제 해결 및 안보 현안을 해결하는 과정에서 긍정적으로 작용한다고 보고 있다.

김연철(2006)은 시기적으로 보았을 때 교류·협력의 확대가 평화 정착에 도움을 줄 수 있다는 기능주의적 접근을 강조하는 초기 입장에서 평화 정착과 경제협력의 보완적 관계를 강조하는 신기능주의적 입장으로 인식의 변화가 있었다고 한다. 즉 평화 문제의 진전 없이 남북경협이 지속 가능한 발전을 이룰 수 없다는 인식의 진전이 있었다.

한편 '한반도 경제'라는 개념은 그동안 간헐적으로 몇몇 학자에 의해 사용되어왔다. 필자도 몇몇 학자들과 공동 작업을 통해 초보적인 개념화

작업을 수행한 적이 있다(양문수·이남주, 2007; 이수훈 외, 2006를 참조). 한반도 경제 구상이라고 이름 붙인 이 구상은 엄밀히 말하면 '개방적 한반도 경제권'을 형성하기 위한 구상이다. 이는 남한 경제, 북한 경제, 동북아 경제의 연관성 제고를 통해 형성되는 경제권이다(<그림 4-2> 참조). 이는 남한과 북한이 자율적인 국민경제 체제를 유지하되, 경제활동에서는 남과 북을 각각 별개의 단위로 사고하는 것이 아니라 한반도 전체를 하나의 단위로 사고한다. 아울러 한반도경제권은 적극적인 대외 개방정책을 펴는데, 특히 동북아에 대한 개방의 수준을 대폭 제고한다. 이와 동시에 지역·도시·기업 차원의 연계·결합 등 미시적 협력과 국가 차원의 시장 통합, 정책 통합 등 거시적 협력을 병행·추진한다. 아울러 남북 관계의 측면에서 보면 남북 연합 단계에 부합되는 남북 경제통합을 가리킨다.

이정철(2008)은 북한에 대해 경제통합의 영역뿐만 아니라 지역region 형성 차원에서도 접근해야 할 필요성을 제기한 것이 이 이론의 가장 큰 의의라고 평가했다. 다만 이 논의는 북한의 본격적인 개혁·개방을 전제로 하고 있으며, 한반도경제권의 경계가 다소 모호하다는 것을 포함해 구상을 전략으로 전환하기 위해서는 적지 않은 숙제를 안고 있다.

한반도 경제에 대한 또 다른 이론화로서 주목할 만한 것은 이일영(2009)의 논의이다. 그는 한반도 경제란 남북한 각각을 개혁할 뿐 아니라 남북한을 통합하며 세계와 공존하는 새로운 체제를 의미한다고 밝히고 있다. 그는 특히 한반도 경제가 국가-지역-사회·경제조직이라는 세 바퀴로 굴러가는 세발자전거tricycle라고 강조함으로써, 기존의 국가 중심적 남북 경제통합 논의에서 벗어나야 한다고 주장하고 있다. 이일영 자신도 주장하고 있듯이, 이 이론은 새로운 진보의 대안으로 충분히 평가받을 만하다. 다만 이 논의에서는 경제통합의 수준과 단계, 남북 관계의 발전 수준에 대한 고려는 다소 약한 편이다. 또한 논의의 추상 수준이 여전히 높아 구체성과 현실성을 채워나가는 것이 과제로 남아 있다.

4. 남북 경제공동체를 보는 관점

1) 남북 경제공동체의 목적

남북 경제공동체론을 재조명하기 위해서는 남북 경제공동체 논의의 목적부터 다시 살펴볼 필요가 있다. 여기에는 크게 보아 세 가지 관점이 있다.

첫째, 남북 경제공동체 논의의 목적은 기본적으로 남북 정치통합의 달성, 즉 남북통일에 있다는 관점이다. 그리고 이 관점은 단일 국민국가 건설이 완전한 통일, 완성된 통일이라는 인식에 기반을 두고 있다. 앞에서 보았던 ① 점진적 경제통합, ② 급진적 경제통합, ③ 급진적 정치통합 이후의 점진적 경제통합을 비롯해 기존의 경제공동체 논의 대부분이 이러한 관점을 수용하고 있다.

사실 한국 정부의 통일 방안도 오랜 기간 동안 이런 관점을 유지해왔다. 김영삼 정부부터 노무현 정부에 이르기까지 각 정부의 대표적인 통일 방안은 민족공동체 통일방안이다. 이는 점진적 · 단계적 통일 방안으로서 핵심적 요소 중 하나가 바로 선先교류·협력이고, 교류·협력에서 가장 선도적인 역할을 하는 것은 경제 분야이다. 이러한 인식은 비단 정부 내에서뿐만 아니라 학계에서도 폭넓게 수용되어왔다. 물론 일부에서는 정치적·군사적 접근의 우선성을 주장하지만, 경제공동체 형성을 우선적으로 추진해야 하고 그 기반 위에서 정치적 공동체를 형성한다는 데 상당히 공감대가 형성되어 있다.

다만 유념해야 할 것은 경제 교류·협력의 활성화와 경제통합이 불가분의 관계인 것은 틀림없지만 경제 교류·협력의 활성화가 경제통합의 달성을 자동적으로 보장하는 것은 아니라는 점이다. 게다가 경제적 통합이 정치적 통합을 저절로 가져올 것이라고 기대하는 것은 비현실적이라는 점이다. 경제적 차원에서의 문제와 함께 정치적 차원의 문제도 동시에 해결되어야 한다. 경제적 관계의 진전이 정치적 관계의 진전을 불러일으키기도 하지만, 또 한편으로는 정치적 관계가 진전되어야만 경제적 관계도 진전될 수 있다.

한편 이런 관점에서 남북 경제공동체는 남북 경제통합과 동의어이며, 사실상 남북 정치통합의 하위 범주이다. 남북 경제통합의 목적은 경제적 목적 즉 남북한의 경제적 후생 증대라는 것도 존재하지만, 남북통일이라는 정치적 목적이 우선적이다. 이는 상황에 따라서는 정치적 목적과 경제적 목적이 충돌할 개연성을 내포하고 있다.

둘째, 통합 자체보다는 평화공존이라는 목표를 강조하는 관점이다. 이른바 통합을 위한 평화도 가능하지만, 통합 없는 평화공존도 가능하다. 신지역주의 시대의 경제협력이 군이 통합을 필요로 하지 않는다고 할 때,

이 경우의 경제통합은 통합 없는 평화공존을 목표로 한다. 여기서 평화는 소극적 평화가 아니라 요한 갈퉁Johan Galtung의 '적극적 평화,' 즉 전쟁이 없는 소극적 상태를 넘어 전쟁의 발생을 가능케 하는 긴장 요소를 근본적으로 제거해나가는 개념으로서의 평화이다. 이는 평화 담론과 통일 담론의 보완재적 성격보다는 대체재적 성격을 강화하는 관점이다.

앞에서 보았던 기존 경제공동체론 가운데 평화경제론이 여기에 해당된다. 사실 평화공존식 접근법이라면 굳이 경제통합까지 추진할 필요가 없다는 역설이 제기될 수 있다. 실제로 평화경제론은 남북한 경제협력의 중요성, 남북한 경제협력의 확대 및 발전의 필요성은 강조하고 있지만, 경제통합까지는 이야기하고 있지 않다. 다만 이 경우에도 '적극적 평화' 수준의 평화를 달성하기 위해 필요한 남북한 경제협력의 발전 수준에 대해서는 언급이 없다.

셋째, 경제적 통합 자체가 목적이라는 관점이다. 이 경우 남북 경제공동체의 목적은 남북의 경제적 후생 증대가 된다.

한국 내에서 경제 공동체, 나아가 통일에 대한 논의의 역사적 흐름을 짚어보면 종전에는 남한이 북한과의 경제공동체를 통해 얻을 수 있는 이득에 대해 다소 회의적인 시각도 없지 않았으나, 이러한 목소리는 시간이 갈수록 약해졌다. 특히 저성장 시대에 돌입한 한국 경제의 돌파구를 북한과의 경제협력, 나아가 경제통합을 통해 찾아야 한다는 목소리가 갈수록 커져왔다.

2) 통일을 보는 관점: 북한은 통일의 대상인가, 주체인가?

경제통합의 유형은 분류 기준에 따라 여러 가지가 있을 수 있으나, 가장 의미 있는 것은 급진적인 경제통합과 점진적인 경제통합으로 유형화하는 것이다.

급진적인 경제통합과 점진적인 경제통합은 얼핏 외관상으로는 경제통합의 진전 속도가 분류 기준인 것으로 보인다. 하지만 급진적인 경제통합과 점진적인 경제통합의 차이는 경제통합의 진전 속도뿐 아니라 경제통합에 대한 접근 방법의 차이, 통합 후 경제체제의 성격에 대한 차이도 내포되어 있다. 급진적인 경제통합은 통합에 대한 이분법적 접근의 관점에 서 있는 반면, 점진적인 경제통합은 통합에 대한 구조론적 접근의 관점에 서 있다.

경제통합에 대한 이분법적 접근은 계획경제체제와 시장경제 체제라는 두 범주가 대립하는 상황을 전제로 하는데, 두 체제 중 오직 한 체제만이 채택되어 유지될 때 그 통합은 안정적이며 기능을 발휘할 수 있다고 보고 있다. 따라서 약한 체제가 강한 체제에 흡수되어야 한다는 즉 흡수통합론의 관점이며, 이 관점은 경제체제의 이질성을 통합의 성공적 진행에 대한 근본적 장애물로 파악하고 있다.

반면 경제통합에 대한 구조론적 접근은 어떤 경제체제도 양립할 수 있으며, 다양한 경제체제가 혼합되어 있을 수 있다는 견해이다. 체제 전환의 결과 혼합경제 체제가 형성되더라도 체제 구성 요소가 서로 안정적인 인과관계를 이룰 경우 그 체제 전환은 성공적이며, 따라서 이 경우 체제 전환과 경제통합은 단계적·점진적으로 진행된다. 요컨대 통합 전 경제체제의 이질성에 의해 통합의 성패가 좌우되는 것이 아니라, 통합 과정에서 호혜적인 단계적 결과가 산출된다면 그것으로 통합 과정은 성공적이라고 보는 관점이다.

이러한 관점을 남북한에 적용하면 다음과 같다. 급진적 통합론의 경우, 사회주의경제 체제인 북한이 자본주의경제 체제의 남한에 흡수되어야 통합이 성공적으로 진행될 수 있다는 관점이다. 점진적인 통합론의 경우, 북한의 체제 전환이 점진적으로 진행된다고 해도 남북한이 호혜적 경제 발전을 추구하면서 점진적으로 통합을 추진할 수 있다는 것이다.

이러한 사고를 다소 확장하면 양자의 근본적인 차이는 통일에 대한 철학 또는 세계관의 차이로 설명할 수 있다. 즉 북한을 통일의 '대상'으로 볼 것인가 아니면 북한을 통일의 '주체'로 볼 것인가 하는 문제이다. 달리보면 북한이 독립변수인가 종속변수인가 하는 문제이다. 북한을 통일의 대상으로 보느냐, 주체로 보느냐에 따라 바람직한 통일의 형태·방식, 실현 가능한 통일의 형태·방식에 대한 논의는 전혀 달라지게 마련이다.

사실 북한은 경제통합에 대해 그동안 매우 소극적인 태도를 취해왔다. 이는 경제통합이 초래할지도 모를 북한 정부의 경제적·정치적 주권상실에 대한 우려, 즉 흡수통일에 대한 우려에 기인하는 바가 크다.

이와 관련해 우리 사회에서는 지금까지 남북이 함께 만들어나갈 통일한반도, 특히 통일 경제의 성격과 비전에 대한 규범적인 차원의 연구가 미흡했다는 점을 지적하지 않을 수 없다. 특히 지금까지 진행되어온 논의는 남한의 경제체제를 그대로 북한에 이식한다는 것을 암묵적으로 전제하고 있다. 따라서 남한이 우월하다는 사고가 지배적이며, 남한의 일방적인 희망을 담고 있는 경우가 대부분이다.

3) 남북 관계를 보는 관점: 독립변수인가, 종속변수인가?

남북한 통합에서 북한이 독립변수인지 종속변수인지에 대해 상이한 의견이 있을 수 있듯이, 남북 관계가 국제사회의 종속변수인지 독립변수인지에 대해서도 상이한 의견이 있을 수 있다.

우선 전자의 견해를 간단히 정리하기로 한다. 남한으로의 흡수통일이든 중국의 속국화이든 제3의 길이든, 북한의 미래는 북한이 결정한다는 사실을 간과해서는 곤란하다는 견해이다. 기본적으로 통일이라는 것은 상대가 존재하는 게임이다. 달리 보면 무력에 의하지 않는 한 통일은 남북한의 '합의'가 있어야 가능하다.

극단적으로 북한이 내전 내지 무정부 상태에 돌입한다 해도, 정권이 껍데기에 불과한 존재로 전락한다 해도, 조선민주주의공화국이라는 국가가 존속하는 한 국제사회가 북한의 미래를 결정할 권한은 없다는 것이다. PKO^{Peace Keeping Operation} *와 같은 조직이 북한에 주둔할 수는 있어도 이는 과도기적 상황에 불과하다.

결국 북한 주민이 선거에 의해 스스로 정권을 수립하고, 이 정권이 주

---

* PKO(평화유지활동)란 유엔이 분쟁 지역의 평화 유지 또는 질서 회복을 위해 관련 당사국의 동의를 얻어 일정한 군대 등으로 구성된 유엔 평화유지군이나 감시단 등을 현지에 파견해 휴전·정전의 감시 또는 치안 유지 임무를 수행하는 일을 말한다.

권 국가 북한의 장래를 결정하는 것이다. 결국 북한 정부가 누구에게 의탁할 것인지, 홀로서기를 할 것인지를 스스로 결정해야 한다.

남한이 북한과의 통일을 지향한다면 남한은 그때를 준비해야 한다. 결국 북한 주민이든, 북한 지도부이든 그들이 남한과의 통일을 선택할 수 있도록 제반 여건을 조성하는 것이 가장 중요한 과제로 제기된다. 남한과 북한의 신뢰가 중요한 것도 바로 그 때문이다.

그리고 남한이 국제사회에 대해 남북통일의 당위성을 주장하기 위해서는 남한 스스로의 의지와 자세를 인정받아야 한다. 단순히 같은 민족이라는 사실 하나만으로는 국제사회를 수긍시키기 어렵다. 남북 관계가 종속변수가 아니라 독립변수로 존재해야 할 필요성이 여기에 있다는 것이다.

한편 후자의 논리는 비교적 단순하다. 흡수통일론의 관점, 한미 동맹 강화론의 관점에 서 있다. 북한 지도부와 주민의 의사결정을 존중하는 것이 바람직하지만, 그것이 결정적으로 중요한 요인은 아니다. 굳건한 한미 동맹이 최우선적이다. 남북 간의 신뢰가 구축되고 남북 관계가 독립적으로 존재할 필요가 없는 것은 아니지만 이는 현실적으로 용이하지도 않으며, 따라서 부차적인 요인이라는 견해이다. 혹은 급변 사태 이후 북한 주민들은 경제력 수준이 높은 남한과의 통일을 선택할 가능성이 상당히 높다는 낙관적 관측에 토대를 두고 있다.

4) 남북 경제공동체의 경제적 후생 증대 효과

중장기적으로 남북 경제통합 과정에서 북한 경제가 성장하게 되면 이는 비록 그 규모에서 차이가 나겠지만, 중국이나 동남아시아의 성장이 남한 경제에 기여한 것과 유사한 형태로 기여할 가능성이 있다. 북한의 대외 경제 관계의 협소함, 지리적 인접성, 언어 등 문화적 동질성 등을 고려할 때 북한의 경제 발전은 남한 경제와의 연계 심화를 수반하면서 이루어질 수밖에 없다.

이 경우 북한은 남한에 대해 한편으로는 시장으로서, 또 한편으로는 생산 기지로서 기여할 것이다. 달리 보면 규모의 경제 및 생산 요소의 보완이라는 측면에서 기여할 수 있다. 특히 초기에는 생산 기지로서의 역할이 클 것이고, 이는 남한 경제의 경쟁력 제고에 기여할 가능성이 높다. 개성공단의 사례에서 보듯이 남한의 자본, 기술과 북한의 토지, 노동력이 결합하는 것이다.

중장기적으로는 일정 규모의 인구를 갖춘 경제권의 형성이 가능해진다. 5000만 명의 남한 경제는 남북통합에 따라 7000만 명을 넘어서는 인구를 보유하게 된다. 북한 경제의 발전이 일정한 수준에 이르게 되면, 한반도 전체의 내수 시장 규모가 최소 효율 규모에 도달하게 되고, 이는 규모의 경제의 실현 가능성을 제고하는 효과가 있다.

또한 북한의 지하자원 개발을 통한 해외 자원의 수입 대체 효과도 존재한다. 특히 철광석, 석탄 등 주요 광물자원뿐 아니라 세계적인 매장량을 자랑하는 마그네사이트와 희토류인 마그네슘, 티타늄 등의 개발로 남한은 더 저렴한 비용으로, 또한 안정적으로 자원을 확보할 수 있게 될 것이다.

아울러 남북 경제통합으로 남한은 동북아 지역과의 경제협력 공간을 복원할 수 있게 된다. 남한은 그동안 대륙에 연해 있는 반도이면서도 실질적으로는 육지에서 멀리 떨어진 섬과 같은 존재로 전락해 외국과의 인적 교류와 상품 및 용역 등 모든 물류의 흐름이 육지가 아니라 바다와 하늘을 통해서만 가능하게 되었다. 한국과 중국 동북 3성의 교류는 이러한 물리적 제약을 받게 되었고, 이에 따라 거래 비용이 크게 증가한 상태이다. 하지만 남북통합이 이루어지면 남한은 중국 동북 3성을 비롯해 대륙과의 경제적 연계가 심화되는 발판을 확보할 수 있다. 특히 남북한 교통망과 TCR(중국횡단철도), TSR(시베리아 횡단철도)의 연결로 유럽 등지로의 물류비를 대폭 절감할 수 있게 되었고, 이는 한국과 유럽 등지의 경제적 교류를 확대·심화할 가능성이 크다.

또한 정부 지출에서 군사비 지출이 차지하는 비율을 낮춤으로써 더 생산적인 분야로 재정 자금을 활용할 수 있게 해줄 것이다. 한국 경제가 직면한 혁신과 통합이라는 두 가지 과제를 달성하기 위해 과학기술 혁신 분야의 투자와 양극화 해소를 위한 각종 지원 프로그램에 추가적으로 자원을 재배분할 수 있게 될 것이다.

아울러 이른바 '북한 문제'의 해결로 남한의 '국가 위험도country risk'를 현저히 감소시켜 남한의 국제 신인도를 상승시킬 것으로 보인다. 이는 증권시장에서의 이른바 '코리아 디스카운트Korea discount'를 해소시켜 한국 기업의 주가를 상승시킬 가능성이 높다. 주가 상승으로 주식 소유자의 자산 가치가 늘어나고 주식 소유자는 늘어난 자산 가치에 대응해 소비를 확대하는 것이다. 또한 주가 상승은 기업의 자산 가치를 증대시킬 뿐 아니라 기업의 자금 조달 비용을 낮추고 자금 조달도 용이하게 한다. 이와 동시에 국가 신인도 상승은 국제 금융시장에서의 자금 차입 이자와 외채 상환 이자의 부담도 경감시키는 효과를 초래한다. 이와 함께 외국인 직접투자 유치 증대에도 기여할 것으로 보인다.

5. 남북 경제공동체 추진 방향

1) 점진적·단계적 접근

남북 경제통합은 개념적 차원에서 보면 여러 단계에 걸쳐 이루어지는 장기적인 과정으로 파악할 수 있다(<표 4-1>, <표 4-2> 참조). 경제통합은 매우 느슨한 형태의 경제통합에서부터 최종 목표인 완전한 경제통합에 도달할 때까지 형태를 달리하면서 발전되어가는 과정이다. 그래서 여태까지의 남북 경제통합은 서로 다른 체제와 제도를 인정하면서도 경제통합을 지향한다는 전제 아래 경제 교류·협력의 폭을 확대하고 심도를 더함으로써 경제의 상호 의존도와 결합도를 제고해가는 일련의 과정으로

표 4-1 **경제통합 방식의 동태적 접근**

초기 단계	활성화 단계	완성 단계
기능적 통합에 제도적 통합을 보완하는 형태로 진행	제도적 통합의 비중 확대	제도적 통합
초기에는 수직적 통합이 불가피	수평적 통합으로 전환하기 위해 노력	수평적 통합
부문별 통합	부문별 통합 확대	전면적 통합

자료: 양문수(2012).

표 4-2 **단계별 부문별 경제통합의 진행 과정(예시)**

구분	시장 통합	기반 시설 통합	제도 통합	산업 구조 조정 및 재배치
전기 (2021~2030)	• 상품시장의 부분적 통합 • 자본시장의 초보적 통합 • 노동시장의 엄격한 분리	• 도로, 교통망의 연결	• 남북경협 제도의 정비 • 관세, 검역, 물류, 유통 등 초보적인 제도 통합	• 물자 교류, 임가공, 노동 집약적 산업에서의 남북한 합작 기업 설립
중기 (2031~2040)	• 상품시장의 통합 완성 • 자본시장의 통합 진전 • 제한적인 노동력 이동	• 남북한 간의 화물 및 여객의 수송 확대 • 교통망의 통합 진전 • 통신 부문의 통합 진전	• 시장경제 체제로의 양측 제도 수렴 진전 • 공동 경제 정책 제도 구축 • 화폐, 조세, 재정 통합은 미진전	• 중화학 공업 부문에 대한 대북 투자로 남북한 분업 구조 구축 본격화 • 산업단지 개발의 확산
후기 (2014~2050)	• 자본시장의 통합 완료 • 노동시장의 통합 진전	• 교통 통합의 완성 • 에너지, 통신 부문의 통합 진전	• 부분적인 재정 통합 • 공동 경제 정책의 실질적 시행 • 화폐 통합 준비	• 산업 내, 산업 간 분업의 확산 • 남북한 협력을 통한 북한 산업 구조 조정과 재배치 본격화

자료: 대외경제정책연구원·산업연구원(2011).

파악되어왔다.

물론 현실 세계에서는 경제통합이 장기적이 아니라 단기간에 이루어지는 급진적 통합이 있다. 다만 이 경우에도 기간은 짧다고 해도 이 단계를 완전히 건너뛰는, 즉 단계 자체가 완전히 없어지는 경우는 거의 없다. 한 단계에서 다음 단계로 이행하는 것이 매우 압축적으로 진행될 따름이다. 단계성과 기간은 상이한 차원의 개념이다.

요컨대 남북 경제공동체는 중장기적 관점에서 추진되는 성격의 것임을 강조할 필요가 있다. 따라서 점진적·단계적으로 접근해야만 한다. 사실 남북경협에서도 점진적·단계적 접근의 필요성은 여러 차원에서 제기된 적이 있다.

이는 주로 경협의 여건에 관련된 것인데 대표적인 것이 대외적인 군사안보적 차원의 문제이다. 즉 북핵 문제 해결 수준이 가장 중요하다. 아울러 북한의 개혁·개방 수준, 남북 관계 진전 수준도 중요한 변수로 작용한다. 이와 함께 남한 내의 여건도 중요한데, 남한 내 여론의 상황, 국내외적 재원 조달 여건이 대표적이다.

2) 제도적 통합과 기능적 통합의 병행

제도적 통합institutional integration과 기능적 통합functional integration을 구분하는 기준으로는 통합의 형성 주체와 통합의 동기, 통합을 유도하는 법적·제도적 장치의 유무가 대표적이다.

제도적 통합은 경제통합에 참가하는 각 경제 주체의 합의에 의해 통합의 조건과 형태 등을 결정하고 이를 공식적인 제도의 형태를 통해 실행하는 방식의 경제통합이다. 일반적으로 경제통합이라 하면 이러한 범주의 통합을 가리킨다. 이러한 제도적 통합은 각국 정부 혹은 각 경제 조직 간의 공식적 협력에 의해 이루어지므로 공적인 통합이라고도 불린다. 달리 보면 통합을 유도하는 법적·제도적 장치가 구비되어 있는 경우로서 예컨대 관련 국가 간에 초국가적인 기구 내지 국제적 협력 기구가 설치되고, 이를 중심으로 협력이 이루어지거나 유지·관리되는 형태의 통합을 지칭한다.

기능적 통합은 법적·제도적 장치가 마련되어 있지 않으나 관련 지역 내에서 개별 국가 간 산업의 연계성이 높아 산업의 전후방 연관 효과가 크게 나타나고, 특정 부문에서 국가 간에 상호 보완관계가 형성되어 경제적으로 강하게 결속되는 형태의 통합을 지칭한다. 예컨대 시장 내에서의 이윤 동기에 의해 국제적 경제활동이 특정 지역에 집중됨으로써 나타나는 지역적 경제권의 형성이 여기에 해당된다.

그런데 남북 경제통합 추진에서는 제도적 통합과 기능적 통합의 조화가 필수적이다. 공식적으로 제도만 갖춘다고 해서 경제가 실질적으로 연계된다는 보장은 결코 없다. 이와 동시에 기능적 차원에서 경제통합이 이루어진다고 해서 이것이 자동적으로 제도적 차원의 경제통합을 불러오는 것도 아니다. 따라서 제도적 통합과 기능적 통합을 상호 보완적으로 추진할 필요가 있다. 현실적으로는 〈표 4-1〉에 나타나듯이 초기에는 기능적 통합을 우선적으로 추진하고, 점차 제도적 통합의 비중을 높여가는 방식이 바람직하다. 기능적 통합에서는 산업 협력이 핵심적 요소이다.

3) 수직적 통합과 수평적 통합의 결합

남북 간의 경제통합은 수직적 통합을 기본으로 하되 시간을 두고 점차 수평적 통합의 요소를 가미하도록 한다(〈표 4-1〉 참조). 개성공단에서 이루어졌던 남과 북의 협력 방식은 중요한 시사점을 제공한다. 즉 남한의 자본 및 기술과 북한의 노동 및 토지를 결합하는 방식은 선진국과 개도국 간에 전형적으로 나타나는 특징인 수직적 통합으로서 여기에서 출발해 상호 의존관계에 있는 수평적 통합으로 서서히 전환되도록 해야 한다.

달리 보면 경제통합의 목표를 초기에는 생산요소 간 보완관계의 결합에 의한 경쟁력 강화에 두고, 점차 시장 확대에 의한 기술적·경제적 이익의 추구로 전환해야 한다. 이는 현재 남북 간 경제적 조건의 현실을 인정한 결과이다. 즉 남북 간에는 경제의 발전 단계, 요소 부존과 요소 가격이 현격히 차이가 나고, 북한의 내수 시장 규모가 매우 작다는 점을 고려해야 한다.

4) 남북 경제통합과 동북아 경제협력의 연계

긴 호흡으로 바라보았을 때 남북 통합에서 국제적 변수는 결정적으로 중요하다. 굳이 독일의 예를 들지 않더라도 그러하다. 사실 현재에도 남북 관계는 독립변수로서의 색채가 약하고 국제정치적 여건에 종속되어 있다시피 한 변수이다. 이와 동시에 지적해야 할 것은 지금은 세계화가 진행되는 시기라는 점이다. 그리고 최근의 여건 변화로 중요해진 것은 북한 경제의 대중국 의존도 심화, 나아가 한반도에서의 중국의 영향력 확대이다.

따라서 남한 정부는 목적의식적으로 국제 협력을 추구해야 할 필요성이 강하다. 남북 경제통합은 국제적 관계 속에서 다변화 전략을 추구하는 것이 바람직하다. 남북한 양측의 노력만으로 남북 경제통합을 달성하는 데는 한계가 있다. 국제협력은 남북 경제통합의 본격적인 추진을 위한 재원 조달 측면에서 유리하고, 남북 경제통합의 안정적이고 지속적인 추진에도 유리하다. 더욱이 남한의 입장에서는 북한의 체제 전환을 유도하고 지원하기 위해서라도 국제 협력을 적극 활용할 필요가 있다. 국제 협력에서 공간적으로 중요한 것은 동북아이다.

실제로 남북경협과 동북아 경제협력의 연계 필요성은 여러 측면에서 제기된 바 있다.

첫째, 이른바 북한 문제의 다차원적 성격에 따른, 북한 문제 해결에 대한 포괄적 접근의 필요성이다. 즉 안보와 경제를 별도로 추진하는 것이 아니라 병행해 추진해야 효과적이라는 것이다. 달리 보면 경제협력을 통해 평화를 추구하고, 그 평화가 다시 경제협력을 증진시키는 이른바 평화와 경제의 선순환 구조를 창출한다는 논리이다.

둘째, 향후 북한의 경제개발 방향과 관련해 고려되어야 할 중요한 변수가 북한의 지정학적·지경학적 위치이다. 북한은 중국의 동북 3성과 러시아 극동, 일본, 한국을 잇는 권역 가운데 위치하고 있다. 특히 북한의 지경학적 위치는 장기적으로 남북 경제통합 방안을 모색하는 데 고려되어야 할 매우 중요한 요인이다. 북한의 제조업 기반이 사실상 붕괴되어 있어 향후 남북한 제조업 분야의 협력이 제한적일 수밖에 없는 현실을 감안하면 더욱 그러하다.

셋째, 남한의 관점에서도 북한의 존재와 미개방 상태 때문에 상실한 동북아 경제협력 공간의 복원이 필요하다. 한국은 대륙에 연해 있는 반도이면서도, 실질적으로는 육지에서 멀리 떨어진 섬과 같은 존재로 전락했다. 외국과의 인적 교류와 상품 및 용역 등 모든 물류의 흐름은 육지가 아니라 바다와 하늘을 통해서만 가능해졌다. 한국과 동북 3성의 교류는 이렇듯 물리적 제약을 받게 되었고, 이에 따라 거래 비용이 크게 증가한 상태이다.

넷째, 북한의 경제 재건을 위해 막대한 재원을 남한 혼자 부담하는 것은 무리가 있다. 남한 정부 단독으로 조달할 수 있으리라 생각하는 사람은 아무도 없을 것이다. 하지만 다른 국가들을 어떻게 참여시킬 것인가, 어떤 방안을 제시하며 그들의 참여를 유도할 것인가 하는 문제는 누구보다 남한 정부가 고민해야 할 몫이다.

다섯째, 남북 경제통합과 동북아 경제협력을 동시에 추구하면 남북 경제통합에 따른 주권 상실, 나아가 흡수통일에 대한 북한의 우려를 완화하는 데 도움이 된다. 북한을 경제 교류와 상호 의존 확대의 장으로 끌어내기 위해서는 남한의 노력만으로는 부족하고, 중국 등 주변국들의 노력이 병행*되어야 한다.**

6. 맺는말

분단을 극복하고 남북 경제공동체를 이뤄내야 하는 역사적 과제는 아

---

* EU의 사례를 보더라도 경제통합은 관련 국가들뿐만 아니라 지역적으로 인접한 지역의 경제협력과 동시적으로 추진하는 것이 효율적이다.

** 그동안 이런 인식을 배경으로 남한 내에서 남북 경제통합과 동북아 경제협력의 연계 문제에 대한 논의가 어느 정도 활발하게 이루어졌다. 하지만 참여정부 시절에는 논의 자체가 전 국가적 차원으로까지 확산되지 못했고, 더욱이 현실 세계에서는 실질적으로 진전되지 못했다. 그리고 이명박 정부 들어서는, 특히 정부 차원에서는 남북 경제통합과 동북아 경제협력의 연계 문제는 말할 것도 없고, 동북아 경제협력에 대한 논의 자체가 사실상 중단되었다.

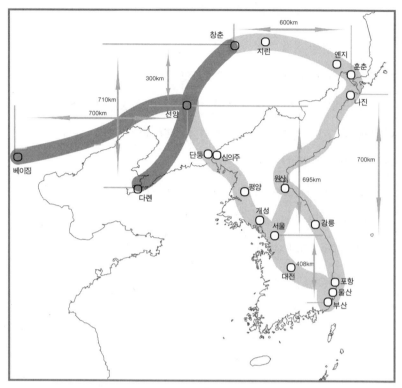

그림 4-3 **유라시아 이니셔티브와 일대일로의 연계 경제 벨트 구축 개념도**

자료: 서종원(2016: 43).

직도 허공에 뜬 이상으로만 존재하고 있다. 지난 20여 년간 남북 경제공동체를 향해 몇 걸음 나아갔나 싶었건만, 언제부터인가 뒷걸음질치고 있다. 이제는 남북 경제공동체는커녕 남북경협의 싹마저 사라질 위기에 처했다. 남한 경제가 저성장의 늪에 빠질 수 있다는 우려가 커지면서 남북한 경제 교류의 확대, 나아가 남북 경제통합이 남한 경제의 새로운 돌파구가 될 수 있다는 목소리가 조금씩 커지고 있지만, 아직은 여타의 목소리에 파묻히고 있다.

통일을 외치는 사람은 여전히 많지만 '어떻게 통일을 할 것인가'라는 물음 앞에서는 한없이 작아진다. 현재 남북 관계를 짓누르고 있는 최대 장애물인 '5·24 조치' 하나 제대로 해결하지 못하면서 통일을 노래하는 한국을 국제사회는 어떤 눈으로 바라볼 것인가.

남북 경제공동체로 나아가기 위해서는 남북경협부터 다시 시작해야 한다. 향후 남북경협의 재개, 나아가 활성화를 위해서는 남북경협 전반에 대한 재검토가 불가피하다. 무엇보다도 남북경협의 필요성, 의미, 추진 방식 등 광범위한 영역에 걸쳐 재검토해야만 한다. 그리고 이러한 재검토 과정은 단순히 정책 당국, 전문가 그룹의 범위를 넘어서 우리 사회 전체의 차원에서 이루어져야 할 것으로 보인다.

참고문헌

김연철. 2006. 「한반도 평화경제론: 평화와 경제 협력의 선순환」. ≪북한연구학회
　　　보≫, 10권 1호.

대외경제정책연구원·산업연구원. 2011. 「남북 경제공동체 추진 구상」(통일부 정책
　　　연구보고서).

서종원. 2016. 「일대일로와 유라시아 이니셔티브 연계를 통한 북한 교통인프라 개발
　　　전략」. ≪KDI 북한경제리뷰≫, 2월 호.

손병해. 2002. 『경제통합의 이해』. 법문사.

양문수. 2012. 「남북한 경제통합론의 쟁점과 과제」. 조대엽·이수훈 엮음. 『한반도
　　　통일론의 재구상』. 선인.

_____. 2016. 「남북경협 27년의 역사에 대한 평가: 남북 경제공동체의 이상과 현
　　　실」. 경남대학교 극동문제연구소 엮음. 『분단 70년의 남북관계』. 선인.

양문수·이남주. 2007. 「한반도 경제구상: 개방적 한반도 경제권의 형성」. 한반도사
　　　회경제연구회 엮음, 『한반도경제론』. 창비.

이수훈 외. 2006. 『한반도 경제구상: 개방적 한반도 경제권의 형성』. 동북아시대위원회.

이일영. 2009. 『새로운 진보의 대안, 한반도 경제』. 창비.

이정철. 2008. 「참여정부의 남북 경제공동체론 평가」. ≪북한연구학회보≫, 12권 1호.

조동호 엮음. 2012. 『공진을 위한 남북경협 전략: 보수와 진보가 함께 고민하다』. 동
　　　아시아연구원.

Yang, Moon-Soo. 2014. "Reformulating South-North Korean Economic Integration."
　　　Journal of peace and Unification, Vol. 4, No. 2.

통일과 평화 체제

서주석
북한대학원대학교 겸임교수

이 장은 필자의 「정전체제와 남북관계: 한반도 평화의 당위성과 가능성」(경남대학교 극동문제연구소 엮음, 「분단 70년의 남북관계」, 선인, 2016)과 「한반도 평화체제의 가능성」(김근식 외, 「동북아 질서의 변화와 한반도 통일」, 일성, 2016)을 수정 · 보완한 것이다.

1. 머리말

분단 이후 70년이 더 흘렀다. 1945년 미국과 소련 양국군의 진주 이후 해방 공간의 정치적 상황과 미소 냉전에 의해 분단 정부 수립으로 이어진 1948년 당시부터 신생 남북한 정부는 통일을 꿈꾸기 생각했다. 북한의 김일성 수상은 국토완정론國土完整論을 내세워 공산화 통일을 준비했고, 남한의 이승만 대통령도 북진 통일을 주장하며 전쟁이 나면 곧 통일될 것이라고 했다.

분단 초기의 성급한 무력통일론은 전쟁으로 이어졌다. 김일성의 남침 계획은 1949년 6월 주한 미군 철수와 10월 중국 대륙의 공산화, 이듬해 1월 한반도를 미국의 방어선에서 제외한 미국의 애치슨 선언 이후 스탈린과 마오쩌둥毛澤東에 의해 승인되었다. 그 뒤 북한은 소련의 대규모 군사 장비 지원과 중국의 인적(내전 참가 조선족) 지원으로 개전 준비를 갖출 수 있었다. 이에 비해 남한 정부는 미군 철수 후에도 미국에 요구한 장비 보강이 거절되면서 취약한 상태였다. 결국 북한군이 전면 남침했고, 이를 소련 공산권의 확장 기도로 본 미국과 유엔군이 참전하면서 남북 간 교전은 국제전으로 비화되었다. 북한군이 패퇴하고 한만 국경까지 밀리자 중국 인민지원군(중공군)이 개입했고 전쟁의 규모는 더 커졌다.

3년간 진행된 6·25 전쟁은 한국 역사상 가장 큰 피해를 초래했다. 특히 1951년 중반까지의 기동전과 그 뒤 2년간의 참호전으로 쌍방의 민간인과 군인의 피해는 눈덩이처럼 늘어났다. 남북한 통틀어 500만 명이 넘는 사상자가 났고, 500만 명의 전재민戰災民과 1000만 명 가까운 이산가족이 발생했다. 또 남한의 공업 시설 40% 이상이 파괴되고, 북한의 공업 시설도 80%가 파괴되는 등 엄청난 물적 피해도 발생했다. 인적·물적 피해에 더해 더 문제가 된 것은 전선이 한반도 남북을 오가며 점령군이 바뀌는 동안 민초가 겪었던 공포와 좌절, 그 후과로서의 극심한 이념 대립이었다 (서주석, 2000a: 248~250).

1953년에 '정전협정'이 체결되고 한반도의 허리에 38선을 대체한 휴전선이 생겨났지만, 전쟁은 끝나지 않았다. '정전협정'은 양측 군사령관 사이의 휴전 이행과 이를 위한 체제를 설정한 것일 뿐 종전을 규정한 것은 아니기 때문이다. 협정문에 전쟁 종식과 평화 상태 회복을 위한 관계국 정부 간 협상이 규정되어 있었지만, 이 역시 제대로 이행되지 못했다. 결국 군사정전위원회를 중심으로 잠정 수립된 정전 체제가 그 뒤 오랫동안 한반도의 군사 질서를 규정했고, 그 체제가 일정하게 기능을 하는 한 전쟁 재개를 통한 무력 통일은 불가능하게 되었다. 또한 휴전과 거의 동시에 이루어진 '한미상호방위조약' 체결과 미국에 대한 방위 공약은 한반도의 군사적 안정성 유지에 결정적으로 기여했다.

어쨌든 정전 체제 속에서 통일을 어떻게 성취하느냐가 여전히 중요한 민족적 과제이다. 북한은 1960년대 이래 군사력을 급속히 강화하면서 무력 동원과 정부 전복을 함께 도모하는 방식을 시도하기도 했고, 남한은 이를 방어하는 과정에서 미국에 대한 군사 지원과 스스로의 군사력 증강을 결합해갔다. 그러나 그동안 남북 간의 군사적 긴장과 국지적 충돌이 이어졌지만, 전쟁을 통한 통일은 점차 불가능한 상황이 되었다. 또 전쟁 아닌 평화적 통일은 6·25 전쟁을 겪은 한민족 모두의 염원이기도 했다. 남북한은 1970년대 초에 대화를 재개했고, 휴전 후 20년이 다 된 1972년에 평화, 자주, 민족 대단결의 통일 원칙을 담은 '7·4 공동성명'에 합의했다.

　분단의 원인에 비추어볼 때 1990년대 초 미소 냉전의 종식은 분단을 해소하고 통일 과정에 진입하는 결정적인 기회가 될 수도 있었다.* 실제로 남북한은 그 이전의 간헐적인 대화보다 훨씬 길게 1990년 초부터 1992년 말까지 고위급 회담을 했고, 그 결과로 1991년 말 '남북기본합의서'와 '한반도비핵화공동선언'을 채택하기도 했다. 그러나 같은 시기에 한미 간의 합의로 한국군 장성이 군사정전위원회의 수석대표가 되자 북한이 이 위원회 회의를 보이콧하면서 정전 체제의 정상적 운영이 깨어지기 시작했고, 1992년 말 북핵 문제가 논란이 되면서 대화는 다시 단절되었다. 이때부터 시작된 정전 체제의 유명무실화와 북핵 문제는 새로운 평화 체제의 구축과 이를 통한 평화적 통일 과정으로의 진입에 커다란 장애 요소로 지금까지 남아 있다.

2. 정전 체제 변화와 평화적 통일 관리

1) 한반도 정전 체제의 성립과 변화

한반도의 정전 체제는 6·25 전쟁을 중단하고 전투 행위 재발을 막기

---

* 1989년 동독 민주화 시위와 베를린 장벽의 붕괴, 그리고 이듬해의 독일 통일은 탈냉전 초기에 이루어진 큰 변화였다. 그러나 동독 체제 몰락과 서독에의 흡수통일은 북한의 대남 흡수통일 우려와 체제 위기감을 극대화했고, 북한이 핵 개발과 대미 대결, 선군정치로 나아가는 계기가 되었다.

위한 제반 장치로서 1953년 7월의 '한국 정전협정'(이하 정전협정)에 기반을 둔다(이하 서주석, 2016a: 93~102 참조). 이는 정치회담을 통해 전쟁을 법적으로 완전히 종결하기 이전에 군사적 차원에서 일시적으로 적대 행위를 중지시키는 잠정적·임시적인 체제로(이상철, 2012: 33~35), '정전협정'을 이행·준수하기 위한 정전에 관한 원칙과 규범, 군사분계선과 비무장지대로 이루어지는 지리적 규정, 군사정전위원회(이하 군정위)와 중립국감독위원회(이하 중감위)로 구성되는 운영 체제를 포괄하는 제도적·실제적 규범을 말한다. 물론 이 체제만으로 평화를 유지한 것은 아니며, 이는 같은 시기에 만들어진 한미 동맹 체제와 함께 전쟁의 재발을 막고 도발을 억제하는 역할을 해왔다.

'정전협정'은 쌍방 군사령관의 합의에 따라 전쟁 중단과 이를 위한 제반 절차만 규정한 것으로 전쟁을 종결한 것은 아니었다. '정전협정' 제4조 60항은 "한국 문제의 평화적 해결을 보장하기 위하여 쌍방의 관계국 정부는 협정 발표 후 3개월 내에 각기 대표를 파견하여 쌍방의 한 급 높은 정치회담을 소집하고 한국으로부터의 외국 군대 철수 및 한국 문제의 평화적 해결 등의 문제를 협의할 것"이라고 규정했다. 그러나 미소 냉전이 치열하게 전개되고 전쟁 이후에도 한미 동맹과 주한미군, 주북 중국군이 존재하는 상황에서 합의는 제대로 지켜질 수 없었으며, 결국 정치회담이 제대로 열리지 못하면서 이 규정은 여전히 이행 중지 상태로 남아 있다.

'정전협정'은 군사분계선MDL(military demarcation line)과 이를 사이에 둔 비무장지대DMZ(demilitarized zone)를 규정함으로써 적대적인 쌍방을 격리해 전쟁 재발을 막겠다는 구상을 담았다. 그러나 '정전협정' 체결 직후부터 위반 사례가 수없이 보고되었다. 1953년부터 위반 통계가 상호 통보된 1993년 말까지 40년간 유엔군 측은 공산 측이 43만 건의 위반 행위를 저질렀다고 집계했는데, 여기에는 군사분계선 월경, DMZ로의 화기 반입과 총격, NLL 침범, 선박 포격과 납치, 영공 침범과 항공기 납치 및 폭파 등이 포함된다. 공산 측은 유엔군 측이 83만 건의 위반 행위를 저질렀다고 집계했는데, DMZ로의 화기 반입과 요새 건설 등 이외 상당수는 정치적 선전을 목적으로 한 주장으로 보인다.*

정전 체제에 따른 운영 체계는 당초 군정위와 중감위, 휴전 직후 쌍방의 포로와 실향민 교환을 위해 일시 조직한 전쟁포로위원회와 실향민 귀환협조위원회로 구성되었다. 군정위는 '정전협정'의 실시를 감독하고 협정 위반 사건을 협의해 처리하는 기관으로 유엔군 측과 공산 측이 각각 다섯 명의 고급장교를 선정해 구성하고, 그 산하에 최초로 10개의 공동 감시 소조를 두도록 되어 있으며, 규정상 매일 회의를 열며 쌍방 합의에 의한 휴회는 7일을 넘지 않는다고 되어 있다. 또 중감위는 한반도 외부로부터의 병력과 무기, 장비, 탄약의 반입을 감독·감시·조사·시찰하며 그 결과를 군정위에 보고한다. 그 구성은 유엔군 측이 지명한 스웨덴과 스위스, 공산 측이 지명한 폴란드와 체코슬로바키아 등 4개국 대표로 이루어지며, 산하에 최초 20개의 중립국 감시 소조를 두어 활동 결과를

---

* 물론 이 통계 이후에도 도발과 남북 군사 충돌은 이어졌다. 1996년과 1998년 북한의 잠수함 침투 사건, 1999년과 2002년 연평해전, 2010년 대청해전과 2011년 천안함 사건과 연평도 사건, 2014년 대북 전단 고사총 사격 사건, 2015년 GP 지뢰 도발 사건 등 일련의 도발과 남북 충돌이 계속 발생했다.

보고받기로 했다.

정전 체제는 당초 규정에 의해 바뀌거나 상황이 변화하면서 바뀌기도 했다. 전쟁포로위원회와 실향민귀환협조위원회는 설치 목적이 달성되면서 일찌감치 활동이 종료되었다. 1990년대 초 탈냉전으로 국제적 안보 환경이 급변하는 가운데 안보의 틀에 변화가 생기면서 정전 체제에도 영향을 미쳤다. 당시 미국은 동북아에 주둔하는 미군 전력을 전반적으로 조정하기 위해 그 일환으로 주한 미군의 감축과 역할 변경을 추진했고, 이에 따라 한미 간의 합의로 1991년 3월 과거 미군이 담당하던 군정위 수석대표 자리에 한국군 장성을 임명했다. 그런데 북한은 정전협정 서명국이 아닌 한국의 장성이 군정위 수석대표를 맡을 수 없다고 하며 신임장 접수와 본회담을 거부해 이때부터 본회담이 열리지 않았다.

북한은 정전 체제의 유명무실화를 위해 관련 기구를 무력화하는 조치를 추가로 취했다. 1994년 4월 군정위에서 북한 측 대표를 철수시키고 그해 5월 '조선인민군 판문점대표부'를 설치했으며, 12월에는 중국군 대표를 철수시켜 군정위 체제를 무력화했다. 또 1993년 4월 체코슬로바키아의 국가 분리에 따라 대표의 중감위 자격을 문제 삼아 체코슬로바키아 대표를 철수시켰고 1995년 2월에는 마지막으로 폴란드 대표를 축출한 뒤, 5월에 중감위 북측 사무실을 폐쇄했다. 이에 따라 현재 중감위는 스위스와 스웨덴 대표들이 판문점의 유엔군 측 지역에 사무실을 두고 제한적으로 운영하고 있다.*

---

* 현재 군정위는 사실상 와해되어 유엔사 군정위 비서장과 북한군의 판문점대표부 연락관 사이의 접

북한은 1995년 3월 "한반도 평화 및 안전보장 대책과 관심 사항에 대한 논의를 위해" 북미 간 장성급 회담을 제안했고 이에 1998년 1월 한미가 군정위의 틀 안에서 유엔사-북한군 장성급 회담의 개최를 요구해 1998년 6월 이후 군정위를 대신하는 틀로 개최되기도 했다. 유엔사-북한군 장성급 회담은 2002년 9월까지 14차례 개최되면서 1998년 6월의 속초 잠수정 사건과 1999년 6월 및 2002년 6월의 1·2차 연평해전, 해상경계선과 신뢰 구축 조치, 남북 간 철도와 도로 연결 공사를 위한 비무장지대 관리 구역 설정 등의 사안을 처리했다. 마지막으로 2009년 3월에 열린 15~16차 회담은 당시 열렸던 한미 연합훈련을 비난하는 장으로 북한이 활용하기도 했다.

한편 이와 별도로 남북한은 2000년 남북정상회담 이후 제1차 남북 국방 장관 회담을 연 뒤 후속으로 철도·도로 연결 공사 및 북한과의 교류·협력을 위한 군사적 지원을 의제로 남북 군사 실무 회담을 개최했다. 또 2004년 6월 이후 남북 장성급 군사 회담을 개최해 서해상과 비무장지대에서의 초보적인 신뢰 구축 조치에 합의하고 그 뒤 서해상에서의 긴장 완화 조치에 관한 협의를 추진했다. 그런데 2007년 10월 제2차 남북 정상회담에서 '서해평화협력특별지대' 합의가 나온 뒤 그해 11월 제2차 남북 국방 장관 회담에서 공동어로구역 합의가 불발됐고, 다시 남북 장성급 군사 회담으로 회부됐으나 후속 합의가 이루어지지 못한 상태에서 남북 군사

측으로 대체되었고, 중감위는 스위스와 스웨덴 대표단을 중심으로 연평해전, 천안함·연평도 사건 등 '정전협정' 위반 사건을 조사하는 유엔사 군정위 활동에 동참하는 한편, 한미연합 군사 연습과 한국군 단독 훈련을 참관하는 등 제한적이나마 꾸준히 활동을 전개하고 있다(이상철, 2012: 43).

회담은 2008년 2월 이후 사실상 중단된 상태이다.[*]

2) 통일 방안과 통일의 평화적 관리

6·25 전쟁 이후 남북한은 공식적으로 평화적 통일 방안을 제시해왔다. 1954년 4~6월에 열린 제네바 정치회담에서 한국 정부는 당초 유엔의 감시 아래 북한 지역에서만 단독 선거를 실시하는 방안을 제시했다가, 이후 대한민국 '헌법'에 의한 유엔 감시하 남북한 총선거 방안을 내놓았다. 또 북한은 남북한 동수의 대표로 구성하는 전조선위원회가 중립국 감시 아래 남북한에서의 동시 선거를 관리하도록 하여 통일 정부를 수립하자고 주장했다. 북한의 입장은 상대방 또는 당시 교전 일방인 유엔을 불신해 일방적으로 제기한 것으로 평가할 수 있다.

1950년대 북진론이 지배하던 남한 내부에서는 평화통일 담론이 제시되기 어려웠다. 평화적 방식에 의한 통일을 강령에 넣은 진보당은 1958년 해산됐고, 당수 조봉암도 이듬해 간첩죄로 사형되었다. 그러나 1960년 4·19 혁명 이후 평화통일에 대한 논의가 분출되었고, 1955년의 오스트리아 통일을 모델로 한 중립화통일론도 제기되었다. 북한도 이때 남북연방제를 처음 제시해 남북한의 정치 체제를 존속하면서 두 정부의 대표로 최

---

[*] 이명박 정부 이후 남북 군사회담은 사실상 중단되어 있지만, 이를 재개하려는 노력은 간간이 진행되어왔다. 2011년 1월 북한의 남북 고위급 군사 회담 제의에 따라 2월 이를 개최하기 위한 군사 실무 회담이 열렸으나 천안함 사건의 사과를 둘러싼 논쟁 끝에 결렬되었다. 또 북한은 2015년 5월 이후 군사적 충돌 방지와 긴장 상태 완화를 위한 남북 군사 당국자 회담을 제의하고 있지만, 북핵 문제를 우선시한 우리 정부의 반대로 성사되지 못하고 있다.

고민족위원회를 조직해 쌍방의 경제·문화 발전을 조절하자는 방안을 내놓았다. 급속한 전후 복구에 일단 성공한 북한이 남한 측이 품고 있는 대공 적개심을 무마하고자 제시한 과도기적 방안으로 이해된다.

5·16 군사쿠데타 이후 한국 정부가 경제 발전에 총력을 기울이는 대신 통일에 대해서는 실력배양론을 견지하면서 이른바 '선건설 후통일론'이 등장했고, 이는 현재까지 이어지는 단계적 통일 방안의 기초가 되었다. 박정희 대통령은 1970년 8·15 경축사를 통해 무력 대결을 지양하고 선의의 체제 경쟁을 벌이자고 제안했고, 이때 함께 밝힌 인도적 견지와 통일 기반 조성을 위한 현실적 방안의 용의 표명은 그 뒤 이산가족 문제 해결을 위한 남북적십자회담과 '7·4 남북공동성명'으로 이어지는 남북대화의 계기가 되었다.

그러나 당시 남북대화가 어느 정도 진정성이 있었는지는 논란이 있을 수 있다. 1972년의 10월유신과 북한의 사회주의 헌법 채택 이후인 1973년 6월 한국 정부는 국제사회에서의 남북 대결 중단과 협력을 제시한 '6·23 선언'을 발표하고, 북한은 같은 날 조국통일 5대 강령을 발표해 고려연방제 통일방안을 구체화했다. 북한의 제안은 남북 인민과 정당·사회단체 대표들로 대민족 회의를 구성하고 여기에서 고려연방공화국을 창설해 유엔에 단일국가로 가입하자는 것이었다. 한국이 남북한을 사실상 별개의 국가로 간주하고 상호 협력과 장기간의 통일 과정을 강조한 데 반해 북한은 즉각적인 연방제 통일을 내세운 것인데, 이와 같은 견해 차이는 그 뒤로도 이어졌다.*

1980년대 들어 남북의 입장 차이는 더욱 분명해졌다. 한국 정부는

1982년의 민족화합 민주통일 방안에 이어 1989년에 한민족공동체 통일 방안을 제시함으로써 자주·평화·민주의 통일 원칙 아래 남북 정부가 주체가 되어 단일국가로 이행해가는 과도 단계로 정상회담에서 채택하는 남북연합헌장에 따른 남북연합 기구의 구성·운영을 구체화했다. 한편 북한은 1980년의 고려민주연방공화국 창립 방안에서 남북 동수의 대표와 해외 동포 대표로 최고민족연방회의와 연방상설위원회를 구성해 연방제를 실시하고 10대 시정 방침으로 민족연합군과 지역정부 대외 정책의 통일적 조절 등을 제시했다.

1990년대 초 탈냉전 이후 남북한의 통일 방안은 조금 변화했다. 한국은 1994년 민족공동체 통일방안에서 한민족공동체 통일방안을 계승하되 통일 철학으로서 자유민주주의를 분명히 한 가운데 화해와 협력, 남북 연합, 통일국가 완성의 단계적 통일을 정식화했다. 북한은 고려민주연방공화국 창립 방안을 유지하면서도 1991년 김일성 주석의 신년사를 통해 지역 자치정부에 더 많은 권한을 부여하는 '느슨한 형태의 연방제'를 과도적으로 제시했다. 이 같은 변화는 독일 통일에 의한 한국의 자신감과 아울러 체제 유지 차원에서 상대적으로 위축된 북한의 상황을 대비해 보여준다고 하겠다.

남북의 통일 방안은 2000년 제1차 남북정상회담에서 나온 '6·15 남북공동선언' 합의로 일단 수렴된다. 선언 제2항에서 남측의 연합 제안과 북

---

* 통일에 대한 한국 정부의 입장을 기능주의적 접근, 북한의 입장을 연방주의적 접근이라고 구분한다. 경제·사회·문화 등 기능적 협력이 확산되어 통합에 이르는 방법과 단일 정치체 결성을 우선해 통합을 달성하는 방법을 각각 대변하는 것이다(김계동, 2006: 제2장 참조).

측의 '낮은 단계의 연방제' 안이 서로 공통성이 있다고 인정하고, 이 방향으로 통일을 지향해나가기로 한 것이다. 이 합의에서 처음 나온 북한의 낮은 단계의 연방제는 느슨한 형태의 연방제와 마찬가지로 지역정부에 외교·군사권 등 일정한 권한을 과도적으로 부여하는 것을 의미한다. 형식저으로는 1국가 2체제이지만, 실질적으로는 연방 정부의 권한이 다소 약화되고 제한된 권한의 남북 연합 기구가 존재하는 남북 연합 방안과 유사하게 운영된다는 것이다.

이상으로 1950년대 이후 남북한 정부의 통일 방안을 일별해보았다. 6·25 전쟁 직후 남한에서는 전쟁 방식의 통일이 무산된 데 대해 북진론이 횡행하기도 했지만, 여기에는 이승만 정부의 정치적 의도가 다분히 담겨 있었다. 적어도 1960년대 이후 한국 정부는 평화통일을 기본 원칙으로 하고 이를 위해 '선건설 후통일' 또는 단계적 통일론의 방법으로 남북 합의에 의한 단일정부 수립을 목표로 하는 태도를 분명히 했다. 북한도 1960년에 연방제 통일방안을 제시한 이래 남북한의 현 정부를 지역정부로 유지한 채 연방정부를 수립하려는 태도를 고수했다. 북한은 탈냉전 직후 자신들의 입지가 상대적으로 취약해진 뒤에는 느슨한 형태의 연방제 또는 낮은 단계의 연방제와 같은 방식으로 지역정부의 권한을 더욱 강화해 사실상 한국 정부가 제안한 과도기의 남북연합과 유사한 방식을 제시하기도 했다.

그런데 북한은 1960년대에 이른바 '남조선 혁명'론에 따라 남한 정권의 전복과 주한 미군 철수 이후 통일 정부 수립을 추구한 적이 있다. 이와 관련해 김일성은 1965년 한국군이 베트남에 파병되었을 때 주중 북한 대사 하오더칭郝德青에게 북한의 재침과 중국 재파병을 요청했으나 성사되지 못했다고 하며(청샤오허, 2013: 89), 1960년대 후반 1·21 청와대 기습 사건, 울진·삼척 무장공비 침투 사건 등을 일으켰다. 그 후 김일성은 1970년대 초 남북대화 과정에서 1968년의 1·21 청와대 기습 사건 등에 대해 "좌익 맹동분자의 행동"이라고 사과했다 하며, 7·4 공동성명의 통일 원칙으로 '평화'를 넣었다(《중앙일보》, 2016.11.23). 내부적으로는 대남 군사 계획을 세 워놓고 있겠지만, 적어도 평화통일의 원칙과 대의에는 동의하고 있다고 볼 수 있다.*

요컨대 이제 평화통일은 남북한이 모두 동의하고 천명하는 통일의 방 법이요 원칙이다. 이 점에서 통일 과정의 평화적 관리는 무척 중요한 과 제가 아닐 수 없다. 기존의 정치 체제가 통합되는 과정에서 혼란과 충돌 이 발생할 수 있고, 이를 평화적이고 안정되게 관리하지 않을 경우 자칫 통일 자체가 무산될 수 있기 때문이다. 이는 곧 정전 체제를 대체하는 후 속 평화 체제 논의와 연결되며, 6·25 전쟁을 종결하고 한반도 평화를 구 조적이고 체계적으로 보장하는 방법을 포함한다.

---

* 이에 대해 북한이 '노동당 규약'에서 여전히 대남 적화 통일을 주장하고 있으므로 무력 통일을 포기 하지 않았다는 평가도 있다. 2016년 5월 조선노동당 제7차 당 대회에서 채택된 규약에는 "조선노 동당의 당면 목적은 공화국북반부에서 사회주의강성국가를 건설하며 전국적 범위에서 민족해방민 주주의혁명의 과업을 수행하는데 있(다)"라고 여전히 기술하고 있다. 김성주, "개정된 '조선노동당 규약' 입 수, 달라진 것들을 보니···"[《조선pub》, 2016년 6월 7일 자, http://pub.chosun.com/client/news/ viw.asp?cate=C01&mcate=&nNewsNumb=20160620515&nidx=20516(검색일: 2016.12.15)].

3. 한반도 평화 체제 논의와 성과

1) 한반도 평화 체제 논의의 역사적 전개

'정전협정'을 평화협정으로 대체해 한반도에서 더 영속적인 평화를 보장하자는 논의는 '정전협정' 자체에 포함되어 있었고, 그에 따라 휴전 직후부터 거론되었다(이하 서주석, 2016a: 102~112 참조). 앞에서 보았듯이 '정전협정' 60항에 휴전 후 3개월 이내 한국 문제의 평화적 해결을 위한 관계국 정부 간 정치회담 개최가 규정되어 있었지만, 문제는 간단하지 않았다.

최초에는 협정에 규정된 "쌍방의 관계국 정부"가 어디인가에 대한 논쟁이 있었다. 실제로 참전한 것은 남북한과 유엔 참전 16개국, 중국(중공)이지만, 1953년 8월 28일 유엔총회는 이 국가들에 더해 소련의 참석을 권고한 결의안을 일단 채택했다. 그런데 막상 3개월의 시한이 다가오자 10월 26일 열린 정치회담의 예비회담에서 공산 측은 소련을 인도 등과 함께 중립국으로 참석시켜 원탁회의를 열 것을 요구했고, 이를 둘러싼 논란으로 결국 본회담이 제대로 열리지 못하는 상태가 지속되었다.

결국 이를 대체해 1954년에 열린 제네바 정치회담에서 남북한 정부의 견해가 크게 달랐음은 앞에서도 보았지만, 이때 북한이 제시한 방안은 남북 평화협정과 유사한 것으로 주목할 필요가 있다. 당시 북한은 외국군 철수, 1년 이내 10만 명 이하로 남북한 감군 등과 더불어 "전쟁 상태의 점차적 해소와 쌍방 협력의 평화적 태세에의 전환 문제를 논의하고 남북 정부 간의 적합한 협정을 체결하도록 제의하기 위해 남북한 대표들로 위원회를 구성"하자고 주장했다(허문영 외, 2007: 278~280, "남일 '제네바정치회담' 최종회의 제1차 연설", 1954.6.15). 또 북한은 1960년 8월 남북연방제를 제안하면서도 남북 간에 평화협정을 체결하자는 제안을 수반했다. 북한은 1963년 12월 최고인민회의 상임위, '조국전선' 중앙위, '조평통' 합동회의에서 남북 상호 간의 무력 불사용 협정 및 남북평화협정 체결을 제의했고, 그 뒤 계기가 있을 때마다 남북 평화협정 체결을 주장했다.[*]

북한은 1974년 3월 처음으로 북미 평화협정의 체결을 요구하기 시작했다. 최고인민회의에서 채택된 편지에는 "남한 당국자들은 우리가 외국 군대를 내보내고 평화협정을 맺자고 하여도 그에 응하지 않고 (있어) …… 남한에 자기의 군대를 주둔시키고 모든 군사통수권을 틀어지고 있는 미국과 직접 평화협정 체결에 관한 문제를 해결"하자는 제안을 담고 있다(허문영 외, 2007: 252~254, "최고인민회의 제5기 제3차 회의 채택 대미서한", 1974.3.25). 이는 주한 미군 철수 등의 요구가 실현되지 않는 상황에서 남한과의 협정 체결이 의미가 없고 평화협정을 담보할 실권을 가진 당사자로서 북미 간 협정이 필요하다는 이유 때문이었다.[**] 북한은 1980년 10월의 고려민주연방공화국 창립 방안 등에서 여러 차례 북미 평화협정 체결을 제의했고, 1984년 1월

[*] 1973년 6월 '조국통일 5대 강령'에서도 북과 남 사이의 군사적 대치 상태의 해소, 긴장 상태의 완화, 무력 증강과 군비 경쟁의 중지, 모든 외국 군대의 철수, 군대와 군비의 축소, 외국으로부터의 무기 반입 중지와 더불어 남북 평화협정의 체결을 다시 강조한 바 있다.

[**] 북한의 북미평화협정 체결은 베트남 전쟁이 파리평화협정 체결로 종결된 뒤 미군이 철수한 점에 비추어 한반도에서도 평화협정이 체결되면 주한 미군의 주둔 명분이 사라진다는 기대가 강조된 것이었다. 북한은 1973년 6월 최고인민회의에서 미국의 남한 내정간섭 중지와 주한미군 철수를 주장하는 서한을 채택해 각국 의회 등에 보낸 데 이어 대미 서한도 채택했다(김진환, 2015: 62~63).

에는 남한, 북한, 미국 3자 회담을 제안해 미국과 평화협정을 체결하고, 남북한 간에는 불가침 선언을 채택하자고 요구했다.

북한의 새로운 주장은 매년 한반도에 관해 결의안을 토의해오던 유엔 무대에서도 전개되었다. 공산 측은 1975년 11월 유엔총회에 "유엔군사령부UNC 해체와 유엔의 기치 아래 남한에 주둔하는 모든 외국군의 철수 그리고 정전 협정 당사자들에 의한 정전협정의 평화협정 대체"를 요구하는 결의안을 제출했다. 이에 서방 측도 "모든 직접 관계 당사국들이 정전협정을 대체하여 한반도의 긴장을 완화하고 항구적 평화를 보장할 새로운 약정을 위한 교섭을 희망하되, 관련 협의가 완결되고 정전협정 유지를 위한 대안이 마련되면 1976년 3월에 UNC를 해체한다"라는 결의안을 제출했다(허문영 외, 2007: 76~78, "제30차 유엔총회 유엔사 해체에 관한 서방측 및 공산권측 결의안", 1975.11.17). 양 결의안이 모두 1975년 유엔총회에서 채택되었으나, 안보리의 결정이 아니라 구속력이 없었고, 평화협정 체결이나 UNC 대체 조직 구성 등이 이루어지지 않아 실제로는 이행되지 않았다.

평화협정 체결과 관련된 한국의 태도는 상당 기간 소극적이었다가 1990년대 이후 남북한 당사자주의에 기초해 점차 적극적인 태도로 전환되기에 이른다. 그간 한국은 6·25 전쟁의 경험과 북한의 '통일전선' 전술에 대한 경계, 전후 복구 지연 등으로 자신감이 결여된 상태에서 초기에는 통일 정책이나 대북 정책 모두에 방어적이고 수동적이었다. 1970년대에 이루어진 남북대화 과정에서도 안보·군사 문제는 특별히 제시되지 않았고, 1974년 8월에 북한의 평화협정 공세에 대한 차단 차원에서 남북 간에 상호 불가침 협정을 체결해야 한다는 요구가 처음으로 나왔을 뿐이다. 그 뒤에도 한국 정부는 "한반도에서의 긴장 완화와 전쟁 방지를 위해 현존 휴전 체제를 유지하면서 군비 경쟁의 지양과 군사적 대치 상태의 해소 조치를 협의한다"라는 등 평화협정에 대해서는 별다른 언급이 없었다(허문영 외, 2007: 157~160, "전두환 대통령 1982년도 국정연설", 1982.1.22).

1980년대 말 국제 사회주의 체제의 와해와 유럽의 군비 감축 과정에서 교훈을 얻은 한국 정부는 앞에서 언급한 대로 한민족공동체 통일방안을 마련하고 남북 고위급 회담을 통해 남북 화해와 불가침, 교류·협력을 함께 추진하는 방안을 마련했다. 특히 1991년 12월의 '남북기본합의서' 체결과 1992년 9월의 '불가침부속합의서' 채택은 남북 간의 긴장 완화와 평화 증진을 위한 기념비적 사건이었다. '남북기본합의서'는 평화 체제에 관해 "남과 북은 현 정전 상태를 남북 사이의 공고한 평화 상태로 전환시키기 위하여 공동으로 노력하며 이러한 평화 상태가 이룩될 때까지 현 군사정전협정을 준수한다"라고 규정했는데, 이는 평화협정 체결 요구와 한국의 정전 체제 유지 입장을 결합한 것으로 평가된다(허문영 외, 2007: 71~73, "남북 사이의 화해와 불가침 및 교류·협력에 관한 합의서", 1991.12.13). 당시 남북한은 남북군사공동위원회 합의 등을 통해 장차 평화 체제로 전환 시 활용할 수 있는 메커니즘도 확보했으나, 1992년 11월 북핵 문제의 여파로 남북대화가 중단되면서 더는 진전되지 못했다.

2) 4자 회담과 6자 회담, '10·4 남북정상선언' 합의

북한은 1990년대에도 북미 평화협정의 체결을 지속적으로 요구했다.

1994년 5월 북한은 "새로운 평화 보장 체계"라고 하여 '정전협정'을 평화협정으로 바꾸고 현 정전 기구를 대신하는 평화 보장 체계를 수립하라고 요구했다. 그런데 북한은 평화 보장 체계의 구체적 모습에 대해서는 언급하지 않았고, 그 대신 1996년 2월 완전한 평화협정 체결 전까지 북미 간에 잠정 협정을 체결해 정전 상태를 관리하자는 제안을 내놓았다. 이는 주한 미군이 당분간 잔류하면서 판문점 군사정전위를 대신하는 북미 공동 군사 기구를 조직하자는 것이었다.*

이에 대해 한미는 1996년 4월 남북한과 미국, 중국이 참여하는 4자 회담을 개최해 한반도 평화 체제 구축과 더불어 군사적 긴장 완화와 신뢰 구축 조치에 대해 논의할 것을 제안했다. 4자 회담은 1975년 미국의 헨리 키신저Henry Kissinger 국무 장관이 '정전협정'의 평화협정 대체를 위해 모든 직접 당사국으로서 남북한, 미국, 중국이 참가하는 회의를 열자고 주장한 것이 효시로, 당시 북한은 이를 '영구분단론'으로 규정하면서 한국의 참여를 거부했다. 그러나 1996년에 경제 위기와 대규모 홍수로 극심한 식량난에 빠져 있던 북한은 이 회담의 설명회 개최를 요구하면서 식량 지원을 요청했고, 이 무렵 일어난 강릉 잠수함 침투 사건에 대해 사과했다. 그 뒤 1997년 3월 공동 설명회가 열렸다. 북한은 설명회 이후 대규모 식량 지원과 북미 평화협정 주장을 거듭해 난항을 겪었으나, 결국 예비회담을 통해 북미 평화협정 체결, 주한 미군 철수 등 세부 의제를 채택하자는 북한의

---

* 북한이 제시한 잠정협정안에는 군사분계선과 비무장지대 관리, 무장 충돌과 돌발 사건 발생 시 해결 방도, 군사공동기구의 구성과 임무 및 권한, 잠정 협정의 수정 보충 등이 포함된다(허문영 외, 2007: 191~192, "조선외교부 대변인 담화문", 1996.2.22).

주장 대신에 "한반도 평화 체제 구축과 긴장 완화를 위한 제반 문제"라는 포괄적 단일 의제를 채택하게 된다.

4자 회담은 1997년 12월 1차 회담 개최 이후 1999년 8월까지 여섯 차례의 회담을 했는데, 북한이 포괄적인 의제가 채택되었음에도 주한 미군 철수와 북미 평화협정 체결이 우선 논의되어야 한다고 고수하면서 공전을 거듭했다. 결국 6차 회담 직후 북한이 두 문제를 논의하겠다면 언제든 응하겠다고 하며 불참을 선언해 회담 자체가 중단되기에 이르렀다. 당시 한국은 북·미 평화협정의 대안으로 남북평화합의서와 미국 및 중국의 보장을 패키지화한 남북 주도의 평화협정 체결을 검토했고, 북한의 반대를 우려한 미국은 남북과 북미가 복수의 평화협정을 체결하는 의견을 구상했으나 결국 그 제안이 공식화되지 못한 것으로 알려졌다.

한반도 평화 체제 문제는 2차 북핵 위기 해결을 위한 국제 협의 과정에서 부각되어 2005년 9월 6자 회담에서의 '9·19 공동성명'에 포함되면서 다시 탄력을 받게 된다. 북한은 2차 북핵 위기 초기인 2002년 10월에 북미 불가침 조약 체결을 요구하다가 2003년 8월 6자 회담이 개최되면서 대북 안전보장과 경제체제 해제, 경제 지원 및 관계 개선을 북핵 문제 해결의 상응 조치로 요구하게 되고, 미국은 북한의 우선적 조치와 CVID Complete (Verifiable, and Irreversible Dismantlement: 북핵의 완전하고 검증 가능한 비가역적 포기)를 주장하면서 회담은 상당 기간 공전한다.

2005년 1월 부시 2기에 새로 취임한 라이스 국무 장관 등은 북핵 문제 해결을 위한 포괄적 조치로 '헬싱키 프로세스'를 검토하기 시작했고, 그 과정에서 한반도 평화 체제도 함께 검토되기 시작했다. 북한도 2005년 7월

외무성 성명을 통해 "정전 체제를 평화 체제로 전환하게 되면 핵 문제의 발생 근원이 되고 있는 미국의 대북 적대시 정책과 위협이 없어지는 것이 되며 자연히 비핵화 실현에로 이어지게 될 것"이라며 평화협정이 체결되어야 북핵 문제가 해결될 수 있다는 주장을 폈다(허문영 외, 2007: 183~184). 결국 2005년 8월 초 4차 6자 회담 1단계 회담에서 북핵 해결을 위한 상응 조치가 포괄적으로 검토되고 그 뒤 한미 외교 당국 간에도 한반도 평화 체제 구축을 위한 토의가 시작되면서, 9월에 속개된 2단계 회담에서 이 문제를 포함한 공동성명 합의가 도출되었다.

'9·19 공동성명' 제4항은 동북아와 한반도의 안보 및 평화 문제를 다룬 것으로, 여기에 "직접 관련 당사국들은 적절한 별도 포럼에서 한반도의 항구적 평화 체제에 관한 협상을 가질 것이다"라는 문구가 포함되었다. 이는 북한의 평화협정 체결 요구와 미국의 전향적 태도, 그리고 한국의 적극적 협상 의지가 반영된 것이었다. 특히 이 문구의 논의 과정에서 북한은 한국이 한반도에서의 '군사적 실체a military reality'로서 평화 체제 논의에 참여할 수 있다는 견해를 제시했고, 이는 북한이 평화 체제 논의에 한국이 참여할 자격이 있다는 것을 인정한 첫 사례로 평가된다.

'9·19 공동성명' 합의 이후 한반도 평화 체제 구축을 위한 실질 토의가 진행되지 못했다. 우선 공동성명 직후 방코델타아시아BDA 문제가 불거지면서 2005년 11월에 열린 5차 6자 회담 1단계 회담이 결렬되고, 북한이 2006년 7월 장거리 로켓 발사와 10월 1차 핵실험을 강행하면서 공동 성명 이행 자체가 지연되었다. 그런데 2006년 11월 하노이에서 열린 한미 정상 회담에서 부시 대통령은 "북핵 문제가 해결된다면 남한, 북한, 미국 3자가 한국전쟁을 종결짓는 종전 조약에 서명"하자는 파격적 제안을 내놓았다.* 당시 미국은 평화 체제 문제를 북핵 문제 해결의 패키지로 이해하고 있었던 것이다.

미국의 대북 정책 전환으로 2007년 2·13 합의가 도출되고 그에 따라 공동 성명 이행을 위한 실무 그룹 토의가 2007년 3월부터 전개되었지만, 평화 체제 포럼은 따로 열리지 않았다.** 그해 9월 시드니에서 열린 한미 정상회담에서 부시 대통령은 "한국전쟁을 종결시키기 위한 종전협정을 김정일 위원장 등과 함께 서명하는 것"이라 강조하면서, "이제 우리는 한국전쟁을 종결시켜야 하며 종결시킬 수 있다는 메시지를 (남북정상회담에서) 김 위원장에게 전해달라"라고 노 대통령에게 요청했다.

이에 따라 그해 10월의 2차 남북 정상회담에서 남북 간에 종전 선언 문제가 논의되었고, '10·4 남북정상선언' 제4항에 "정전 체제를 종식시키고 항구적인 평화 체제를 구축하고자 '관련된 3자 또는 4자 정상들이 한반도 지역에서 만나 종전을 선언하는 문제를 추진'"하겠다는 내용이 포함되었다. 이는 '9·19 공동성명'에서의 '직접 관련 당사국'에 한국이 포함되는 것을 넘어 남북한이 중심이 되어 평화 체제 논의를 이어간다는 점에서 중대한 의미가 있는 합의였다. 그런데 북한의 요구로 합의에 포함된 "3자 또는 4자 정상들"의 회동 부분에 대해 미국과 중국이 각기 우려를 표명했고,

---

* 당시 이 제안은 미국 백악관에 의해 "북핵 문제가 해결된다면 종전 선언에 서명할 용의가 있다"로 발표되었다.
** 이는 비핵화 초기 조치를 다룬 2·13 합의의 성격상 비핵화나 적대 관계 정상화, 대북 경제·에너지 협력이 더 시급했기 때문일 것이나, 이때 동북아 평화 안보 체제의 실무 그룹이 함께 소집된 점에 비추어 초기부터 논란의 여지를 줄이기 위한 것으로 판단된다.

한국의 노무현 정부도 임기가 만료되면서 합의는 결국 이행되지 못한 채 중단되고 말았다.*

3) 한반도 평화 체제 논의의 최근 동향

'정전협정'의 평화 보장 성격이 불완전하고 1990년대 초반 이후부터 사실상 유명무실화되고 있는 상황에서 평화 체제 구축은 한반도에 평화와 안정을 유지할 수 있는 현실적이고 유용한 대안으로 부상했다. 특히 1990년대 4자 회담의 경험과 더불어 2000년대 남북 관계 진전과 이를 반영한 '9·19 공동성명', '10·4 남북정상선언'에서 평화협정 체결의 당사자적 성격이 부각된 것은 의미 있는 진전으로 평가된다. '10·4 남북정상선언'에서는 남북이 함께 미국과 중국을 한반도에 초청해 종전 선언을 추진하겠다고 합의하면서 남북한의 당사자적 성격에 더해 '주도적 성격'까지 포함되기에 이르렀다.

2008년 이후 남북 관계가 경색되고 그해 12월 6자 회담 수석대표 회담을 끝으로 북핵 문제 해결을 위한 6자 회담도 무기한 중단된 상황에서 평화 체제 논의가 더 진전되지 못하고 있으나, 향후 남북 관계가 개선되고 6자 회담이 재개될 경우 남북 주도의 평화 체제 논의의 필요성은 여전히

---

* 당시 북한이 3자 정상 간 회동을 강조한 것은 북중 관계에 대한 부담과 아울러 4자 회담 당시 중국의 중간적 역할에 대한 불신에 기초한 것으로 볼 수 있으나, '9·19 공동성명' 당시 이에 관한 논의가 없었다는 데 비추어볼 때 이례적인 것이었다. 북한이 남북 정상 간에 논의된 것이므로 문구를 고칠 수 없다는 태도를 고수했다고 정상회담 배석자들이 증언했다.

남아 있다. 2011~2012년 한반도 평화 체제 구축과 남북 연합 구축을 통해 남북 관계의 새로운 패러다임, 즉 '2013년 체제'를 만들자는 논의가 진행되었으나 남북 관계가 계속 경색되면서 실질적인 성과는 없었다.

그런데 2015년 후반 북한이 다시 평화협정 체결을 주장하기 시작했다. 10월 1일 리수용 외무상은 유엔총회 연설에서 "정전협정을 평화협정으로 시급히 교체하는 것이 한반도에서 국제 평화와 안전을 담보하는 길"이라면서 미국의 용단을 요구했다. 또 17일 외무성 성명에서도 다시 "비핵화 논의를 먼저 해보기도 하였고 핵 문제와 평화보장 문제를 동시에 논의해 보기로 하였지만 실패를 면치 못하였다"면서 "정전협정을 평화협정으로 바꾸는 것을 모든 문제에 선행시켜야 한다는 것이 결론"이라고 주장했다. 또 이 성명에서는 "(이) 문제는 무엇보다도 미국이 먼저 용단을 내려야 할 문제이며 북미 사이에 우선 원칙적 합의를 보아야 할 문제"라고 하여 평화협정의 체결 주체는 분명히 하지 않으면서 북미 간 협상이 우선되어야 한다는 것을 강조했다(≪통일뉴스≫, 2015.10.1; ≪조선중앙통신≫, 2015.10.17).

이에 대해 한국과 미국은 반대 입장을 유지하고 있다. 한국의 외교부 장관은 같은 달 19일 "북한의 핵 포기 절차가 선행돼야 평화 체제를 논의할 수 있다"라고 강조하면서 "(평화 체제는) 비핵화 문제가 어느 정도 진전된 후에 이어지는 하나의 과정"이고 "특히 북한이 이야기하는 북미 또는 미북 평화협정의 차원이 아니고 (9·19 공동성명에) 유관 당사국 간의 별도 포럼에서 논의한다고 되어 있다"라고 말했다. 또 미국의 대북 정책 특별 대표인 성 김Sung Kim도 20일 대화의 초점이 "비핵화에 맞춰지지 않는 한 북한과 평화협정 체결 관련 대화를 할 생각이 없다"라는 입장을 표했다. 이에 대해 중국과 러시아는 북한의 제안이 한반도 평화에 비교적 긍정적인 태도를 보여 한국 및 미국과 대비된다. 특히 중국은 북한의 평화협정 제안과 한미의 북한 비핵화 우선 입장을 동시 병행적으로 해결하자는 안을 내놓기도 했으나, 미국은 여전히 난색을 표하고 있다(≪연합뉴스≫, 2015.2.24).

4. 평화 체제 추진과 한반도 평화의 가능성

한반도에 평화 체제를 구축하는 것은 한반도 평화의 유지와 보장을 위한 기본적 방책이며 그 자체가 통일 과정에서 당위적인 것으로 판단된다(이하 서주석, 2016a: 112~118 참조). 일부에서는 한반도 평화 체제 구축이 무척 어려운 과제이고 북한 체제의 성격과 전망을 고려할 때 평화 체제 대신에 북한 불안정을 현실적 대안으로 고려하자는 견해도 있으나, 평화와 안보에 대한 대화나 합의가 없는 가운데 북한의 상황이 급변하거나 그 반대로 핵미사일이 전력화되어 위협이 급증할 경우 한반도에서는 안보 불안이 가중될 것이다. 이런 까닭에 한편으로는 군사·안보적으로 확고한 대비책을 수립하고, 다른 한편으로는 평화 체제 구축을 위한 현실적 방책을 적극적으로 모색해야 한다.

한반도 평화 체제 구축은 김대중 정부 시절부터 중요한 국책 과제였으며, 노무현 정부는 출범 초부터 평화 체제 구축을 12대 국정 과제 중 하나로 설정하고 그 실현 방법을 모색했다. 당시 대통령직인수위원회에서 마련된 한반도 평화 체제 추진 전략은 "남북 간의 정치적·군사적 신뢰 구축이 심화되고 주변국의 한반도 평화에 대한 실질적 공감대가 형성되는 시점에서 구축되며, 이를 바탕으로 상당한 기간 동안 공고화가 이룩되면서 남북연합 단계로 넘어간다는 구상"이었다.

평화 체제 구축은 북한의 변화와 남북 관계 진전, 동북아 정세와 주변국의 이해관계를 종합적으로 고려하면서 추진하며, 이를 위해 우선 북핵 문제의 해결 모색과 평화 체제의 토대를 마련하고 그에 기초해 후속 단계가 추진되도록 가상적 로드맵을 설정했다. 1단계에서는 북핵 문제의 평화적 해결을 위한 전기를 마련하고, 2단계에서는 북핵 문제 해결 방안의 이행과 더불어 평화 체제 구축을 위한 구체적 조치를 추진하며, 마지막 3단계에서는 평화협정 체결을 통해 평화의 제도화를 완성한다는 것이었다.

이와 같은 방안이 최초로 입안됐을 때는 한반도 평화 체제 구축이 상대적으로 조기에 추진되어야 하며, 이를 바탕으로 한 교류·협력의 진전이 장차 남북 연합 등 통일 과정으로 이어질 것이라고 판단했다.* 그런데 한반도 평화 체제 구축의 1단계인 북핵 해결이 크게 늦어지는 가운데 남북 관계의 활용과 평화 정착, 동북아 평화 협력의 세부 방안 마련이 지연되면서 결과적으로 아직까지 큰 과제로 남은 것은 무척 아쉬운 대목이다.

향후 일정한 외교적 노력과 국제 협력으로 한반도 평화 체제를 구축하기 위한 협상이 개시된다면 국제 협상, 남북 간 협상 등 다차원적으로

---

* 이와 같은 판단에는 1차 핵 위기 때 북한이 NPT를 탈퇴하고, 북미 고위급 회담이 열려 제네바 기본 합의가 체결되기까지 20개월 정도 소요되었다는 사실이 고려되었다. 적절한 상응 조치가 취해질 경우 북한의 핵 포기 약속과 이행이 비교적 조기에 실행될 수 있다고 보았으나, 미국 부시 정부의 강경한 대응과 맞물리면서 예상이 빗나갔다.

1단계: 북핵 문제 해결 모색과 평화 체제의 토대 마련
• 북한 핵미사일 문제의 평화적 해결을 위한 전기 마련(선결 과제)
• 남북 화해와 협력 지속 및 초보적인 군사적 신뢰 구축 추진
• 제2차 남북 정상회담을 통해 한반도 평화 정착의 돌파구 마련
• 외교 역량 강화를 토대로 동북아 평화협력체 창설 여건 조성

↓

2단계: 평화 체제 구축을 위한 구체적 조치 추진
• 북한 핵미사일 문제의 해결 방안의 구체적 이행
• 남북 실질 협력 심화 및 군사적 신뢰 구축 조치의 단계적 추진
• 동북아 평화협력체 구상 본격 추진

↓

3단계: 평화 체제의 제도화(평화협정 체결)
• 남북 평화협정 체결 및 국제적 보장 확보
• 평화 체제 전환에 따른 제반 조치 사항 추진
• 남북 경제공동체 실현 및 군비 통제의 단계적 추지
• 동북아 평화협력체 구축 실현

그림 5-1 **참여정부 한반도 평화 체제 추진 전략**

진행되리라 예상된다. 또 협상을 통해 평화협정이 체결된 이후에도 남북의 군비 통제 등 후속 조치를 통해 평화 체제가 완전히 정착하기까지는 상당한 시간이 소요될 것이다. 만약 '9·19 공동성명'과 '10·4 남북정상선언' 합의가 이행될 경우 북핵 문제의 일정한 진전을 바탕으로 6자 외무 장관 회담을 통해 북핵 진전 상황을 점검하고 동북아 다자 안보 대화를 가속화하는 한편, 4자 외무 장관 간의 별도 회동을 통해 한반도 평화 체제 포럼을 추진하기 위한 사전 준비를 해나갈 수 있을 것이다. 남북한이 공동 제안한 4자 정상 간의 종전 선언은 평화협정 체결을 위한 최고위급의 의지 표

표 5-1 **한반도 평화 체제 구축과 북핵 해결의 병행 추진 전략**

협상 여건 조성	협상 개시	본격 협상	협상 타결
6자 회담 재개	4자 종전 선언	북핵 폐기 협상	한반도 평화제도화 완성
핵 불능화 등 초기 조치 이행	6자 외무 장관 회담	평화 체제 구축 협상	
		북미 수교 협상	

명으로서 평화 협상을 위한 '선언적 의미'를 가질 뿐, 최종적 협정 체결 및 발효까지 현재의 정전 체제가 유지된다는 점을 명시함으로써 안보·군사적 공백 상태가 조성되지 않도록 유의해야 할 필요도 있다.

앞으로 한반도 평화 체제 구축 협상은 단일 또는 복수의 평화 관련 합의서를 체결하기 위한 협상으로 진행될 것이다. 평화 협상 과정에서 4자 전체 협상과 더불어 남북한과 북미 간의 협상이 본격화될 것이고, 4자 간에는 전쟁 종결과 전쟁 재발 방지, 항구적 평화 보장에 관한 원칙적 합의가 이루어지고 남북한 간에는 정전 체제를 대체하는 한반도 평화 체제(^{평화관리기구})의 실질적 구성 및 운영 방안이 구체적으로 논의될 것이며, 북미 간에는 전쟁 종식에 따른 외교 관계 정상화 방안이 논의될 것으로 전망된다.[*]

평화협정의 세부 내용은 전쟁 종결과 적대 관계 종식, 전쟁의 재발 방지 및 평화 보장, 경계선, 평화 관리 기구의 구성 및 운영 등이 될 것이다. 남북한 간의 평화 관리 기구의 실질적 구성 및 운영 방안과 관련해 '남북

---

[*] 한반도 평화 체제에서의 관련 합의서를 무엇으로 할 것인지에 대해서는 논란의 여지가 있다. 4자 회담 당시의 입장과 주도적 당사자라는 한국의 성격을 감안해 남북 평화합의서와 군사 관리, 군비 통제 등 부속 합의를 체결해 미국과 중국이 보장 서명한 뒤 유엔에 기탁하는 방법이 유력하나, 남한, 북한, 미국, 중국의 4자가 평화협정을 체결하고 여기에 남북한 간의 부속합의서를 포함하는 방법도 가능하다. 이에 관해서는 이종석(2012) 참조.

기본합의서'와 제2차 남북 국방 장관 회담에서 합의된 남북군사공동위원회는 유용한 협의 창구가 될 수 있을 것이다. 또한 한반도 평화 체제 수립 과정에서 유엔사 등 한미 간 문제에 대한 후속 논의도 있을 수 있으며, 채택된 협정은 6자 회담 참가국의 양해 내지 동의를 거쳐 유엔 안보리에 기탁됨으로써 국제적 보장을 명확히 하는 방안이 바람직할 것이다.

한반도 평화 체제 구축은 북핵 문제 해결 과정과 서로 밀접하게 연관되어 있으며, 양자를 적절하게 병행 추진함으로써 북핵 문제 해결과 평화 체제 구축의 선순환적 효과를 도모해야 할 것이다. 한반도 평화 체제와 북핵 해결의 병행 추진을 위해서는 한반도 평화 협상과 북핵 협상이 동시에 진행될 수 있도록 외교적 노력을 강화하고, 북핵 폐기 협상과 한반도 평화 체제 포럼의 진행 과정에서 일정한 계기마다 점검을 통해 양자의 병행 해결을 모색해야 한다. 또 협상의 막바지 단계에서 한반도 평화협정 체결과 북핵의 완전 폐기를 연계해 함께 타결되도록 노력해야 할 것이다.

북한은 2013년 2월의 3차 핵실험과 2012년 12월의 인공위성 발사 성공 이후 핵무기를 전력화하는 노력을 강화하고 있으며, 2013년 3월 경제 건설과 핵 무력 건설의 병진 노선을 채택해 경제적 난관에도 안보적 수단으로서의 핵무기 보유를 지속하겠다는 견해를 공식 천명했다. 북한의 핵 개발은 1990년대 고립무원의 탈냉전 초기 상황에서 체제 안보 겸 협상 수단으로 추진된 것으로, 중국이 부상하고 북한의 경제 활력도 얼마간 회복되고 있는 2010년대의 상황에 병진 노선을 추구하는 것은 시대착오적이라 할 수 있다.

2008년 이후 중단되고 있는 북핵 국제 협상으로서의 6자 회담 재개를 둘러싸고 한국과 미국이 요구하는 북한의 핵 포기 우선 주장과, 북한과 중국이 주장하는 무조건적인 회담 재개를 놓고 여전히 논란이 이어지고 있다. 그러나 회담이 재개되지 않은 상황에서 북한이 추가 핵실험과 ICBM 발사 등을 통해 상황을 악화시킬 경우 결국 핵무장의 문턱threshold을 넘어갈 수 있으므로 정책적 노력이 여전히 필요하다고 본다. 북한이 체제에 대한 압박과 정권에 대한 위협을 느끼고 있는 상황에서 당장 핵무기를 포기할 가능성은 없어 보인다. 그렇다고 하더라도 "북한이 핵을 폐기할 수밖에 없는 전략적 환경을 조성하기 위해서는 우선 북한이 절대 핵을 포기할 수 없다는 가정을 전제해서는 안 되며", 우리가 주도해 미국과 중국을 설득함으로써 북한이 올바른 선택을 하도록 이끄는 적극적인 정책 노력이 중요하다고 하겠다 (함택영, 2014: 290).

한반도의 평화 체제 구축은 불완전한 정전 체제를 극복하고 장차 한반도에서의 준영구적 평화의 가능성을 제고하는 성과를 거둘 수 있을 것이다. 한반도 평화 체제의 구축은 평화의 제도화와 더불어 평화를 유지하고 증진할 수 있는 분위기 조성으로 완성될 수 있으며, 이를 위해서는 남북 분단 이후 지속되고 있는 기존의 적대적 안보 담론과 상대방에 대한 적대감을 완화하려는 노력이 적극 진행되어야 할 것이다.

5. 맺는말

이상으로 한반도에서의 통일과 평화 체제에 관해 논의했다. 요컨대 통일 과정과 한반도 평화 체제는 선순환적으로 추진되고 구축되어야 평화적이고 안정적인 통일의 달성이 가능하다. 구체적인 통일 방안이 지속적으로 모색됨과 동시에 이를 평화적으로 유지하고 달성하는 체제적 접근이 함께 이루어져야 한다.

잠차 한반도에서의 평화 정착과 이를 통한 통일 과정의 진입은 남북 관계뿐 아니라 남북한 국내 모두, 그리고 동북아 질서에도 순기능을 발휘할 것이다. 남북 관계에서 평화 정착은 남북 간의 교류·협력의 한계를 극복하고 무한한 가능성을 여는 것으로 이해되며, 이를 통해 남북 간의 동질성 회복과 민족공동체 구축은 물론, 남북연합부터 시작해 통일 달성에까지 이르는 거대한 변화의 서막을 열 수 있을 것이다.

남북 간 평화 구축은 그동안 양측 모두에서 상대방을 악마시하며 부정적·적대적 인식과 대응을 지속시킨 내부 체제의 극적인 변화를 유도할 것이며, 남북한 모두 더욱 건전하게 체제 안전과 구성원의 삶의 질 모두를 향상시킬 수 있는 적합한 정치문화와 체제 구축에 기여하게 될 것이다. 1990년 독일 통일을 전후해 동서 유럽의 화해가 강화되고 EU 설립 등 통합이 촉진된 사실을 감안할 때, 한반도 평화는 그동안 동북아 다자 안보 구도의 한 걸림돌이던 북한의 변화를 수반하게 되고, 이를 통해 동북아 지역의 다자 간 안보 대화와 협력의 증진에 결정적으로 기여할 가능성을 높일 것이다.

다만 정책적으로 북핵 문제와 연결되어 이 문제가 해결되지 못하는 상황을 감안할 때 앞으로 더 적극적인 대책 마련이 필요하다. 우선 한반도 평화 체제 구축의 절실함을 감안할 때 본격적으로 이 문제를 다루기 위해 정부 차원에서 재검토가 이루어져야 한다. 통일의 실현을 위한 필요조건이자 남북한의 공동 번영을 위한 충분조건으로서 평화 체제 구축은 절실한 과업이다. 즉 통일 과정을 관리하기 위한 주요 과제 중 하나로서 평화 체제의 구축 문제를 다루고, 이를 남북뿐 아니라 국제 협의를 통해 실현하기 위해 미국과의 관련 협의도 필요한 계기에 제기해나가야 할 것이다.

참고문헌

김계동. 2006. 『남북한 체제통합론: 이론, 역사, 정책, 경험』. 명인문화사.

김진환. 2015. 「베트남전쟁 시기 북한의 대외정책」. ≪사회와역사≫, 통권 105호 (봄 호).

서주석. 2000a. 「6·25가 한국 사회에 미친 영향」. ≪관훈저널≫, 통권 75호(여름 호).

_____. 2000b. 「한국전쟁과 한반도 안보구도의 변화」. 한국전쟁연구회 엮음. 『탈냉전시대 한국전쟁의 재조명』. 백산서당.

_____. 2008a. 「남북한 군사대화와 협력」. 흥사단 민족통일운동본부 심포지엄 발표 논문(11.17).

_____. 2008b. 「서해평화협력특별지대의 현황과 과제」. ≪황해문화≫, 58호(봄 호).

_____. 2009. 『북핵 해결과 한반도 평화제도화의 병행 추진 전략』. 한국국방연구원.

_____. 2013. 「한반도 평화정착의 길: 참여정부의 정책 경험을 중심으로」. 한반도평화포럼 토론회 발표 논문(10.3).

_____. 2016a. 「정전체제와 남북관계: 한반도 평화의 당위성과 가능성」. 경남대학교 극동문제연구소 엮음. 『분단 70년의 남북관계』. 선인.

_____. 2016b. 「한반도 평화체제의 가능성」. 『동북아 질서의 변화와 한반도 통일』. 일성.

이상철. 2012. 『한반도 정전체제: 한반도 군사질서를 규율하고 있는 국제규범』. 한국국방연구원.

이종석. 2012. 『한반도 평화통일론』. 한울.

임수호. 2009. 「한반도 평화체제 논의의 역사적 경험과 쟁점」. ≪한국정치연구≫, 18권 2호.

장용석. 2010. 「한반도 평화체제와 평화협정: 개념, 쟁점, 추진방향」. ≪통일문제연구≫, 통권 53호.

조성렬. 2012. 「한반도 평화체제 구축에 관한 단계적 접근: 포괄적 잠정협정을 중심
　　으로」. ≪통일과 평화≫, 4집 1호.

청샤오허(成曉河). 2013. 「토론문: 한반도 통일을 위한 외교전략 및 중국의 기대이익」.
　　평화문제연구소 창립 30주년기념 국제학술대회 자료집.

함택영. 2014. 「북핵문제 해결과 한반도 평화체제의 모색: 미·중관계와 북한의 안보
　　위협 인식」. ≪현대북한연구≫, 17권 2호.

허만호. 1998. 「휴전체제의 등장과 변화: 통일조건의 역사적 모색」. 한국정치외교사
　　학회 엮음. 『한국전쟁과 휴전체제』. 집문당.

허문영 외. 2007. 『한반도 평화체제: 자료와 해제』. 통일연구원.

통일과 정치통합
그리고 남남 갈등

조한범

통일연구원 선임연구위원

1. 통일과 정치통합

1) 민족공동체 통일방안의 최종 단계로서 정치공동체

정부의 공식적 통일 방안은 '민족공동체 통일방안'(1994)이며, 이는 정권의 성향과 관계없이 역대 정권에서 계승되어오고 있다. 민족공동체 통일방안은 진보와 보수 진영 그리고 여야의 합의에 의해 만들어졌다는 점에서 의의가 있다. 민족공동체 통일방안은 '합의형 점진적 평화통일'을 추구하며, '접근을 통한 변화'와 '선교류 후통일'을 지향하고 있다. 민족공동체 통일방안은 통일 과정을 화해·협력, 남북 연합, 통일국가 완성 등 3단계로 구분하고, 단계별 추진 구도를 설정하고 있다.

민족공동체 통일방안의 1단계는 화해·협력기로 남북 화해의 정착을 위해 교류·협력을 확대해 남북 관계를 적대적 관계에서 화해적 공존으로 전환하는 단계이다. 남북한 상호 체제 인정을 통해 분단 상태를 평화적으로 관리하고 점진적으로 관계 발전을 추구하는 시기에 해당한다. 남북한 간의 교류·협력 활성화는 남북 관계 개선을 위한 실질적인 수단에 해당한다.

2단계는 남북연합기이다. 남북연합기는 완전한 통일국가를 전제로 남북한이 느슨한 연합을 구성한다는 점에서 과도적 통일 체제로서의 특성을 띤다. 남북연합기에 남북한은 각각 대외적 주권을 독립적으로 유지하면서 연합의 구체적 실현을 위해 남북정상회의, 남북평의회, 남북각료회의, 남북공동사무처 등 제도적 기구들을 설치하게 된다. 과도적 통일체

표 6-1 민족공동체 통일방안

o 통일의 철학: 자유민주주의

o 통일의 원칙: 자주, 평화, 민주

　※ 자주: 민족자결의 정신에 따라 남북 당사자 간 통일

　※ 평화: 무력에 의거하지 않고 대화와 협상으로 통일

　※ 민주: 민주적 원칙에 입각한 절차와 방법으로 통일

o 통일의 과정: 화해 · 협력 ➡ 남북 연합 ➡ 통일국가

화해 · 협력

• 남북한이 서로의 실체를 인정하고 적대·대립 관계를 공존·공영의 관계로 바꾸어 다각적인 교류·협력 추진

남북 연합(The Korean Commonwealth)

• 궁극적으로 '1민족 1국가 1체제 1정부'의 통일국가를 지향하나, 남북 간 체제의 차이와 이질성을 감안해 경제·사회공동체를 형성·발전시키는 과도 체제를 설정

• 남북 간 교류와 협력이 더욱 활발해지고 제도화되는 단계

　① 남북정상회의(최고 결정 기구)

　② 남북각료회의(집행 기구)

　③ 남북평의회(대의 기구/ 남북 동수 대표)

　④ 공동사무처(지원 기구/ 상주 연락 대표 파견)

통일국가

• 남북평의회에서 통일 헌법 초안 마련 ⇒ 민주적 방법과 절차를 거쳐 통일 헌법 확정·공포 ⇒ 통일 헌법에 의한 민주적 총선거 실시 ⇒ 통일 정부와 통일 국회 구성

o 통일국가의 미래상

　- 자유, 복지, 인간의 존엄성이 구현되는 자유민주주의 국가

자료: 통일부(2002).

라고 할 수 있는 남북 연합은 남북한이 각각 서로 다른 체제와 정부를 유지하지만, 통일 지향적인 협력 관계를 통해 민족공동체를 형성하는 단계에 해당한다. 독일이나 영국의 연방제보다는 개별 정부의 자율성이 크다는 점에서 상대적으로 느슨한 연합의 특성을 띤다. 남북연합기의 주요한 과제는 사회·문화적 차원과 경제적 차원에서 민족공동체를 형성하는 것이며, 따라서 이 같은 목표가 실현될 경우 남북한은 정치적 차원을 제외한 단일한 생활권을 이루게 된다. 남북한 간의 사회·문화공동체와 경제공동체가 형성될 경우 사실상 통일 상황을 의미하게 될 것이다.

3단계는 통일국가 완성기로 남북연합기에서 형성된 사회·문화적, 경제적 차원의 민족공동체를 기반으로 남북한의 정치통합을 완성함으로써 1민족 1국가 체제를 형성하는 시기이다. 통일국가 완성기는 "남북연합단계에서 구축된 민족 공동의 생활권을 바탕으로 남북한 두 체제를 완전히 통합해 정치공동체를 실현하는 것으로서 1민족 1국가로의 통일을 완성하는 단계"이다. 통일국가 완성기에 남북한 의회 대표들에 의해 마련된 통일 헌법에 기초해 민주적인 선거를 통해 통일 정부와 통일 국회를 구성하고 양 체제의 기구와 제도를 통합함으로써 1민족 1국가로의 통일을 완성하게 된다. 민족공동체 통일방안에 의거할 경우 남북한의 정치통합은 통일의 최종 단계이자 통합의 완성을 의미하는 것으로 이해될 수 있다.

2. 독일과 한반도 정치통합

민족공동체 통일방안에서 제시하는 민족공동체란 "정치·경제·사회·문화 등 민족 생활의 모든 분야를 포괄하는 종합적인 성격의 공동체를 지칭하는 개념으로, 분야별로 경제공동체, 문화공동체, 사회공동체, 정치공동체"(윤덕희·김규륜, 1991: 3)로 구분된다. 민족공동체는 큰 틀에서 비정치 분야인 경제 및 사회·문화 공동체와 정치·이념 분야인 정치공동체로 구분될 수 있다. 민족공동체 통일방안은 '민족 통일'과 '국가 통일'의 개념을 구분해 실천 방안을 제시하고 있다는 점에 특징이 있다. 경제공동체와 사회·문화공동체의 실현은 '민족 통일'이며, 정치공동체의 완성은 '국가 통일'로 규정될 수 있기 때문이다. 민족공동체 통일방안은 궁극적인 통일이 완성되기 이전의 중간 단계로, 민족공동체 형성을 위한 과정으로 화해·협력기와 남북연합기를 설정하고 있다는 점이 특징이다.

독일 통일의 경우 동독의 급변 사태에 의해 단기적으로 정치통합을 달성했다는 점에서 우리의 점진적인 합의형 평화통일 방식인 민족공동체 통일방안의 정치통합과 차이가 있다. 동독의 경우 스스로 동독 체제의 해체를 선택했으며, 동독 전 지역을 신연방주로 전환해 서독 연방 체제에 편입되는 형식을 취했다. 이는 동독이 서독의 정치 체제를 전적으로 수용했다는 것을 의미하며, 따라서 독일 통일은 형식적으로는 선정치통합, 후 경제 및 사회·문화적 통합의 형태로 진행되었다. 이는 경제 및 사회·문화적 통합을 거쳐 정치공동체를 형성하는 한국의 민족공동체 통일방안과 크게 차이가 난다. 동독은 주민들의 자발적인 선택에 따라 동독 체제를 포기하고 서독 연방으로 편입되는 방식을 선택해 서독의 정치 제도를 조건 없이 수용했기 때문이다.

　장기간의 분단으로 상호 이질적인 특성을 배태한 체제 간의 정치통합은 매우 어려운 난제이다. 가치와 이념을 달리하고 정치 엘리트의 이해관계가 상충한다는 점에서 정치통합에 어려움이 있다. 특히 동서독과 한반도처럼 상호 적대적인 관계를 장기간 유지한 체제일수록 정치통합은 어려워진다. 그러나 동독의 경우 체제의 급격한 붕괴와 아울러 스스로 합의를 통해 서독의 정치 체제를 수용했다는 점에서 정치통합의 난제들이 상당히 해소될 수 있었다. 따라서 동서독 통합의 갈등은 정치통합보다는 이후의 경제 및 사회·문화적 통합 과정에서, 즉 '내적 통합' 과정에서 발생하는 특징을 보였다.

　한반도의 경우 북한이 스스로 체제를 해체하고 한국의 정치 체제를 수용해 내적인 합의를 도출하는 시나리오는 적어도 현재 상황에서는 상정하기 어렵다. 남북한은 장기간 적대적 공존 관계를 형성해왔으며, 상호 간의 배타적 이질성을 내재하고 있기 때문이다. 김정은 정권의 불안정성 심화에도 북한 주민의 대남 인식이 개선되지 않고 있는 것이 현실이기 때문이다. 북한 주민들이 스스로 동독과 같은 선택을 하지 않는 한, 한반도의 경우 독일과 같은 방식을 적용하는 데 한계가 있다. 바로 이것이 남북한 간의 중장기적 수렴 과정을 통해 점진적인 통합을 추구하고, 궁극적으로 정치통합을 완성하는 민족공동체 통일방안을 모색해야만 하는 이유이다.

3. 민족공동체의 단절과 이질화, 남남 갈등

1) '한민족생태계'의 단절

장기간 지속되고 있는 한반도의 분단 체제는 남북한 사회 내에 다양한 비정상성을 배태했다. 5000여 년을 이어온 한민족의 단일한 민족생태계가 분단으로 단절되고 파괴되었기 때문이다(임강택·조한범 외, 2013: 613~640). 생태계는 생물과 무기적 환경이 조화된 복합 체계를 의미하며, 정상적인 생태계는 생물과 환경 간의 조화로운 공존 상태를 의미한다. 민족생태계는 역사와 문화를 공유하는 단일 생활권 민족의 공동체를 의미하며, 정치·경제·사회 분야의 각 구성 부분들이 유기적인 관계를 통해 합목적적으로 작용하는 상태를 정상적이라고 할 수 있다. 그러나 전쟁이나 내란 등 특정한 요인이 발생할 경우 민족생태계의 유기적 연관 관계는 정상적으로 작동하지 않으며, 이 때문에 비정상성들이 발현한다.

독일이나 한반도의 분단 구조는 민족생태계 단절의 대표적 사례에 해당한다. 민족생태계의 단절은 생활 세계 전반에 비정상적 요소를 배태시킴으로써 삶의 질에 부정적 영향을 미치게 된다. 따라서 장기간 분단 구조를 지속하고 있는 남북한의 민족생태계는 단절에서 비롯된 비정상적 상태에 놓여 있다 할 것이다. 한민족생태계 개념은 분단 구조와 통일 문제에 생태계의 개념을 접목한 것이며, 한민족공동체의 생태적 연결이라는 근본적 문제에 주목하는 것이다. 남북한의 많은 문제들은 한민족생태계의 단절이라는 병리적 구조에 기인하고 있으며, 따라서 민족공동체의 창조적인 복원 과정을 통해 근본적인 해결이 가능해졌다.

한민족생태계의 단절은 남북한에 많은 문제를 야기하고 있다. 분단에서 비롯된 지리적 단절은 한국을 대륙에서 유리된 인위적 섬으로 전락시켰으며, 지정학적 및 지경학적 차원에서 천문학적 비용을 발생시키고 있다. 이산가족과 북한이탈주민들은 정서적 단절의 일차적 피해자들이며, 5000여 년간 지속되어온 단일 생활권의 역사와 문화는 남북한 체제에서 각각 상호 이질적 형태로 존재하고 있다. 한반도는 언제든지 핵전쟁의 참화에 휩싸일 수 있는 위협에 직면해 있으며, 남북한 통틀어 200여 만 명에 달하는 중무장 병력이 한반도에서 서로 대치하는 상황도 한민족생태계의 단절에서 비롯된 결과이다.

북한의 구조적인 체제 위기는 한민족생태계 단절의 극단적인 결과를 상징한다. 분단 70여 년의 결과 북한은 시대착오적인 3대 세습 왕조 체제를 유지하고 있으며, 세계 최악의 인권 침해 국가이자 최빈국으로 자리 잡은 지 오래이다. 1990년대 중반 '고난의 행군기'에 최소 수십만 내지 최대 수백만 명이 아사했으며, 김정은 정권이 들어선 뒤로 상시적 기아 위기는 해소되지 않고 있다. 2016년 8월 말 함경북도에서 발생한 수해 피해는 북한 체제의 현실을 여실히 보여주고 있다. 동일한 비가 북한의 북변 지방과 중국 접경 지역에 내렸지만, 그 결과는 극명하게 달랐다. 중국 지역에서는 사망자나 실종자가 단 한 명도 발생하지 않았지만, 함경북도 지역의 경우에는 북한 당국의 공식 발표만으로도 희생자가 600여 명에 달한다. 실제 사망자와 실종자는 이보다 최소 수배 이상일 것이라는 게 정설이다. 무분별한 벌목에 의한 민둥산과 장기간 준설이 이루어지지 않아 높아진 하상,

하수도 체제의 부실, 재난 대응 체제의 미비 등 북한의 수해는 총체적인 인재에 해당하며, 국가 능력의 한계를 보여주는 단적인 사례이다. 분단 70여 년의 결과 북한은 총체적인 인간 안보의 위기에 직면해 있다.

김정은 정권은 분단 체제와 남북한 간 군사적 대립을 3대 세습의 유일 지배 체제와 노동당 일당 독재의 명분으로 삼고 있으며, 공포정치를 통해 북한 사회에서 시민사회와 민주주의의 맹아가 싹트는 것을 억제하고 있다. 북한 주민의 기아와 희생을 외면하고 천문학적인 재원을 핵과 미사일 개발에 투자하고 있다. 이는 체제 경쟁이 사실상 종식된 상황에서 남북한의 국력 격차를 메우려는 비정상적인 시도이며, 결국 김정은이 자신의 정권을 수호하기 위해 수단과 방법을 가리지 않는 것에 불과하다. 이 모두 한민족생태계 단절의 직접적인 결과이다.

한국 사회 역시 한민속생태계의 단절에 의한 영향에서 자유롭지 않다. 세계 10위권의 경제력을 갖춘 한국은 아직도 전근대적인 이념 대립과 남남 갈등, 구조적인 사회 갈등으로 '신뢰의 위기' 상황에 직면해 있으며, 이는 결국 한민족생태계의 단절 상황과 무관하지 않다. 한국은 분단 체제에서 압축적 성장을 추구해왔고, 이는 자원과 노동의 선택과 집중을 요구하는 것이었다. 따라서 한국의 고도성장 과정에서 분배와 민주주의에 대한 요구들은 오랜 시간에 걸쳐 성장 우선이라는 국가적 목표에 가려져야만 했다. 남북한 간의 체제 경쟁은 한국 사회의 다양성을 억제시켰으며, 국민들은 다원주의보다 단일한 가치를 받아들여야만 했다. 이는 결국 한국 사회의 경직성을 초래함으로써 오늘날 목격되는 배타적인 사회갈등 구조의 지형으로 작용하고 있다. 보수와 진보 간의 갈등, 계층 간의 갈등,

지역 간의 갈등, 세대 간의 갈등 등 한국 사회의 갈등 구조 기저에는 분단 체제라는 한민족생태계의 단절 상황이 자리하고 있다.

체제 경쟁의 종식에도 한민족생태계의 단절은 오늘날 남북한 사회 전반에 영향을 미치면서 비정상성을 배태하고 있다는 점에서 문제가 있다.

2) 북한 체제의 이질화

한민족생태계의 장기간 단절은 남북한 간에 구조적인 체제 이질성을 초래했다. 분단은 남북한 사회에 상이한 체제와 생활 세계를 형성했으며, 상이한 이념과 가치, 생활 관습을 형성시켰다. 남북한은 자본주의와 사회주의라는 서로 다른 근대화 경로를 경유했다는 점에서 체제 이질성은 구조적인 특성을 지닌다. 특히 북한의 경우에는 민주주의와 시장경제, 시민사회라는 보편적 특성들이 발현되지 않거나 매우 미약하다. 남북한 간의 체제 이질성은 통합 과정을 저해하는 고비용 구조를 형성한다는 점에서 문제가 있다.

사회주의 경제체제와 집단주의, 유일 지배 체제와 이데올로기 우선주의 등은 북한 체제의 이질성을 설명해주는 주요한 요인들이다. 한 사회의 구조적인 속성들은 단기간에 소멸하지 않으며, 비교적 오랜 시간에 걸쳐 존재함으로써 사회 구성원들에게 영향을 미친다. 즉 북한 주민들에게 주입되어 형성된 이념과 가치, 관습은 일시에 바뀔 수 있는 것이 아니라는 의미이다. 북한은 주체사상이라는 지배 이데올로기에 의해 장기간 통치되어왔으며, 정치·사상 사업을 통해 구성원들에게 타율적으로 주입되었다는 특징이 있다. 북한 체제의 특성과 지배 이데올로기를 반영한 '당연시되는 세계taken for granted world'는 북한 주민들에게 주어진 현실로 인식되어 주민들의 인성 형성에 영향을 미쳤다(조한범, 1996).

북한에서 시민사회의 영역은 극도로 제한됨으로써 자율성을 상실하고 있다. 민주주의 체제의 국가와 시민사회의 구분은 가능하지 않으며, 북한 사회는 국가의 직접적 통제를 받는 종속변수의 범주를 넘지 못하고 있다. 사적인 조직은 존재하지 않으며, 공적 조직과 관계가 북한 주민의 일상을 지배하고 있다. 주민의 일상에 대한 치밀한 조직화와 감시를 통해 북한 정권은 배타적 통제를 실현시키고 있으며, 자발적 사회운동의 기반이 될 수 있는 사소한 맹아의 형성도 현실적으로 불가능하게 만들고 있다. 이 같은 현실은 북한 주민에게 특화된 인성 체계를 형성함으로써 보편적인 인류 발전 과정과 유리되는 이질성을 잉태시킨다는 데 문제가 있다.

3) 남남 갈등

분단 구조는 장기간 존속해온 민족생태계의 단절을 의미했으며, 국가 형성과 근대화 과정에 부정적 영향을 초래했다. 이와 동시에 분단 구조는 한국 사회에서 일어나는 갈등의 구조적 배경으로 작용해왔다. 한반도는 세계적 차원의 냉전 체제에서 동서 양 진영이 충돌하는 최전선에 해당했으며, 한국전쟁이라는 민족사적 비극은 이를 상징하는 단적인 사례이다. 분단 구조는 다양한 영역의 갈등 구조에 투영되었으며, 남남 갈등이라는 부정적 결과를 초래했다. 첨예한 체제 경쟁과 고도의 긴장을 수반하는 대립적 분단 체제는 통일과 민족 문제의 이슈들이 정쟁화하고 한국 사회에서 일어나는 갈등의 주요한 소재로 이용되게 하는 배경으로 작용함으로써 한국 사회의 통합력을 저해하는 것은 물론이고, 사회적으로 고비용 구조를 형성했다.

광의의 의미에서 남남 갈등은 한국 사회에 존재하는 갈등의 제반 형태이며, 예를 들어 노동과 자본 간, 성차별, 세대 간, 지역 간, 이념 및 기타 다양한 형태의 사회적 갈등을 포괄하는 것으로 해석될 수 있다. 그러나 '남남'이라는 개념은 '남북'에 대한 대칭적 의미가 있다는 점에서 남남 갈등은 남북 갈등을 겪고 있는 한국 사회의 내적 갈등을 의미한다고 할 수 있다. 남북한 간의 갈등은 필연적으로 한국 사회에 영향을 미치고, 이로써 발생하는 갈등이 한국 사회 내부에서 내적 갈등으로 재생산되는 구조를 형성한다. 따라서 분단과 민족 문제, 남북 관계와 관련된 다양한 주체 간의 대립 구조가 남남 갈등의 내용이라고 할 수 있다. 이 같은 점에서 협의의 의미에서 남남 갈등은 남북 관계와 대북 통일 정책, 그리고 통일 문제 제반에 관련된 한국 사회 내의 갈등 현상을 총칭한다고 볼 수 있다(조한범, 2006: 9).

남남 갈등은 남북 교류가 실질적으로 시작됨으로써 남북 관계가 한국 사회에서 일상적 주제로 자리 잡게 된 1990년대 말 이후, 본격적인 사회 갈등의 형태로 나타났다. 남북 관계의 개선 과정과 병행해 민족 문제의 정쟁화 경향이 나타났으며, 특히 대북 통일 정책의 추진 과정과 결과는 남남 갈등의 주요 소재이자 보수와 개혁 진영 간의 관점과 가치가 상호 충돌하는 계기로 작용했다. 남남 갈등은 한국 사회의 배타적인 이념 지형과 관련되어 발현해왔다는 점에서 사회적 고비용 구조의 형성은 물론이고 사회 통합에도 부정적 영향을 미쳤다.

김대중 정부 이후 역대 정권에서 추진된 대북 통일 정책의 추진 과정의 교훈은 진보와 보수 정권 모두 일정한 한계를 노정했다는 점이다. 진보와 보수 정권은 각각 자신들의 진영 논리에 기반을 두고 일방적 대북 통일 정책을 추진했다는 점에서 공통점이 있다. 진영 논리에 기반을 둔 일방적 대북 통일 정책의 추진은 남남 갈등의 핵심적 원인이자 정책 추진력을 현저히 약화해왔으며, 정책의 결과에 대한 객관적 평가를 어렵게 만드는 구조적 요인으로 작용해왔다. 각 진영의 견해와 논리에 따라 정책 추진 결과에 대한 평가가 좌우되었으며, 생산적인 정책 협력 구도는 형성되지 못했다. 정치권과 시민사회의 배타적 대립 구도는 대북 통일 정책의 다양한 이슈가 사회 갈등을 촉발하는 휘발성 있는 요인으로 작용하게 하는 구조적 환경이었다. 남남 갈등은 통일 문제의 영역을 넘어 한국 사회의 여러 가지 사회 갈등과 연계되어 확대·재생산되는 경향을 나타냄으로써 대북 통일정책의 추진력을 약화시키는 사회적 고비용 구조를 형성했다(조한범 외, 2014: 15~16). 진보와 보수 정권 모두 지속 가능한 남북 관계의 형성에 한계를 보였으며, 북한은 한국 정권의 성향과 관계없이 대남 무력 도발과 핵미사일 개발을 지속해왔다.

분단 구조는 체제 간 적대 관계의 형성뿐만 아니라 냉전 문화로 남북한 사회의 생활 세계에서 재생산되어왔다. 이것이 바로 남북한의 순조로운 통합이 남북 양자 관계의 발전만으로 달성되기 어려운 이유이다. 남북 관계의 급속한 양적 발전했음에도 이와 비례해 남남 갈등이 증폭됨으로써 대북 통일 정책의 추진 기반이 저해되었다는 점에 주목해야 한다. 냉전 문화는 분단 구조의 내적인 표현이며, 이를 해소하지 않고 남북 통합을 준비하는 것은 어려운 일이다. 다양한 이해관계와 가치, 견해가 충돌하는 복합적인 통일의 과정은 다양한 갈등적 요소를 잠재하고 있다는 점에서 대화와 타협, 관용과 상호 이해 문화의 형성이 결여될 경우 감당하기 어려운 고비용 구조가 형성될 수 있기 때문이다. 민족 문제의 정쟁화와 남남 갈등이 구조화된 상황에서는 어떤 정부와 정파도 추진력 있게 대북 정책을 구사하기 어렵다는 점에서 이를 해소하려는 노력은 남북한 통합을 준비하는 데 가장 중요한 과제가 될 것이다. 통일은 복합적 성격을 띤 민족 문제라는 점에서 보수와 진보 어느 한 진영의 지지만으로 정책의 추진 기반이 마련될 수 없다. 남남 갈등 현상이 지속되는 한 생산적인 대북 통일 정책의 추진은 가능하지 않다는 점에 주목해야 한다.

4. '성찰적 통일'의 모색

1) 성찰적 통일 인식

한국의 과대 성장한 국가 권력과 권위주의 정치 체제, 양분화된 시민 사회의 획일주의와 사회적 관용의 결여 등은 모두 분단 체제의 부정적 유산과 관련이 있다. 이처럼 2016년 말 한국 사회가 목격한 혼란 역시 한 정권만의 문제로 치부하기 어려우며, 분단 체제의 비정상성이 그 근저에 자리 잡고 있다고 볼 수 있다. 분단에서 비롯된 비정상성을 방기한 채 순조로운 통일의 과정은 기대하기 어려우며, 따라서 통일은 한국 사회가 자기 완결성을 확보하는 계기로 재해석될 필요가 있다. 한국 사회의 많은 문제들은 분단 체제라는 제약 속에서 진행된 압축적 성장 과정의 결과라는 점에서 구조적이다. 이와 같은 문제들을 해소하기 위해서는 분단 체제에서 진행된 한국 사회 발전의 불완전성에 대한 자기 성찰이 필요하며, 이는 분단과 통일에 대한 근본적 인식의 전환을 요구한다.

분단 체제에서 진행된 한국의 근대화와 사회 발전의 한계에 대한 성찰에 입각해 통일에 대한 인식의 패러다임 전환이 필요하며, 이는 '성찰적 통일론'으로 개념화될 수 있다(조한범, 2004: 47~56; 조한범, 2006: 48~54). 성찰적 통일론은 남북 양자 관계 문제에 초점이 맞추어져 있는 통일 논의를 남북한의 내적 차원으로 확장하는 것을 의미한다. 성찰적 통일론의 관점은 통일을 위한 노력이 남북 양자 관계의 개선뿐만 아니라 분단에서 기인한 남북한 사회의 내적인 비정상성을 해소하고 이를 정상화하기 위해 많은 노력을 기울어야 하는 데 주목한다.

구조적인 경제 위기와 폐쇄적인 3대 세습 독재를 이어가고 있는 북한은 사회주의적 근대화 프로젝트의 완성에 실패했으며, 적어도 현재의 관점에서 자생성을 상실하고 있다. 스스로의 문제를 해소할 수 있는 정치·경제·사회적 자원과 의지를 갖추고 있다고 보기도 어렵다. 북한 체제와 김정은 정권의 내구력에 대한 다양한 평가에도 위기의 임계점을 넘어설 가능성을 배체할 수 없는 상황이다. 이것이 통일을 지향하는 성찰적 노력을 한국이 중심이 되어 경주할 수밖에 없는 이유이다. 우리 스스로 분단

체제 근대화의 비정상성을 극복하려는 내적 노력의 중요성에 주목하고, 궁극적으로는 통일을 실현하기 위해 주도적 역량을 강화해야 한다.

정치적 민주화의 완성과 권위주의적 정치 문화의 청산, 공정한 시장 질서와 투명한 분배 구조의 정립, 복지 체제의 확충, 문화적 다양성과 사회적 관용의 관습화는 한국 사회가 직면한 과제이다. 성공한 체제가 실패한 체제를 수렴하는 일방적인 방식으로 통일을 해석되는 것은 바람직하지 않다. 통일은 분단 체제에서 비롯된 다양한 비정상성을 해소하고, 발전 과정에 수반된 문제들의 해소를 포함하는 근대화의 정상화 계기로 해석되어야 하며, 자기 성찰적이어야 한다. 통일은 결과가 아닌 우리 스스로의 정상화 노력을 포함하는 '과정'적 성격을 지녀야 하며, 따라서 통일의 시제는 한국 사회의 제반 문제들을 해소하는 성찰적 노력을 포함한 미래완료형이 되어야 한다.

분단 체제로부터 비롯된 비정상성과 장애의 원인 및 해법을 외부에서 찾는 것은 바람직하지 않다. 분단은 한국 사회에 구조적 장애를 초래했으며, 한국 사회의 구성원들은 분단의 피해자인 동시에 가해자라는 이중적 특성이 있기 때문이다. 성찰적 통일 노력의 출발점은 분단 체제의 비정상성과 한국 사회 발전의 불완전성에 대한 진지한 자기 고민이다. 통일은 남북한의 통합인 동시에 한국 사회 발전의 새로운 기회이자 긍정적인 미래 전망을 구현하는 과정이어야 한다.

2) 한민족생태계의 창조적 복원

　성찰적 통일 노력을 통해 단절된 한민족생태계의 창조적 복원을 도모할 필요가 있다. 통일 문제에 한민족생태계 개념을 적용하는 것은 정책 목표와 대상이 북한 정권을 넘어 단절된 남북한 생태계의 연결과 이를 위한 환경적 여건의 형성으로 전환하는 것을 의미한다. 분단 체제에서 기인하는 다양한 병리적 현상에 대해 자각해야 하며, 이를 치유하는 성찰적이고도 능동적인 노력이 중요하다.

　한민족생태계의 단절이라는 병리적 현상의 해소를 위해 가장 중요한 것은 스스로 분단 상태의 비정상성을 '병식病識'하는 것이다. 분단 체제의 비정상성에 대한 병식이 없을 경우 이를 치유하는 노력도 경주될 수 없기 때문이다. '통일 대박' 담론은 통일에 대한 긍정적 비전의 제시라는 바람직한 측면이 있기는 하지만, 한국 사회의 불완전성에 대한 자기 성찰을 결여하고 있다는 점에서 한계를 내재하고 있다. 남북한 양자의 내적 노력 없이 남북 관계의 개선과 양자 간의 신뢰 형성만으로 분단 체제의 구조적 문제들이 해소되기는 어렵기 때문이다. 한국 사회의 자기완결성 추구와 비정상성 해소는 통일 대박을 실현하기 위한 필수적인 전제조건이다.

　한민족생태계의 복원 과정이 창조적이어야 하는 이유는 통일의 미래는 과거로의 회귀가 아닌 새로운 공동체의 탄생이어야 하기 때문이다. 장기간의 분단과 이질화, 변화된 여건을 고려할 때 한민족생태계의 복원은 단절 이전 상태로의 단순한 회귀를 의미하는 것이 아니다. 남북한은 70여 년간 상이한 발전의 경로를 경유해왔으며, 장기간에 걸쳐 이질적인 이념

표 6-2 **한민족생태계 복원 흐름도**

한민족생태계 단절	선도형 통일 과정	한민족생태계 복원
• 북핵 위협 및 군사적 대치 • 위기국가 북한 • 한국 사회 신뢰의 위기	• 내적 신뢰 프로세스 및 신뢰 사회 구현 • 민족공동체 형성 • 동북아 평화협력	• 분단 비용 해소 및 통일 편익 발생 • 인간 안보의 구현 및 정상 국가화 • 세계 선도 국가

자료: 조한범(2013: 4).

과 가치를 배양해왔다. 한민족생태계의 과거 지향적 복원은 다양한 차원에서 새로운 문제를 야기할 개연성이 있다. 과거와 달리 전 지구적 차원의 변화가 심도 있게 진행되고 있는 것이다. 한국은 이미 단일 민족의 피의 순수성을 강조하기 어려울 정도로 세계화의 흐름에 놓여 있으며, 다문화 영역도 빠르게 확산되고 있다. 한민족생태계의 복원 역시 미래 지향적이며 창조적 관점에서 추진되어야 한다. 한민족생태계의 창조적 복원 과정은 분단 구조의 해소와 남북한 사회 내의 냉전 문화 해소, 21세기 세계를 선도하는 정치·경제·사회적 시스템의 구축을 포함한다.

5. '선도형 통일'의 추구

단절된 한민족생태계의 창조적 복원을 위해서는 선도형 통일Guiding Type of Unification이라는 새로운 방식을 고려할 필요가 있다. 선도형 통일은 남북한의 모델 중에서 상대적으로 모범적인 주체에 의한 '선도善導'와 발전적 미래 모델의 지향이라는 의미의 '선도先導' 개념을 포함하는 복합적 개념이다(김규륜·조한범·이동휘 외, 2012). 자생력을 상실한 북한은 현실적으로 한민족생태계의 창조적 복원을 선도할 능력과 의지, 명분을 결여하고 있다. 체제 경쟁에서의 패배와 구조적 위기에 놓인 북한이 통일국의 모델일 수는 없으며, 북한 정권이 통일 과정을 능동적으로 주도하는 것을 기대하기도 어렵다. 현실적으로 통일의 과정에서 한국의 선도적 역할이 핵심적으로 중요한 이유이다. 한국 사회 역시 신뢰의 위기라는 근본적 문제에 직면하고 있으나 적어도 통일은 선도할 수 있는 '상대적 능력'이 있기 때문이다.

분단 상태의 고착화는 한민족생태계 파괴라는 병리적 현상의 고착화를 의미한다는 점에서 통일의 시급성에 대해 인지해야 하며, 이를 위한 능동저이고 선도적인 역할이 모색되어야 한다. 남북한 양자 중 모범적 주체의 선도에 의한 미래 지향적 통일국가 모델을 실현하려는 노력이 필요하다. 한국은 북한에 비해 모범성과 변화를 주도할 수 있는 능력에서 상대적으로 우위에 있다고 할 수 있다. 이는 한국이 통일을 선도해야 할 권리와 의무를 지니고 있다는 것을 의미한다. 한국 역시 분단 체제 발전의 이면에 내재한 많은 문제에 직면해 있다는 점에서 현 상태가 통일의 궁극적인 이상적 모델일 수는 없다. 남북한 모두 분단 체제에서 진행된 발전의 한계를 극복하려는 노력이 필요하며, 한국 역시 이 같은 요구에서 자유롭지 않다. 한국 스스로 분단 체제를 극복하려는 성찰적인 변화와 아울러 북한 내의 인간 안보 위기를 해소하려는 노력을 적극적으로 경주해야 한다. 한국 사회의 정상화와 아울러 북한 내의 긍정적 변화가 수반되지 않을 경우 통일의 달성은 어렵기 때문이다.

분단의 장기화와 고착화를 방지하고 한민족생태계의 단절이라는 병리적 현상의 해소를 위해 한국의 선도가 필요하다는 점이 무엇보다 중요하다. 선도적 통일의 과정을 통해 인간 안보가 구현되는 미래 지향적 관점에서 한민족생태계의 복원을 지향해야 할 것이다.

6. '통일 3.0시대'의 능동적 통일 정책 추진

광복 이후 통일 패러다임은 세 시기로 구분될 수 있다. 첫 번째는 '통일 1.0시대'로 분단 체제의 형성부터 1980년대 말까지의 냉전기이다. 이 시기의 경우 통일 정책과 대북 정책은 사실상 의미가 없었으며, 세계적인 냉전 체제와 남북한 간의 적대적 공존이 형성된 시기이다. 따라서 '우리의 소원은 통일'은 실현되기 어려운 정서적 담론을 넘어서기 어려웠으며, 대북 통일 정책이 아닌 안보 정책 중심의 시기로 구분될 수 있다.

'통일 2.0시대'는 냉전 체제의 해체 이후 이명박 정부 시기까지의 남북 교류·협력기이다. 노태우 정부의 '7·7 선언'은 안보 정책 중심에서 남북 교류의 전면화를 내용으로 하는 대북 정책으로 전환되는 계기가 되었다고 할 수 있다. 김대중·노무현 정부 시기의 남북 관계는 금강산 관광과 개성공단사업이 상징하듯 급속한 발전을 이루었다. 이 시기는 대북 정책 중심기로 남북한 간의 교류와 협력을 확대함으로써 남북 관계의 안정적 관리 및 발전을 추구한 시기에 해당한다. 그러나 남북 관계가 양적·질적으로 급속히 발전했음에도 이 시기 통일은 당면 과제가 아닌 미래의 불특정한 시점의 잠정적 목표로 설정되었다.

'통일 3.0 시대'는 박근혜 정권에서 본격화된 것으로 평가될 수 있다. 북핵 위기의 심화와 남북 관계의 전면적 경색 등 박근혜 정권에서 대북 통일 정책의 성적표는 긍정적이지 않다. 그러나 '통일 대박', '통일준비위원회' 등 대북 정책을 넘어 통일 정책을 전면화하는 양상이 나타났다는 점에 주목해야 한다. 이 시기는 대내외적 환경 변화에 따른 본격적인 통일 정책의 시기로 대북 정책의 차원을 넘어 통일을 실현 가능한 정책적 최종 목표로 설정한, 사실상 최초의 종합적 통일 정책 추진기에 해당한다고 볼 수 있다. 따라서 차기 정부에서도 정권의 성향과 관계없이 통일을 지향하는 정책적 추진 기조는 지속될 것이며, 이를 위한 능동적인 통일 정책의 구사가 필요해질 것이다. 통일은 분단에서 비롯된 고비용 구조 해소의 계기이자 새로운 국가발전 전략에 해당하며, 압축적 산업 발전 모델의 한계와 저성장 고령화 시대의 진입 그리고 뉴 노멀이라는 세계경제의 불확실성에 직면한 한국이 반드시 실현해야 할 정책적 최우선 과제이기 때문이다.

바람직한 통일은 성공한 체제가 실패한 체제를 흡수하는 것이 아니라 분단 체제의 비정상성을 해소하려는 남북한 모두의 노력에 의해 달성되는 성찰적 방식이다. 한국의 성공적 발전에도 불구하고 분단 체제는 한국 사회에 다양한 문제를 야기하고 있으며, 통일은 민족 통합의 계기이자 한국사회의 불완전성을 극복하는 계기로 활용할 필요가 있다. 특히 분단 체제로부터 비롯된 이분법적 냉전 문화의 극복 및 한국 사회의 수용성 확대 그리고 신뢰 위기의 극복이 필요하다. 따라서 실질적인 통일 준비를 위해서는 남북 관계의 정상화와 아울러 통일 문제의 내적 신뢰 프로세스를 추진하는 것이 무엇보다 중요하다. 민주주의와 독재 체제 간의 통일은 현실적으로 가능하지 않다는 점에서 북한 체제 내의 민주화와 자유화, 친 통일 여건 조성은 통일을 위한 필수적인 전제에 해당한다. 북한 체제의 긍정적 변화를 위해서는 지속적이고도 중장기적인 '관여 정책Engagement Policy'(조한범, 2015)의 확대가 필요하다. 한국 사회의 자기완성을 위한 내적 신뢰 프로세스의 추진과 북한의 긍정적 변화를 유도하기 위한 관여의 확대는 남북 통합의 밑거름이 될 것이다.

1) 한국 사회의 내적 신뢰 프로세스 추진: '통일국민협약'

한국 사회 신뢰의 위기는 분단 체제에서 진행된 발전의 한계를 복합적으로 나타내고 있다. 장기간에 걸쳐 진행된 남북한 간의 체제 경쟁과 군사적 대립은 배제하고 강요하는 지배 문화를 한국 사회에 형성했으며, 이는 한국 사회를 배타적인 양대 진영으로 분열시키는 요인이 되었다. 분단 구조에서 한국의 정치 구조와 시민사회는 대화와 타협보다는 승자 독식 및 배제와 강요의 문화를 형성했으며, 이는 다양한 사회 갈등의 배경으로 작용했다. 배타적으로 양분된 정치 구조와 시민사회는 진영 간 신뢰의 위기라는 근본적 문제를 잉태했다.

천안함 폭침 사건, 세월호 침몰 사건, 사드 배치 논쟁 등 주요한 사회적 이슈와 문제가 야기될 때마다 한국 사회는 양대 진영으로 분열되는 양상을 보여왔다. 사회적 이슈와 문제의 사실성 여부와 합리적 판단보다 종국에는 진영 간의 배타적 견해 차이만 남는 경향이 반복되어왔으며, 배타적으로 양분된 한국의 정치권과 시민사회는 민족 문제의 정쟁화와 남남 갈등의 중요한 원인으로 작용했다. 김대중·노무현 정부에서 추진된 대북 포용 정책의 추진 과정에서 보수 진영의 요구는 외면되었으며, 보수 성향의 이명박 정권 등장 이후에는 정반대 상황이 연출되었다. 대화와 타협의 문화가 발전하지 못한 정치 구조와 시민사회라는 구조적 환경을 바탕으로 남북 관계와 통일 문제가 특정 진영의 배타적 논리에 의해 추진됨으로써 정책적 추진력이 약화되는 현상이 반복되어왔다. 일방적인 정책 추진은 결과적으로 그 부담이 특정 진영에 전가되는 것을 의미했으며, 이는 결국 진보·보수 정권의 대북·통일 정책 모두 성공적인 평가를 받지 못하는 원인으로 작용했다.

통일 문제와 대북·통일 정책에 대한 한국 사회의 내적 신뢰 구조가 형성되지 않을 경우 남북한 간의 신뢰 형성도 어려워진다. 따라서 통일 문제와 관련된 한국 사회의 신뢰 관계 형성을 위한 '내적 신뢰 프로세스'의 추진을 적극적으로 검토할 필요가 있다. 내적 신뢰 프로세스는 통일 문제의 정쟁화 구도 및 남남 갈등의 근원적 해소를 지향하는 한국 사회 내의 노력으로서 의미가 있다.

지속 가능한 대북·통일 정책의 추진과 통일 로드맵의 안정적인 실현을 위해서는 통일 문제에 대한 대내적 신뢰 구조 형성의 중요성에 주목해야 한다. 또한 여야 간의 정책 신뢰와 시민사회 진영 간의 남남 갈등 구조의 근원적 해소를 지향하는 노력이 경주되어야 한다. 통일 문제의 내적 신뢰 프로세스를 구체화하는 노력의 일환으로 통일국민협약을 검토할 필요가 있다. 통일국민협약은 통일 문제의 정쟁화를 방지하고 생산적인 정책 협력 구도의 형성을 위한 사회 협약이다. 통일 문제는 특정한 정파의 이해관계가 아니며 민족공동체 전체의 안위와 미래와 관계되는 사안이라는 점에서 기본적 합의의 형성이 필요하다.

통일국민협약은 일사불란한 구체적 합의가 아니라 민족 문제의 정쟁화 구조와 남남 갈등의 해소를 위한 '최소주의적 합의'이다. 통일국민협약은 통일과 관련된 기본적인 행위 규범이자 지침이라고 할 수 있다. 통일국민협약의 가장 중요한 내용은 '통일에 대한 국민적 동의', '합의적 정책 추진', '대북·통일 정책의 정쟁화 방지', '민족 차원의 정책 추진 원칙', '지속 가능한 남북 관계 형성' 등이며, 이를 사회 협약 형식으로 구체화하는 것이다(조한범, 2006: 68~69). 한국 사회의 각 주체들이 참여해 협약을 체결하고 자율적 감시 체제를 형성해 협약의 이행을 촉진할 경우 통일 문제의 정쟁화와 남남 갈등 구조는 점차 해소될 것이다. 아울러 대북·통일 정책 추진 기반의 강화 및 민족공동체 통일방안의 실제적 구현을 위한 새로운 남북 관계의 형성도 가능할 것이다.

한국 사회의 구조화된 사회 갈등이라는 환경 속에 통일국민협약의 체결이 시도된다는 점에서 초기 추진 단계에서부터 다양한 난관이 예상될 수 있다. 그러나 통일국민협약의 추진 전 과정이 통일 문제의 정쟁화와 남남 갈등 구조의 해소를 위한 노력이라는 점에서 중요성이 있다. 통일국민협약은 보수 및 진보 진영 시민사회와 여야의 정치 세력이 협력 구도를 형성해 공동으로 추진하는 방식이 바람직하다. 특히 통일국민협약의 성공적 체결에는 초정파적·초당적인 추진이 무엇보다 중요하다.

표 6-3 **통일국민협약 추진 과정**

단계	제안	연석회의	체결	이행 관리
내용	• 시민사회·정치권 주도로 협약 제안	• 통일국민협약 추진 범국민연석회의 구성 • 본회의 및 실무 회의를 통해 협약 내용 및 추진 논의	• 체결·선포	• 통일국민협약 실천 협의회 구성 • 협약 이행의 감독, 평가 및 백서 발간

자료: 조한범 외(2013: 274).

통일국민협약의 체결 과정에서 시민사회의 역할이 무엇보다 중요하다. 사회 협약인 통일국민협약이 법률적 강제성을 띠는 것이 아니라는 점에서 이행을 촉진하는 자율적 감시 체제가 마련될 필요가 있으며, 시민사회가 그 역할을 담당해야 하기 때문이다. 시민사회는 시민사회 내의 보수와 개혁 진영 간의 합리적 대화 구조를 형성함으로써 통일 문제 논의가 극단적 세력과 견해에 의해 주도되는 것을 방지하고, 합리적 여론이 형성되도록 유도할 필요가 있다. 시민사회는 진영 간 대화와 타협을 통해 신뢰 관계를 형성하고, 이를 관습화해 통일에 대한 사회적 합의를 유도하는 노력을 경주해야만 한다.

2) 북한에 대한 관여 정책의 확대

북한 체제의 비정상성을 해소하지 않고 남북한의 정치통합이 완성되는 것은 가능하지 않으며, '김정은 정권 붕괴 → 북한 체제 붕괴 → 통일'이라는 등식도 성립되기 어렵다. 동유럽과 달리 민주주의와 시민사회의 경험이 전무후무한 북한의 주민들이 단기간에 한국의 민주주의와 시장경제 체제에 동화되기는 어렵기 때문이다. 민주주의와 시민사회를 경험하지 않은 구 공산국가들이나 중동 국가의 체제 이행이 순조롭지 않다는 점을 직시해야 한다. 리비아, 시리아, 이라크, 아프가니스탄 등 중동 국가에서 독재 체제의 붕괴 이후 혼란상이 지속되고 있는 것은 민주주의와 시민사회의 맹아가 싹트지 않은 환경에 기인한다. 봉건 체제에서 민주주의와 시민사회를 경유하지 않고 바로 사회주의로 전환한 러시아와 중앙아시아의 구 소련권의 국가들이 민주주의와 시장경제 체제로의 이행에 어려움을 겪고 있는 것도 동일한 이유이다. 이는 민주주의를 견인할 수 있는 내적인 동력이 형성되지 않을 경우 독재 정권이 약화되어도 순조로운 정치 변동이 어렵다는 것을 의미한다.

왕조 시대에서 일제강점기로, 다시 노동당과 김씨 일가의 유일 지배 체제를 경유하고 있다는 점에서 북한의 경우도 민주주의 체제를 경험하지 못했다는 한계를 내재하고 있다. 현 상황에서 북한의 정권이 붕괴하고 남북한의 통합이 진행될 경우 많은 어려움과 아울러 궁극적인 정치통합은 난제가 될 것이다. 따라서 북한 내에 중장기적인 '관여 정책Engagement Policy'의 확대를 통해 긍정적 변화의 동인이 형성되도록 노력하는 것은 통일을 위한 중요한 과제가 될 것이다.

많은 한계에도 불구하고 인류의 현대사는 민주주의와 시장경제가 효율적이라는 것을 입증하고 있다. 따라서 통일한국의 미래상 역시 민주주의와 시장경제라는 두 축을 근간으로 해야 할 것이다. 북한에 대한 관여의 확대 역시 북한 내에 민주주의와 시장경제의 동력이 형성되도록 지원하고, 이를 통해 친통일 여건을 마련하는 것이 핵심이라고 할 수 있다. 관여 정책은 예방적 관여 정책Preventive Engagement Policy과 포괄적 관여 정책Comprehensive Engagement Policy 두 차원으로 구분될 수 있다.

예방적 관여 정책은 북한의 비핵화에 중점을 두는 것이다. 다섯 차례의 핵실험으로 북한은 이미 핵무기의 실전 배치 단계에 근접한 것으로 평가받고 있다. 북한 핵 무장의 완성은 한국에 안보 고비용 구조를 초래한다는 점이 문제이다. 북한이 핵무기를 실전에 배치할 경우 이에 대한 완전한 대응책이 없다는 점도 문제이다. 한국의 자체 핵무장이 현실적으로 어려운 상황에서 사드와 KAMD를 포함한 미사일 방어 체계나, 킬 체인kill chain, 미국의 핵우산에 의존하는 확장억제력 등 이 모두가 완전한 대응책이 될 수 없기 때문이다. 또한 핵을 보유한 북한과 통일을 위한 협력을 기대하기도 어려운 노릇이다.

현 단계에서 북한 핵무기의 실전 배치를 저지하고 완전한 비핵화를 달성하는 것은 가장 시급한 정책이라고 할 수 있다. 그러나 핵무기를 체제 수호와 정권 안보의 핵심 수단으로 인식하고 있는 김정은 정권이 핵을 포기할 가능성은 높지 않다고 할 수 있다. 이 같은 점에서 북한의 궁극적 비핵화를 위한 제재 및 압박의 심화와 아울러 북한 정권과 체제의 성격 변화를 강제하는 능동적 관여의 확대가 필요하다. 북한 정권에 대해 비핵화를 강요하고, 이를 거부할 경우 정권의 성격 변화와 체제 변화를 유도하는 대북 관여를 확대해야 할 것이다. 정권이 아닌 북한의 엘리트들과 주민들이 비핵화된 정권을 선택하도록 다양한 방식으로 관여를 확대해야 하며, 이를 위해서는 북한의 정권과 주민을 분리하는 정책적 지향성이 필요하다. 아울러 예방적 관여 정책을 통해 북한 주민의 고통을 덜어주고 인권 침해를 방지하기 위해 많은 노력을 기울여야 한다. 이산가족 문제와 납북자 및 국군 포로 문제의 해결을 위한 한국 정부의 노력은 얼마든지 정당화될 수 있다. 북한 주민에 대한 식량과 의약품 지원은 조건 없이 지속적으로 이루어져야 한다. 북한 주민은 '헌법'상 한국 국민이기 때문이다. 적어도 인도주의와 관련된 문제에서만큼은 한국 정부가 북한 주민에 대해 무한 책임을 선언할 필요가 있다.

포괄적 관여 정책은 북한 내 친민주, 친시장, 친통일 여건을 조성하기 위한 중장기적 노력을 의미한다. 북한 내에 긍정적인 변화의 맹아와 동력이 형성되지 않으면 김정은 정권의 붕괴가 민주주의 체제의 수립으로 이어지기 어렵다는 것이 역사의 교훈이다. 현 상황에서 북한에 급변 사태가 발생할 경우에도 미얀마, 소말리아, 중동의 IS, 우크라이나에서 목격한 부정적 현상이 발생할 개연성이 높다. 북한 내부의 불안정성이 높아질수록 한반도의 외교 안보적 긴장의 고조는 물론이고, 한국에 감당하기 어려운 고비용 구조를 형성할 가능성을 배제하기 어렵다. 따라서 북한 내 친민주와 친시장화 요소의 확산을 위한 다양하고도 전방위적인 노력이 경주되어야 한다. 이를 통해 북한 주민 스스로 자신들의 문제를 교정하고 변화를 위한 동력을 형성할 수 있도록 지원해야 할 것이다.

김정은 정권은 주민들의 희생을 바탕으로 기득권을 유지하고 있다는 점에서 변화의 주역이 될 수 없다. 북한의 긍정적 변화는 북한 내의 자생적 노력에 의해 주도되어야 하며, 이를 토대로 남북한의 통일이 추진되는 것이 바람직하다. 이를 위해 다양한 차원의 지원이 필요하며, 이는 포괄적 관여 정책의 중심이라고 할 수 있다. 북한 주민 스스로의 노력에 의한 개혁·개방의 추진과 아울러 민주주의를 지향하는 노력이 경주되어야 하며, 이를 적극적으로 지원해야 할 것이다. 북한의 변화 없는 통일은 어렵다. 변화의 주역은 북한 주민 스스로가 되어야 하기 때문이다. 북한의 긍정적 변화는 북한 내의 자생적 노력에 의해 주도되어야 하며, 이를 토대로 남북한의 통일이 추진되는 것이 바람직하다. 이 같은 변화를 위한 노력에 대해 다양한 차원의 지원이 필요하며, 이는 포괄적 관여 정책의 핵심이라 할 수 있다.

한반도의 긴장에 대한 안정적 관리와 더불어 북한 정권을 넘어 북한 사회 전반의 변화를 위한 노력이 경주되어야 한다. 이를 위해서는 북한 주민에게 직접적으로 다가가는 '맞춤형 정책'이 지속적으로 추진되어야 할 것이다. 동독 주민들은 서독에 대한 신뢰를 바탕으로 결정적인 순간에 체제를 스스로 해체하고 서독 체제를 선택했다. 그 원인은 서독이 분단 상황에서도 지속적으로 동독과의 '내적인 연계'를 유지함으로써 동독 주민의 '마음'을 얻었기 때문이다. 그러나 한반도의 현 상황은 독일과는 다르다. 남북 관계의 장기 교착과 대립 국면의 지속으로 김정은 정권의 불안정성과 지지도가 하락하고 있음에도, 한국에 대한 인식은 제고되지 않고 있다. 통일 상황 시 중국 등 제3국의 영향을 막고 남북한이 주도하는 통일을 견인하기 위해서는 북한 주민의 한국에 대한 신뢰가 절대적이라는 점을 명심해야 할 것이다.

참고문헌

김규륜·조한범·이동휘 외. 2012. 『선도형 통일의 경로와 과제』. 통일연구원.

윤덕희·김규륜. 1991. 「한민족공동체 구체화방안 연구: 사회·문화·경제 교류·협력
　　중심」. 통일연구원.

임강택·조한범 외. 2013. 「창조경제 기반 문화·환경·산업융합 남북협력 추진방
　　안」. 『창조경제 새로운 아이디어 새로운 시장』. 경제·인문사회연구회.

조한범. 1996. 「북한사회주의체제의 특성과 변화전망」. 『현대북한사회의 이해』. 한
　　양대 출판부.

＿＿＿. 2004. 『남북 사회문화공동체 형성을 위한 대내적 기반구축방안』. 통일연구원.

＿＿＿. 2006. 『남남갈등 해소방안 연구』. 통일연구원.

＿＿＿. 2013. 「한민족생태계의 창조적 복원을 위한 신뢰프로세스전략」. 'Online
　　Series' CO 13-14. 통일연구원.

＿＿＿. 2015. 「박근혜 정부의 통일정책 기조와 추진전략」. 통일연구원·한국세계지
　　역학회 공동 학술회의(10.23)

조한범 외. 2014. 『지속가능한 통일론의 모색』. 한울.

통일부. 2002. 「통일방안에 대한 이해」.

먼저 온 통일, 탈북자

김성경

북한대학원대학교 교수

이 장은 「남한 사회의 새로운 구성원 북한이탈주민: '환대'의 권리와 의무」(≪현대사광장≫, 6호, 2015)의 일부와 「분단체제가 만들어낸 '이방인', 탈북자: 탈냉전과 대량탈북시대에 남한 사회에서 '탈북자'라는 위치의 한계와 가능성」(≪북한학연구≫, 10권 1호, 2014)의 일부를 참조해 작성했다.

1. 머리말

북한이탈주민을 향한 이중적 시선

2016년 기준으로 약 3만여 명의 북한 주민이 우리 사회에 새로운 구성원이 되었다. 아직은 소수인 이들은 일상에서는 비가시적이지만, 대중매체 재현 속에서는 오히려 과잉되어 나타난다. '간첩'에서부터 '북한 미녀'까지 대중매체 속의 북한이탈주민은 우리 사회의 안전을 위협하는 존재로, 때로는 관음증의 대상으로 재현된다. 이들은 자신들의 모습을 직접 가시화하지 못한다. 오직 누군가의 시선에 의해 규정되고, 재현되는 존재이다. 이런 맥락에서 북한이탈주민은 자신들의 삶을 스스로 서사하지 못하는 존재이다. 게다가 북한이탈주민을 바라보는 우리의 시선 또한 결코 공정하거나 온당하지 못하다. 우리에게 그들은 여전히 너무나도 특별하고, 먼 이방인이다.

최근 한국 사회를 떠들썩하게 했던 서울시 공무원 간첩 사건의 피해자 유우성 씨의 사례를 한번 살펴보자. 유우성은 국정원과 검찰에 의해 '국가보안법' 위반 혐의로 기소됐으나 2015년 10월 29일 대법원에서 최종적으로 무죄 판결을 받았다. 법정 공방 과정에서 국정원과 검찰이 유우성의 간첩 혐의 관련 증거를 조작했다는 것이 밝혀졌다. 또한 재판 과정에서는 우유성이 중국 국적자로 북한에서 태어나고 자란 화교라는 사실도 드러났다. 이 문제가 처음으로 수면 위로 올라왔을 때 한국 사회는 북한이탈주민 중에서 '간첩'이 있을 수 있다는 데 놀랐다. 더군다나 그가 서울시에서 계약직 공무원으로 일하고 있었다는 사실은 한국 사회의 공적 영역도 북한에게 노출되어 안전하지 않을 수 있다는 공포심을 확산시켰다. 남북 간의 체제 경쟁이 사실상 끝난 지 이미 30여 년이 지났건만, 아직까지도 북한의 '간첩'이 한국 사회를 위협할 수 있다는 근거 없는 적대감이 한국 사회의 기저에 깊이 각인되어 있음이 다시 확인된 것이다. 하지만 그가 '간첩'이라는 증거 대부분이 조작된 것으로 밝혀지자, 한국 사회는 북한이탈주민에게 제공되는 각종 혜택을 불법으로 수령한 '교활하고 기회주의적인' 중국인이라고 그를 비난하기 시작했다. 아무리 북한에서 태어나고 자랐더라도, 북한 국적이 아닌 그를 '우리'의 범주로 받아들일 수 없다는 논리였다. 즉 '민족'의 범주가 '시민권'에 따라 상이하게 구성되고 있다는 점이 드러난다.

이 사건을 좀 더 면밀히 살펴보면 우리 사회의 북한이탈주민에 대한 이중적 시선이 잘 드러나는데, 그것은 바로 잠재적 적대자(간첩)와 사회보장제도의 수혜자라는 두 개의 시선이다. 남북한이 대치하는 상황에서 북한 출신인 이탈주민은 언제든 한국 사회에 위기를 만들어낼 수 있는 자이고, 다른 한편으로는 가난한 곳에서 온 동포로서 한국 사회가 책임져야만 하는 부담이기도 한 것이다. 그렇다면 이러한 이중적 시선의 근원은 무엇이고, 어떠한 장치들이 이러한 시선을 (재)생산하는 것일까?

이 장에서는 한국 사회에서 북한이탈주민은 과연 누구이며, 어떤 위치에 있는지 살펴보려 한다.

2. 이름의 정치학

'귀순 용사'부터 '북한 출신 이주민'까지

이름을 붙인다는 것은 그만큼 한 집단을 특정한 정체성으로 규정하고 있다는 의미이다. 붙여진 이름이 명확하면 할수록 그 집단 내의 다양성이나 각 개인의 정체성의 모호함에 대한 인식은 제한적일 수밖에 없다. 역사적으로 살펴보면 북한이탈주민은 한국 사회에서 담론 지형이 어떻게 변화하느냐에 따라 명칭을 달리해왔다. 이들의 숫자가 그리 많지 않던 초기에는 주적主敵인 북한에 해를 입히고 온 국가적 영웅으로 호명되기도 했고, 이후 민족적 담론이 강화되면서 '동포'로 불리기도 했다. 1990년대 중반 이후 북한의 식량난으로 대량 탈북 사태가 확산되면서, 북한이탈주민에 대한 기존의 논의가 확장되다가 최근에는 다문화 사회의 일원으로 접근해야 한다는 주장까지 등장했다. 중요한 것은 '이름'을 갖는다는 것이 결국 그에 걸맞은 사회적 위치, 즉 특정 정체성을 강요한다는 사실이다. 이런 까닭에 이들을 호명해왔던 이름의 변천사를 통해 한국 사회가 북한이탈주민을 어떻게 인식해왔는지 가늠할 수 있다.

북한 출신 주민이 한국 사회에서 보장받는 기본적인 법적 지위는 속지주의적 접근에 근거한다. '헌법' 제3조는 "대한민국의 영토는 한반도와 그 부속도서로 한다"라고 규정하고 있다. 다시 말해 북한 지역은 대한민국의 영토이고, 그 지역에서 태어난 북한 주민도 역시 대한민국의 국민인 것이다. 하지만 역설적이게도 한국의 '국적법'은 속인주의를 기본으로 하기 때문에, 북한이탈주민의 법적 지위에 바탕이 되는 헌법의 이 조항과 다소 상충되는 모습을 보여준다. '북한' 국적의 북한이탈주민은 대한민국의 영토인 북한에서 태어났기 때문에 예외적으로 한국 사회의 국민으로 편입되는 것이 허용된다. 이런 맥락에서 외국에 사는 북한 주민은 한국 사회에서 북한이탈주민으로 인정되지 않는다. 다시 말해 속인주의에 바탕을 둔 한국의 '국적법'은 북한이탈주민의 법적 지위를 해석하는 데 한계가 있다.

'헌법' 제3조에 기초하기는 하지만 선별적으로 속인주의적 접근을 차용함으로써 북한이탈주민은 대한민국의 영토인 한반도의 북쪽 지역에서 태어나야만 국민으로서 법적 지위를 차지할 수 있다. 속지주의적 혹은 속인주의적 접근 중 하나만을 강조할 경우 북한에서 태어나고 자란 화교나 북한에서 태어났지만 외국에서 오랫동안 생활하면서 외국 국적을 취득한 자 혹은 중국에서 태어나서 자랐지만 북한 국적의 부모를 둔 자(조선족), 북한 국적이지만 중국에서 거주하는 조교朝橋 등을 북한이탈주민의 범주에 포함시켜야 하는지를 놓고 문제가 발생한다. 이 때문에 1997년에 제정된 '북한이탈주민의 보호 및 정착지원에 관한 법률' 제2조 1항에서는 북한이탈주민을 "군사분계선 이북지역(이하 '북한'이라 한다)에 주소, 직계가족, 배우자, 직장 등을 두고 있는 사람으로서 북한을 벗어난 후 외국 국적을 취득하지 아니한 사람"으로 규정하고 있다. 그리고 탈북민은 아니지만 유사개념인 재북 화교華橋는 북한에 거주하지만 중국 국적을 보유한 자이고, 북한적 중국 동포(이른바 조교)는 북한 국적을 보유하지만 중국에 거주하는 자, 그리고 제3국 출생 탈북민 자녀는 북한에 거주하지 않았고 북한을 벗어난 사실도 없는 자로 규정한다. 즉, 북한 주민이었다고 하더라도 후에 외국 국적을 취득했다면, 이는 북한이탈주민의 범주에 속하지 않고, 설령 북한에서 일생을 보냈다고 하더라도 부모가 북한 국적이 아닌 화교이면 북한이탈주민의 요건에 부합되지 않는다.* 게다가 탈북민의 자녀이지만 북한에서 출생하지 않았고, 생활한 경험이 없는 이들 또한 탈북민 범주에 속하지 않는다. 이는 한국의 법체계가 북한 주민의 범주를 북한이라는 공간적 요건과 더불어 북한 체제의 규율 안에 있는 사람으로 한정하고 있다는 것을 드러낸다.

속인주의와 속지주의가 다소 거칠게 결합된 북한이탈주민의 법적 지위는 사실 여러 가지 문제점을 내포하고 있다. 예컨대 북한 국민이지만 중국에 오랫동안 거주해 중국 국적을 취득한 이들을 북한이탈주민으로 정의할 것인가. 특히 최근에 한국으로 이주한 상당수의 북한이탈주민은 짧게는 몇 년에서 길게는 십여 년을 중국에서 거주해 중국 국적을 취득한 경우도 점차 증가하고 있다. 원칙적으로 복수국적을 허용하지 않는 한국 사회에서 이들은 중국 국적자임을 숨기거나 중국 국적을 포기해야만 법적 지위를 얻을 수 있다. 더욱이 현행법상 제3국에서 태어난 북한 여성의 자녀에게는 북한이탈주민의 지위가 허용되지 않는다. 이 때문에 상당수의 북한 여성들은 자녀의 국적과 지위 문제로 어려움을 겪고 있다. 이렇듯 남북한의 특수한 관계에 포함되지 않는 북한 주민을 한국 정부는 과연 어떻게 정의할 것인지가 중요한 과제로 남아 있다. 다시 말해 한국 정부

---

* 이러한 사례에 포함되는 것이 유우성이다. 유우성의 부모는 화교이지만, 함경북도 회령시 오봉리에서 출생했고 모든 교육을 북한에서 마쳤다.

가 북한이탈주민에게 시민권을 제공하는 이유는 이들이 분단되어 있는 북한의 공민의 지위를 버리고 한국을 선택했기 때문이다. 누구든 북한의 '공민'이라는 범주에서 벗어나 있는 사람은 한국 내에서 '북한이탈주민'이 될 수 없다. 이들의 법적 지위는 북한의 공민인 동시에 모국 북한을 등진 사람들이기 때문에 부여되는 것이다.

물론 한국 사회의 정치사회적 환경에 따라 이들을 바라보는 시선 또한 변해왔다. 한국 사회에서 북한이탈주민과 관련된 최초의 법안은 '국가유공자및월남귀순자특별원호법'으로 1962년에 제정되었다. 우선 해방 이후부터 북한이탈주민 관련 법안이 최초로 만들어진 1962년까지는 북한이탈주민을 칭하는 특정한 '이름'이나 이들을 배려한 '정책'이 존재하지 않았다. 해방 공간이라는 시공간적 특수성 때문이기도 하고, 국가 형성기의 다양한 현안에 비해 북한이탈주민은 그리 중요한 문제가 아니었기 때문이기도 하다. 한국전쟁이라는 혼란의 시기에 남한과 북한 출신들은 이동할 수밖에 없었고, 이들을 특별히 다르게 분류해 규율할 만한 능력이 남한 정부에 부재했다. 따라서 이 시기에 북한에서 남한으로 이주한 사람들에 대해서는 군과 공안 기관이 상황에 따라 임기응변식으로 대처했다. 게다가 해방 공간과 전쟁이라는 특수한 맥락과 남북한의 경제적 차이가 뚜렷하지 않았던 당시 상황상, 북한이탈주민도 '국가' 경계를 넘는 주체로 규정되지 않았다.

하지만 이러한 분위기는 1962년 '국가유공자및월남귀순자특별원호법'이 제정되면서 변화한다. 이 법안의 흥미로운 점은 국가유공자와 월남귀순자를 같은 법안에서 다루고 있다는 것이다. 이뿐만 아니라 이 당시 북한이탈주민의 주무 기관은 국가보훈처였다. 이 법안은 국가유공자와 월남 귀순자는 동등한 존재라는 의식을 바탕으로 삼고 있다. 반공 이데올로기의 맥락에서 국가유공자와 월남 귀순자가 비슷한 사회적 위치를 부여받은 것이다. 이 법안은 몇 차례 개정되면서 1978년까지 존속했는데, 이 법안에 따라 북한이탈주민은 처음으로 남한 정부로부터 체계적인 지원을 받을 수 있었다. 하지만 대부분의 지원은 근시안적이고, 한시적 수준에 머물러 있었다. 이들을 한국 사회의 새로운 구성원으로 받아들이면서, 이들의 정착이 통합적인 한국 사회 구축에 중요한 요인이 될 것이라는 최근의 문제의식과는 거리가 멀었다. 즉 남북한의 체제 경쟁이 한창인 당시에 남한으로 이주한 북한이탈주민은 남한 사회가 북한 사회보다 우월하다는 것을 남한 국민에게 알릴 수 있는 중요한 상징으로 활용되는 경향이 강했다.

1979년에 새로 제정되어 시행된 '월남귀순용사 특별보상법'은 미국의 베트남 전쟁 패배와 베트남의 공산화에서 비롯된 한국 정부의 위기감이 십분 반영된 법안이었다. 이 법안은 '국가유공자및월남귀순자특별원호법'보다는 좀 더 체계적이고 종합적인 법적 지원 체계를 담고 있다는 측면에서 의의가 있을 뿐만 아니라, 북한이탈주민에 대해 그 어느 시기보다도 많은 보상을 명문화하고 있다. 여기서 북한이탈주민은 '월남 귀순용사'라는 이름을 얻었는데, 이는 이 시기의 북한이탈주민 대부분이 군인이자 남성이었다는 의미이며, 또 한편으로는 남북한의 군사적 대치가 남한 사회의 주류 담론이었다는 것을 보여준다. 이런 맥락에서 북한이탈주민을 관장하는 주무 부서가 보훈처에서 국방부로 이관된다. 이 법안에서는 북한이탈주민이 북한에 입힌 타격을 물적으로 계산해 그 보상금의 범위를 정했다. 예컨대 1983년에 귀순한 이웅평 대위의 경우에는 북한의 미그 19기 MIG-19를 타고 남한으로 왔으므로, 당시 미그 19기의 경제적·군사적 가치를 환산해 상당한 수준의 보상금을 탄 것으로 알려져 있다. 또한 이 시기 북한이탈주민의 또 다른 부류는 사회주의국가에서 유학 중에 남한을 선택한 유학생이나 고위층이었다. 북한 사회의 특성상 상층부에 속하는 이들의 탈북은 군인의 탈북과는 다른 맥락에서 상당히 의미가 있었으므로 그에 걸맞은 보상이 이루어졌다.

하지만 1980년대 후반 서구의 사회주의국가가 몰락하면서 남북 간의 체제 경쟁은 더는 큰 의미가 없어졌다. 북한의 경제적 수준은 남한보다 상당히 뒤처져 있었고, 사회주의의 몰락과 맞물려 북한 사회는 급속도로 쇠퇴하기에 이른다. 이 시기에 북한이탈주민으로 가시화된 그들의 모습은 1970~1980년대의 북한군 출신이나 1980년대의 상대적으로 세련된 해외 유학생 출신들과는 상당히 차이가 났다. 특히 1990년대 이르러 북한에서 남한으로 온 북한이탈주민 중 상당수는 가난한 노동자였다. 1993년 시베리아에서 벌목공으로 일하던 북한 주민이 남한으로 이주해온 것을 계기로 벌목공 상당수가 남한에 속속 도착했다. 처음으로 가난한 북한 사람을 마주한 한국 사회는 크나큰 충격에 휩싸인다. 그에 따라 북한이탈주민은 새로운 이름을 얻게 되는데, 그것은 바로 '귀순 북한 동포'이다. '귀순歸順' 즉 투항해 순해진 적이라는 뜻은 여전히 내포하면서도, 처음으로 북한이탈주민을 '동포'라는 이름으로 호명한 것이다. '귀순북한동포보호법'이 1993년에 제정되었고, 주관 부서는 국방부에서 보건복지부로 이관된다.

이는 북한이탈주민이 '보상'의 대상인 '귀순용사'가 아니라, 한국 사회에 정착을 해야만 하는 '취약 계층'으로 재정의되고 있다는 것을 드러낸다. 게다가 크게 늘어나기 시작한 북한이탈주민의 규모 때문에 한국 정부는 이들을 위한 예산을 확보하는 데 어려움을 겪었고, 이런 까닭에 기존 수준으로 '보상'을 유지하는 것은 불가능했다. 게다가 언론을 비롯한 사회 곳곳에서 남한의 취약 계층과 북한이탈주민 간의 형평성 문제가 본격적으로 불거지기 시작했다. 이에 따라 한국 정부는 북한이탈주민을 생활 보호 대상자로 간주하면서 동시에 지원 규모를 대폭 하향조정하게 된다.

북한의 경제난은 1995년을 기점으로 극에 달했다. 이른바 '고난의 행군'으로 명명되는 이 시기에 식량난으로 목숨을 잃은 북한 주민의 수는 적게는 80만 명에서 많게는 150여 만 명까지로 추정된다. 북한 사회를 지탱하는 많은 가치와 규범이 흔들렸고, 북한 주민 상당수가 국경을 넘어 중국으로 이동했다. 중국으로 간 북한 주민 중 몇몇은 남한행을 선택했다. 1990년대 말부터 한국으로 이주해온 북한이탈주민의 수는 매해 1000여 명을 넘었고, 2005년부터는 2000여 명을 훌쩍 뛰어넘었다.* 이에 따라 한국 정부는 북한이탈주민 관련 법안을 재정비하고, 대량 탈북 사태에 대비해 다양한 제도적 장치를 마련하기 시작한다. 그중 하나가 1997년에 제정되어 시행 중인 '북한이탈주민의 보호 및 정착지원에 관한 법률'이다. 이 법안에서 처음으로 '북한이탈주민'이라는 공식 용어를 사용하기 시작

---

* 김정은 정권이 들어선 이후 북한이탈주민의 수는 급감하는 모양새이다. 그 이유는 김정은 정권이 국경 관리를 강화해서라는 분석부터 북한을 떠나고자 하는 주민 상당수가 이미 북한을 떠났다는 분석, 혹은 고난의 행군 이후에 북한 사회가 나름대로 안정을 되찾고 있다는 해석까지 다양하다.

했고, 이들을 '보호'와 '정착'의 대상으로 규정하기 시작했다. 하지만 '북한이탈주민'이라는 공식 용어는 여전히 북한을 '이탈'했기 때문에 한국 사회에서 '보호'와 '정착'의 대상이 될 수 있다는 의미를 내포하고 있어 한계가 있었다.*

이렇듯 북한이탈주민을 호명하는 다양한 이름은 한국 사회가 이들을 바라보는 시각에 따라 재구성되어왔다. 과거의 귀순 프레임에서는 이들을 항복한 '적'이라는 맥락에서 바라봤다면, 변화된 최근의 논의와 담론에서는 이들을 북한 출신 이주민으로 바라보는 경향이 있다. 특히 2000년대 후반 들어 한국으로 이주해온 탈북자 중 상당수가 정치적 이유나 경제적 궁핍함보다는 더 나은 삶의 기회를 좇는 '이주민'의 성격을 배태하고 있는 것도 사실이다. 또한 이미 한국으로 이주한 탈북자가 북한에 남아 있는 가족을 이주시키는 가족 재결합 사례도 증가하고 있다. 이 때문에 최근에는 북한이탈주민을 '이주민'으로 정의하고, 이들에 대해 단선적인 시각에서 문제를 제기하는 논의가 확산되고 있다(이수정, 2011; 김성경, 2014; 윤인진, 2009; 이희영, 2010). 이러한 주장의 기저에 있는 냉전의 산물이나 민족 담론으로는 최근 일어나는 북한이탈주민의 이주나 정착 문제를 충분히 다룰 수 없을 뿐만 아니라, 이들이 북한 출신이라는 것이 더 부각되어 또 다른

---

* 이러한 비판에 따라 2005년 통일부에서는 '새로운 터전에서 삶을 시작하는 사람'이라는 뜻이 담긴 '새터민'이라는 명칭을 제안하기도 한다. 하지만 2007년 4월 북한이탈주민 연합체인 '북한민주화위원회'는 새터민이라는 명칭이 북한이탈주민이 먹을거리가 없어 떠돌아다니는 화전민을 연상시키는 단어이고, 북한이탈주민의 자유민주주의 지향, 반공적 성격을 제대로 드러내지 못한다고 하며 이 용어에 반대했다. 이에 따라 2008년 11월 21일에 이르러 통일부는 '새터민'이라는 용어를 되도록 쓰지 않겠다고 발표하기도 했다.

차별을 만들어낼 수 있다는 문제의식이 존재한다. 다시 말해 남북한이 서로 대치하고 있는 상황을 감안할 때, 이들의 출신지와 이들이 그곳을 '이탈'했다는 것을 강조하는 기존의 담론 지형에서는 북한이탈주민은 여전히 '적국' 출신자이면서, '적국'을 이탈했기 때문에 '포용해야만 하는 대상자'라는 이중적 시선에 포획되어 있다고 할 수 있다. 이동하는 주체로서의 북한이탈주민의 행위자성이나 이들이 한국 사회의 어떠한 문화적 변용을 이끌어내는지는 이렇듯 박제화된 시선 속에서 자리를 찾지 못한다. 즉, 북한이탈주민은 수동적으로 한국 사회에 '정착'해야만 하는 존재이고, 이들이 한국 사회에 정착하기 위해서는 그들 정체성의 근간이 되는 모국(북한)을 철저히 지워야만 한다. 이런 상황에서 북한이탈주민의 다양한 정체성의 재구성 가능성은 거세되고 만다. '민족'을 내세운 기존의 갇힌 논의 구조에서 벗어나, 북한이탈주민을 한국 사회의 새로운 구성원인 다문화 집단 중 하나로 재위치시키고자 시도해야 한다. 다시 말해 한국 사회로 이주해온 모든 이주민이 가져야 할 '환대받을 권리'를 이들에게도 동등하게 제공해, 이들이 다문화된 미래 한국 사회의 정당한 구성원으로 제 역할을 할 수 있도록 인식의 전환이 필요하다(김현경 2015; 데리다 2004).

하지만 여기서 간과하지 말아야 할 지점은 대부분의 북한이탈주민은 여전히 자신들이 다문화 사회의 일원으로 호명되는 것을 받아들이지 못한다는 점이다. 그 이유는 자신들은 다문화 사회의 타 집단과는 '다른' 특별한 존재라고 믿기 때문이다. 민족 정체성을 중요시하는 북한 사회의 특성이 내재된 북한이탈주민은 이주의 험난한 과정을 거치면서 한국 사회가 자신들의 특별한 경험을 충분히 인정해주고, 이에 걸맞게 정신적·물질적으로 보상해줄 것이라는 심리적 기대감을 품게 된다. 그러나 이러한 기대 심리와는 다르게 한국 사회의 삶이 녹록지 않은 데다가, 최근에는 자신들을 다른 이주민 집단과 같은 차원으로 접근하는 다문화주의 논의가 확산되자 한국 사회를 향해 배신감까지 토로하는 경우가 있다. 물론 상당수의 북한이탈주민이 더 나은 삶을 살기 위해 남한으로 이주했다고 하더라도, 이들이 다른 이주민 집단과 마찬가지로 이동·이주의 자유를 완전히 획득하는 것은 현실적으로 어렵다. 게다가 북한 체제의 특수성 때문에 이들이 모국으로 돌아가는 것은 사실상 불가능에 가깝다. 이런 까닭에 이주 동기가 다양해졌다고 하더라도, 이들이 정착해야만 하는 한국 사회의 상황은 여전히 분단에서 자유로울 수 없다는 점을 충분히 고려해야 한다. 그럼에도 최근 학계에서 활발히 논의되고 있는 다문화주의는 북한이탈주민을 바라보는 한국 사회의 시각적 외연을 넓힌다는 측면에서 충분히 가치 있을 뿐 아니라, 한국 사회의 미래가 단순히 남북한의 통일에 머무는 것이 아니라 전 지구화 시대에 다문화 사회로 확장되어야만 한다는 측면에서 의미가 있다고 할 수 있다.

3. 정부의 지원 정책과 북한이탈주민의 정착

2015년에 발간된 통일부 자료에 의하면 북한이탈주민은 여전히 정착 문제를 겪고 있지만, 그 정도는 조금씩 개선되고 있다. 북한이탈주민의 정착과 관련된 주요 지표를 살펴보면, 고용률의 경우 2011년에는 49.7%였던 것이 2014년에는 53.1%로 조금 상승했다. 실업률의 경우에는 2011년 12.1%에서 2014년 6.2%로 상당 부분 개선되었으며, 생계 급여 수급률 또한 2011년 46.7%에서 2014년 32.3%로 하향세에 있다(통일부, 2015: 12). 지표적인 측면에서 북한이탈주민의 정착은 상당 부분 개선되고 있는 것은 사실이지만, 이들이 경험하는 사회적 차별과 배제익 수준은 과거와 크게 다르지 않은 것으로 보인다. 예컨대 상당수의 북한이탈주민이 여전히 자신들의 출신 지역을 숨긴 채 취업 활동에 나서고 있고, 탈북 청소년의 경우 북한 출신이라는 꼬리표 때문에 학교생활에 어려움을 겪거나 극단적으로는 학업을 포기하는 경우도 많다. 그만큼 한국 사회가 북한출신들을 특정한 선입관으로 바라보고 있고, 이러한 구조 내에서 북한이탈주민은 소외와 차별을 경험할 수밖에 없다.

북한이탈주민은 한국 사회에 도착과 동시에 다소 '구별적인' 대우를 받게 된다. 이들은 한국에 도착하자마자 북한이탈주민보호센터에서 짧게는 1개월에서 길게는 3개월 동안 조사를 받는다. 과거에는 중앙합동심문센터로 불렸던 이곳은 국정원, 경찰, 정보사 등이 합동으로 북한이탈주민의 신분을 확인하는 곳이다.* '심문'이라는 용어가 말해주듯이 한국에 도착한 북한이탈주민은 자신의 과거 이력을 낱낱이 설명해, 자신이 북한을 '이탈'한 사람임을 증명해야 한다. 과거에는 심문의 주요 목적이 간첩 색출에 있었다면, 최근에는 위장 탈북자 즉 조선족, 화교 혹은 조교를 확

---

* 유우성 사건 때 중앙합동심문센터의 반인권적 심문 과정이 드러나면서, 2014년 그 명칭을 북한이탈주민보호센터로 바꿨다.

인하는 것이 중요해졌다. 즉 이곳에서 북한 출신자들은 자신들이 '북한' 사람이라는 것을 증명함과 동시에 북한을 '이탈'한 반북적인 사람이라는 것을 드러내야만 한다. 북한에서 보낸 시간을 낱낱이 설명함으로써 북한이탈주민 대부분은 자신들의 과거를 현재의 맥락에서 재구성하게 되고, 동시에 자신들이 왜 모국을 등질 수밖에 없었는지를 설득력 있게 제시하게 된다. 이러한 심문의 과정을 거치면서 북한이탈주민 대부분은 한국 사회가 요구하는 특정한 정체성을 내재화할 확률이 높다. 또한 북한이탈주민이 자신의 정체성을 재구성할 기회는 박탈되고, 한국 사회가 제공하는 특정한 사회적 위치를 받아들이게 된다.

북한이탈주민보호센터에서 심문 과정을 거친 후 신분이 확인된 북한이탈주민은 하나원으로 옮겨가 정착 교육을 받는다. 하나원은 안성의 본원과 화천의 제2 하나원이 있으며, 총 12주 동안 사회 적응 교육을 실시한다. 연령과 성별을 고려해 성인반, 청소년반, 초등반, 유치반, 영아반, 경로반 등 일곱 개 반으로 운영하고, 한국 사회 정착에 필요한 기본 정보뿐만 아니라 취업 지원을 위한 직업 체험 교육 또한 진행한다. 북한이탈주민 상당수가 제3국에서 생활하기는 했지만, 폐쇄적인 북한 사회에서 사회화를 구축한 이들의 특성상 한국 사회의 자본주의적 생활 방식이나 문화를 이질적으로 느끼는 경향이 존재한다. 이 때문에 교육 대부분은 한국 사회를 이들에게 소개해 정착하는 데 실질적으로 도움을 주기 위해 기획되었다. 하지만 교육 과정에서 일방적으로 한국의 문화와 생활양식을 전달하고, 북한 사회에서 구축해온 의식과 생활방식을 바꿔야 할 대상으로 단순화한다는 측면에서 좀 더 조심스러운 접근이 필요하다고 할 수 있다.

게다가 최근에는 북한이탈주민 상당수가 중국에서 체류하거나, 북한에서도 장마당과 같은 '시장'과 시장적 생활양식에 익숙하기 때문에 하나원에서 제공하는 기초 수준의 교육이 불필요하게 느껴지는 경향도 있다. 또한 상당수의 북한이탈주민의 경우 단체생활을 해야만 하는 하나원에서의 시간을 부담스럽게 생각하거나, 하루빨리 지역사회로 편입되어 한국 사회에 정착하고자 하는 바람을 내비치기도 한다. 그러므로 이들의 경험의 변화에 발맞춰 하나원의 프로그램을 좀 더 다양화하고, 교육 기간과 방법 또한 유동적으로 운영하는 것을 고려해볼 필요가 있다. 하지만 하나원에서 머무는 12주는 단순히 정착 교육만을 목적으로 하지 않는다. 이 기간은 한국 정부가 북한이탈주민의 법적 지위에 대한 서류(가족관계등록, 주민등록증 발급)와 임대주택 및 정착지원금과 같은 초기 지원 정책에 필요한 제반 사항을 준비하기 위한 시간이기도 하다.

　　12주의 정착 교육을 마친 후 북한이탈주민은 지역사회에 분산 배치되어 관리를 받는다. 이들은 하나원을 퇴소한 뒤 남한 정부로부터 6개월 동안 생계 급여를 지급받으며, 그 이후에는 조건부 수급권자로 분류되어 자활 사업에 참여하는 경우에만 지원금을 지급받는다.* 이뿐만 아니라 지역의 임대주택에 배치된 북한이탈주민은 거주지보호제도를 통해 지속적으로 거주지 정착과 신변 안전을 위해 지원받는다. 북한이탈주민을 위한

---

* 　초기 정착금은 1인 세대를 기준으로 700만 원이 지급된다. 퇴소 시 400만 원을 우선 지급하고, 이후 6개월에 걸쳐 300만 원이 분할 지급된다. 이 외에도 북한이탈주민은 의료 급여와 연금 특례 같은 혜택을 받는다. 생활이 어려운 북한이탈주민의 경우 '의료급여법'에 따라 의료 혜택을 받고, 북한이탈주민 중 보호 결정 당시 만 50세 이상 60세 미만인 자는 국민연금 납부 기한인 10년을 다 채우지 않더라도 60세 이후 가입 기간이 5년이면 노령연금을 받을 수 있다.

거주지보호제도는 정착도우미, 보호담당관, 북한이탈주민지원재단, 지역협의회, 지역 민간단체 등의 지원으로 다양하게 이루어지고 있다.

먼저 거주지로 처음 편입된 북한이탈주민들은 2주 60시간 이상의 '지역 적응 지원'을 집중적으로 받는다.* 2005년 1월부터 시행된 정착도우미 제도는 거주지 편입 초기에 북한이탈주민이 일상에 적응하면서 겪는 어려움을 줄이기 위해 고안되었다. 정착도우미로 인정받은 해당 지역의 민간 자원봉사자 두 명이 정착 초기 1세대당 1년간 지역사회를 소개하고 안내하는 역할을 한다.** 이뿐만 아니라 고용노동부는 북한이탈주민을 대상으로 무료 직업훈련을 제공하거나 훈련 기간 중에 훈련 수당을 지급하고 있고, 전국 56개 고용센터에 취업 보호 담당관을 지정해 이들의 취업을 알선하고, 직업 지도 등을 지원하고 있다. 통일부에서는 북한이탈주민을 고용하는 회사에 지불 임금의 $\frac{1}{2}$을 기본 3년에서 최대 4년까지 인센티브를 제공하고 있다.

하지만 이러한 지원책의 효용성이 문제시되면서, 2014년 11월 29일 이후 입국해 보호 결정을 받은 북한이탈주민에게는 고용지원금, 자격취득장려금, 직업훈련장려금 등이 제공되지 않고, 다만 근로소득 중 저축한 금액만큼을 정부가 지원하는 미래행복통장 제도를 시행하고 있다. 이는 북한이탈주민에 대한 지원 방식이 지원금 형태에서 인센티브로 변형되고 있다는 것을 뜻한다. 과거의 일방적인 현금 지원이 북한이탈주민의 정

---

* 2015년 현재 지역 적응 교육은 전국 29곳에서 정식으로 운영이 되고 있다.

** 2015년 1월 현재 약 530명이 정착도우미로 활동 중이다. 구체적인 생활 정보를 제공해주는 밀착형 지원 체제라고 할 수 있다.

착에 크게 도움이 되지 못했다는 자성과 함께, 이들이 한국 사회에서 경제적 활동을 충실히 수행할 때 더 수월하게 정착했다는 연구 결과를 참고한 결과이다(박성재·김화순, 2012).

이렇듯 북한이탈주민의 정착 문제와 관련해서는 경제적 적응이 가장 중요하게 다루어져 왔다. 이 때문에 북한이탈주민의 경제적 수준이 향상되면 정착 문제는 해결될 것이라는 막연한 희망이 존재하기도 한다. 하지만 북한이탈주민 대부분은 단순히 경제적 수준에서의 부적응뿐만 아니라 사회적·심리적 괴리감 탓에 고통받고 있다. 특히 오랫동안 계속되어 온 남북 대치 상황에서 북한이탈주민이 남한 사회에서 의지할 수 있는 사회적 지지층은 제한될 수밖에 없고, 이 때문에 심리적으로 고립감을 느낄 확률이 높다(이기영, 2002). 게다가 한국 사회보다 폐쇄적인 구조의 북한 사회에서 살아온 북한이탈주민은 새로운 환경에서 심리적으로 어려움을 겪는 경우가 많다. 이들은 새로운 사회에 적응하는 과정에서 다양한 종류의 심리적 도전을 받는다. 이러한 심리적 도전은 심리적 불안감을 조성해 이주자에게 의심, 불안, 우울, 신체적 증상 등으로 되돌아올 확률이 높다.

게다가 북한이탈주민 상당수는 북한 사회의 억압에서 벗어나기 위해 목숨을 걸고 내려온 자신에게 한국 사회가 보상을 해주어야 한다고 생각하는 경향이 있다. 그러므로 북한이탈주민 대부분은 한국 사회로 가게 되면 자신을 인정해주는 새로운 사회에서 이전과는 비교할 수 없을 정도로 많은 경제적·사회적 기회를 누릴 수 있으리라 기대한다. 하지만 현실 사회에서 이들의 위치는 경제적 약자이면서, 사회의 주변인에 머물러 있을 확률이 높고, 이 때문에 상당수는 심리적 좌절을 경험한다.

더욱이 남북한의 문화 차이는 북한이탈주민의 정착에 큰 장애물로 작동한다. 70년 동안 분단된 남과 북은 비록 같은 언어를 사용하고 있지만, 문화와 생활양식에서 남과 북의 공통점을 찾는 것은 쉽지 않다. 심리적 차이 또한 극명해지고 있는데, 북한이탈주민의 감정 표현 양식은 남한의 주민보다 훨씬 더 직설적이어서, 때로는 상대방에게 '공격적'으로 해석되기도 한다(정향진, 2005). 더 큰 문제는 북한이탈주민의 이러한 감정성이 '교정'의 대상이 되고, 한국 사회의 감정성이 더 나은 것으로 평가된다는 점이다. 분단의 경험은 남북한 주민의 정서sentiment, 정동affect, 마음mind을 상당히 이질적인 것으로 만들었고, 북한 출신으로서 남한 사람과 관계를 맺어야만 하는 북한이탈주민에게는 이러한 문화적 차이가 큰 어려움으로 작동한다. 이는 남한 주민에게도 비슷하게 나타나는데, 처음에는 호의적인 태도로 북한이탈주민과 관계를 구축하고자 했던 상당수가 감정과 정서의 이질감을 경험하면서 오히려 이들에 대한 부정적 인식을 갖게 되는 경우가 많다. 이 때문에 북한이탈주민의 정착을 위해 문화적 차이와 심리적 고립감 등을 고려한 다각적인 정부의 지원책이 절실해 보인다. 지금까지 정부의 지원책 상당수는 주로 북한이탈주민에게 남한의 문화를 소개하고, 일방적으로 교육시키는 것에 머물렀다면, 이제는 남한 주민에게 북한 문화를 알리는 프로그램이 개발되어야 한다. 다시 말해 북한 주민의 문화를 한국 사회 내에서 공존해야만 하는 또 하나의 문화로 위치시키고, 이에 대한 이해를 제고하기 위해 노력해야 한다. 이주민과 정착국 사이의 문화변용Cultural Acculturation은 일방적으로 진행되는 것이 아닌 문화 교류의 양방향에서 이루어져야 한다는 사실은 한국 사회의 북한이탈주민의 정착 문제를 이해하는 데 큰 시사점을 던져준다.

4. 맺는말

한대의 지세

　한국 사회에서 북한이탈주민이 사회적 차별과 배제의 대상이 되어왔다는 데는 학계나 시민 사회 모두 큰 이견을 보이지 않는다. 정부의 지원 정책이나 시민사회의 노력 등을 폄하해서는 안 되겠지만, 한국 사회가 배태하고 있는 분단 체제의 작동에 가장 전면에 위치하고 있는 이들이 편견 없이 정착하는 것은 사회구조적으로 불가능에 가깝다. 북한 출신이면서 북한을 등진 이들의 존재는 분단이 계속되는 한 한국 사회의 동등하고 평등한 구성원 그 자체로 받아들여지기 어렵기 때문이다. 하지만 이들의 정착의 역사가 길어지면서, 북한이탈주민의 적극적인 행위 주체성과 이에 따른 정체성의 분화 또한 확인되기도 한다. 예컨대 이희영은 생애사적 방법론을 활용해 북한이탈주민의 정체성의 (재)구성의 문제를 연구하면서, 분단 체제에 포섭되지 않는 다양한 인정 투쟁의 양상이 북한이탈주민의 정체성에서 나타나고 있다고 주장한다. 이들은 한국 사회의 시선을 일반화된 타자로서 수동적으로 내재화하기보다는, 과거 북한에서의 경험의 맥락에서 이를 적극적으로 해석해, 자기존중과 사회적 가치를 확보하려는 그들의 노력 또한 존재한다(이희영, 2010)는 것이다.

　이와 유사하게 강진웅은 북한이탈주민에 대한 한국 사회의 규율적 거버넌스governance가 미시적으로 확장되었음을 밝히면서, 이 과정에서 북한이탈주민은 네 가지 다른 정체성의 분화를 경험하게 된다고 주장한다. 첫 번째 유형은 남한 사회의 가치를 우선시하는 동화형이고, 두 번째는 남과 북의 경험을 통합하려는 통합형, 세 번째는 남과 북 사이에서 혼란을 경험하는 혼동형, 마지막으로 네 번째는 남한의 사회적 규범과 문화에 저항하는 저항형이다(강진웅, 2011). 이는 북한이탈주민의 정체성을 단순히 남한 사회의 배제와 차별의 희생자라는 단일한 유형으로 (재)구성하는 것이 아니라, 사회구조와 행위자의 역동적 관계성에서 다층적으로 분화되고 있다는 것을 보여주었다.

이와 같은 학계의 연구 성과는 북한이탈주민의 정착 문제를 단일한 틀로 해석하는 것을 비판하면서, 이들이 한국 사회의 구조적 한계와 가능성을 적극적으로 활용하는 다수의 행위자(들)임을 밝혔다는 측면에서 의의가 있다. 하지만 북한이탈주민이라는 행위자가 만들어낼 수 있는 차이는 여전히 남한 사회가 배태하고 있는 분단 체제라는 제한된 공간 내에서만 가능하다는 것을 기억할 필요가 있다. 또한 학계에서 진행된 상당수의 북한이탈주민 관련 연구가 이들의 행위 주체성에 너무 큰 기대를 건 나머지 한국 사회의 오래된 차별과 배제라는 구조에 대해 치열하게 문제 제기를 하지 못한 것을 반성해야 한다. 그렇다고 북한이탈주민의 사회적 위치가 갖는 태생적 한계인 남북한의 분단과 대치 상황만을 탓하는 것으로는 이들의 정착과 배제 문제를 근본적으로 해결하기 어렵다. 이런 맥락에서 다문화주의적 접근을 적극적으로 활용해 한국 사회에서 이들이 마땅히 주장해야만 하는 '환대받을 권리'와 정착지 구성원의 윤리적 자세인 '환대해야 할 의무'를 다시 한 번 강조하고자 한다.

북한이탈주민은 한국 사회에서 특정한 '이름'으로 호명되어왔지만, 이들이 사회 안의 구성원이자 사회 속의 '사람'이기 위해서는 한국 사회 안에서 자신들만의 장소를 보장받아야 한다(김현경, 2015). 여기서의 장소는 단순히 공간을 점유하는 것이 아니라, 자신의 정체성을 뿌리내릴 수 있는 상징적이면서, 문화적인 자원으로서의 공간을 의미한다. 다시 말해 공간은 중립적으로 존재할 수 있지만, 장소는 주관적이며 복수로 존재하고, 사람이 사는 곳이다. 한국으로 이주해온 북한이탈주민은 공간적으로는 한국 사회의 한 부분이지만, 문화적 차별과 사회구조적 한계 때문에 자신들의 장소를 구축하지 못한다. 이뿐만 아니라 우리가 '이탈주민'이라는 이름으로 이들을 타자로 구별해내는 것은 결국 이들에게 정당한 장소의 권리를 허락하지 않는다는 것을 의미한다. 이런 맥락에서 '이탈주민'이라는 꼬리표는 이들이 정착국에서 원주민과 동등한 자신들의 자리(혹은 권리)를 만들지 않는다는, 그리고 한국 사회의 원주민 자리를 훼손하지 못한다는 것을 의미한다.

이러한 논리의 이면에는 이탈주민이 남한 주민의 자리를 빼앗을 수도 있는 위협적인 존재라는 두려움이 도사리고 있다. 한국 사회에 새롭게 편입된 북한이탈주민은 자신들의 '장소'가 없기 때문에 남한 주민의 장소를 빼앗을 수 있는 잠재적 위험 인자인 것이다. 이 때문에 한국 사회 대부분의 경제사회적 자원을 독점하고 있는 남한 주민은 자신들의 장소와 자원을 이탈주민에게 내어주는 것에 경계심을 품고 있다. 앞에서 설명했던 것처럼 북한이탈주민에 대한 냉전적 적대감을 한 꺼풀 벗겨내면, 북한이탈주민이라는 경제적 부담에 대한 두려움이 그 안에 존재하는 것처럼 말이다. 신자유주의적 경쟁 사회에서 허덕이는 남한 주민에게 북한이탈주민이라는 또 다른 경제적 약자는 그나마 얼마 남지 않은 일자리의 경쟁자이자, 한편으로는 힘들게 내온 세금의 혜택을 나눠야만 하는 존재가 되어버린다. 이러한 틀 속에서 북한이탈주민이 한국 사회의 생산과 재생산 과정을 함께하는 구성원일 뿐만 아니라 이들이 남북한의 특수한 관계에서 반드시 포용되어야만 하는 역사성을 지닌 존재라는 사실이 망각된다(김현미, 2014).

어쩌면 분단과 신자유주의적 경제 체제라는 커다란 구조에 함몰되어 있는 한국 사회가 북한이탈주민에게 정당한 장소를 보장해주기 위해서는 단순히 이들을 둘러싸고 있는 사회구조를 비판하거나 이탈주민의 행위자성을 강조하는 데 머물 것이 아니라 한국 사회가 반드시 지켜야만 하는 '사람'으로서의 가치, 즉 사람에 대한 윤리적 책임감으로 접근해야 할지도 모른다.

북한이탈주민이 남한 주민의 자리(장소)를 위협할 것이라는 두려움에서 벗어나, 이들을 사회의 일원으로 받아들이기 위해서는 치열한 윤리적 성찰이 요구된다. 우선 공간을 함께하는 모든 사람은 그 자체로 환대받을 권리가 있다는 사실을 다시금 되새겨야 한다. 모든 생명은 출생과 더불어 고귀한 존재가 되며, 이 사회의 새로운 구성원 또한 다른 어떤 이들과 마찬가지로 평등하게 권리를 요구할 권리가 있다. 생명을 지닌 모든 존재가 환대받을 권리가 있다는 것은, 거꾸로 말하면 사회 속의 모든 이들은 타인을 환대할 의무가 있다는 뜻이다. 지구화가 급속히 이루어지고 있는 지금 이 순간에도 대다수의 사람들은 자신들의 '자리'만은 고집스럽게 보전하면서, '자리'를 잃어버린 많은 이들의 삶이 마치 자신들과는 전혀 상관이 없는 것처럼 여긴다. 이들은 자신들의 '자리'가 사실은 타인과의 상호작용과 교류를 통해서만이 유지되고 발전될 수 있다는 사실을 충분히 인지하지 못한다. 북한이탈주민에게 한국 사회의 한 부분을 내어주고, 그들이 자신들의 장소를 만들어갈 수 있게 환대하는 것은 이 사회가 지향하는 가치를 확장하는 길이고, 남과 북이 공존해야만 하는 관계라는 것을 확인하는 지점일 뿐만 아니라, 결국 한국 사회가 인간의 가치를 존중하는 윤리적 사회로 발전할 수 있을지를 가늠하는 시험대가 될 것이다.

2015년 11월 14일 파리에서는 동시 다발적인 폭탄 테러로 100명이 훨씬 넘는 일반 시민이 희생되었다. 테러를 자행한 이들 중에서는 시리아에서 이주해온 난민도 포함되어 있어 전 세계는 큰 충격에 빠졌다. 인간의 가치를 내세우며 받아들인 난민이 새로운 내부의 적으로 등장한 것이다. 시리아 난민을 더는 받아들여서는 안 된다는 목소리가 프랑스뿐만 아니라 유럽 곳곳에서 터져 나오고 있다. 그런데 이런 와중에도 프랑스가 신봉하는 자유민주주의의 가치, 즉 자유와 평등의 권리와 의무를 지켜야 한다는 이성적인 목소리도 들린다. 결코 테러에 굴복해서는 안 되며, 이럴수록 더욱더 자유와 평등의 가치를 흔들림 없이 지켜나가야 한다고 차분하게 말하는 프랑스인들을 보면서, 한국 사회는 북한이탈주민을 어떤 자세로 만나고 있는지 자성해본다. 한국 사회에 이미 존재하는 그들을 우리들은 과연 충분히 환대하고 있는지, 혹여 이유 없는 두려움과 이기심에 빠져 이들을 구분해내고 있는 것은 아닌지 다시 한 번 반성해볼 때이다.

참고문헌

강진웅. 2011. 「한국 시민이 된다는 것: 한국의 규율적 가버넌스와 탈북 정착자들의 정체성 분화」. ≪한국사회학≫, 45집 1호.

김성경. 2014. 「분단체제가 만들어낸 '이방인', 탈북자: 탈냉전과 대량탈북시대에 남한 사회에서 '탈북자'라는 위치의 한계와 가능성」. ≪북한학연구≫, 10권 1호.

_____. 2015. 「남한 사회의 새로운 구성원 북한이탈주민: '환대'의 권리와 의무」. ≪현대사광장≫, 6권.

김현경. 2015. 『사람, 장소, 환대』. 문학과지성사.

김현미. 2014. 『우리는 모두 집을 떠난다: 한국에서 이주자로 살아가기』. 돌베개.

데리다, 자크(Jacques Derrida). 2004. 『환대에 대하여』. 남수인 옮김. 동문선.

박성재·김화순. 2012. 「북한이탈주민 고용보조금제도 효과성 평가」. ≪노동정책연구≫, 12권 1호.

윤인진. 2009. 『북한이주민』. 집문당.

이기영. 2002. 「북한이탈주민 지원 자원봉사활동에 관한 조사연구: 봉사자와 피봉사자의 인식비교 조사결과를 중심으로」. ≪사회복지연구≫, 11호.

이수정. 2011. 「북한출신주민 2만명 시대: 우리는 무엇을 준비해야 하는가」. ≪한반도 리포트≫. 경남대학교 극동문제연구소.

이희영. 2010. 「새로운 시민의 참여와 인정투쟁: 북한이탈주민의 정체성 구성에 대한 구술 사례연구」. ≪한국사회학≫, 44집 1호.

정향진. 2005. 「탈북 청소년들의 감정성과 남북한의 문화심리적 차이」. ≪비교문화연구≫, 11집 1호.

통일부. 2015. 『2014 북한이탈주민 실태조사』. 통일부 남북하나재단.

8

통일과 동북아

홍현익
세종연구소 수석연구위원

이 장은 필자의 『'대박'통일을 위한 대북정책 및 국제 협력방안: 독일과 예멘 사례의 교훈』(세종연구소, 2015)
을 수정·보완·증보한 것이다.

1. 머리말

676년 신라의 삼국통일 이후 1200년 이상 단일민족 국가를 지켜온 우리는 민족을 말살하려는 일제강점기의 강압 통치를 극복하고 1945년 광복을 맞았다. 하지만 우리의 독자적인 힘만으로 일제를 쫓아낸 것이 아니었으므로, 이후 미국과 소련의 점령 통치로 민족과 국토가 양분되어 70년 이상 분단된 채 살아왔다. 더 심각한 것은 제2차 세계대전 이후 베트남, 예멘, 독일 등 분단국가들이 모두 통일을 이루었고 분단의 국제정치적 배경이었던 동서 냉전이 소련 등 공산권의 해체로 종식되어 탈냉전 시대가 도래한 지도 25년 이상 되었지만, 분단된 남한과 북한은 서로 소모적인 갈등과 적대적인 대립을 지속하고 있다는 점이다.

한반도가 유라시아 대륙 세력과 해양 세력 사이의 교량적 역할을 하는 반도이므로, 지정학적으로 이 양대 세력들의 끊임없는 세력 대결과 관여의 대상일 수밖에 없는 여건이라는 것이 우리의 숙명이다. 물론 한국이 꾸준히 경제 발전을 이루어 이제 세계 13위 정도의 경제 강국이 되었지만, 주변 강대국들이 한국보다 월등히 우월한 국력을 갖고 있다는 것이 문제이다. 그런데 우리보다 강력한 국력을 가진 주변국들이 자국 이익의 극대화라는 목표에 입각해 한반도의 미래를 운영하려고 세 대결을 벌이는 와중에 남북한이 분단 극복과 통합을 모색하기보다는 군사를 포함한 거의 모든 방면에서 경쟁하고 대립하는 것은 민족의 이익을 희생하고 주변강국에게 우리 민족의 미래를 맡기는 방휼지쟁을 벌이고 있는 것이 아닌지 우려된다.

이런 맥락에서 통일은 현시대를 사는 우리 국민들의 민족적 소명일 뿐 아니라 국익 추구를 위해 무한 경쟁을 벌이고 있는 냉혹한 국제정치 상황에서 최소한의 민족적인 이익을 수호하고 민족의 운명을 올바른 길로 인도하기 위한 당위적인 과제이다.* 특히 우리가 지향하는 통일은 분단을 해소하고 북한 주민을 포용해 자유 민주주의 체제 아래에서 경제 성장과 복지를 증진하며 동북아와 세계의 평화 및 공영을 선도할 뿐 아니라 인류 문화 창달에 기여하는 매력국가를 건설하는 것이다.** 통일이 되면 북한의 풍부한 천연자원을 활용할 수 있고 규모의 경제가 달성되며, 남북한 경제의 탁월한 상호 보완성을 활용해 경제 발전의 상승효과가 창출되는 동시에 유라시아 대륙으로의 진출로가 활짝 열리는 등 편익이 있다는 점에서 중장기적으로 남북한 주민 전체의 경제생활과 복지를 증진시킬 것이다. 그러나 통일이 전쟁을 거친다면 이는 오히려 재앙일 수도 있고, 북한의 급격한 붕괴를 통해 불시에 통일이 이루어진다면 막대한 경제적 비용과 사회적 혼란이 수반될 가능성이 커진다. 따라서 통일이 중단기적으로도 민족적 이득이 되려면 통일의 다양한 부대 비용을 최소화하기 위한 철저한 준비와 노력이 필요하다.

특히 중요한 점은 국제사회는 힘이 지배하는 사회이고, 이를 과점하고 있는 강대국들의 권력 정치가 주도하고 있다는 것이다. 이 강대국들은 자신의 국익과 부합되지 않는다고 판단하면 약소국에 의한 현상 변경을 쉽게 용인하지 않는 것이 국제정치의 순리이다. 따라서 분단이라는 현상

---

* 통일의 당위성에 대해서는 홍현익(2012: 275~277) 참조.

** 통일한국은 미래상으로 민주주의 모범 국가, 성장·복지를 균형적으로 지향하는 경제 정의 국가, 평화·공영 선도 국가, 문화 창달 매력국가를 지향해야 한다(홍현익, 2012: 284~290 참조).

변경이 강대국 정치의 산물이었듯이 분단을 해소하고 통일을 이루는 것 역시 상당한 현상 변경이므로, 강대국 권력정치가 통용될 가능성이 매우 크다는 것이다. 따라서 설사 남북한이 갈등과 대립을 접고 합심해 통일을 지향하더라도 강대국의 지지를 획득하려면 상당한 노력이 필요한데, 현재 갈등과 대립을 거듭하고 있는 남북한에 통일은 요원해 보인다. 따라서 통일로 나아가려면 통일을 바라는 국민적 성원과 정부의 의지와 열정, 남북대화와 경제협력 그리고 주변 강대국들의 지지가 필요하다.

　이런 맥락에서 우리는 통일이 중단기적으로도 남북한 주민 전체에게 막대한 이득이 될 수 있도록 전쟁을 예방·억지하고, 북한의 전 영토를 통일한국에 귀속되도록 하며, 통일 비용을 최소화할 뿐 아니라 통일 자체가 가능할 수 있도록 주변 강대국들을 포함한 국제사회가 통일을 지지하거나 적어도 반대하지 않도록 하는 방안을 찾아야 한다. 이를 위해 필요한 최선의 방안은 국민 통합을 이루고 국제 협력을 도모하며, 북한도 협력하는 대북 정책을 시행하는 것이다. 이런 문제의식 아래 우리는 통일을 위한 여건으로서의 한반도 상황과 주변국들의 한반도 통일에 대한 인식과 시각을 검토하고, 주변 강대국들을 포함한 국제사회가 우리의 통일을 환영하고 지원할 수 있게 유도하는 정책을 살펴보고자 한다.

2. 한반도 통일 환경으로서의 남북한 요인

　현재 대한민국은 시대정신에 부합하는 민주주의라는 정체를 발전시키고 있고, 지속적인 경제 성장을 추구하면서 복지사회 구축과 국제 평화 및 공동 번영 등 인류 사회에 기여하기 위해 노력하고 있다. 반면 북한은 1980년대 말 소련과 동유럽에서 비효율성과 인권 경시로 무너진 사회주의 체제를 아직도 내걸고 있지만, 정작 사회주의 이념에 부적합하고 전례도 없는 왕조적인 3대 세습 정권을 구축하고 주민의 인권을 잔혹하게 탄압하는 독재 체제를 운영해 전 세계로부터 지탄받고 있다. 특히 국내총생산GDP 기준으로 볼 때 1970년경에 비슷한 수준이었던 남북한 경제력은 2016년 현재 남한이 북한보다 40배 이상 우월한 상황이다. 경제체제 면에서 한국이 북한보다 월등히 우월한 체제라는 것이 입증된 것이다. 따라서 21세기 시대정신에 맞는 민주주의 정체와 압도적으로 우세한 경제력을 가진 남한이 통일을 주도하는 것은 당위이고 역사적 순리이다.

따라서 우리는 남북 관계에서 자신감을 가지되, 우리가 원하는 민족적으로 이득이 되는 통일을 달성하기 위해서는 상대방인 북한과의 상대적인 국력을 포함한 한반도 상황을 기본적인 통일 환경으로 검토해야 한다. 또한 우리가 주변 4강이라고 부르는 미·중·일·러 모두가 각각 남북한보다 월등한 국력을 보유하고 있고 한반도 안보 상황에 심대한 영향을 미치고 있으므로, 우리가 통일을 추진할 때 이들의 한반도 전략과 통일에 대한 입장도 반드시 고려해야 우리가 원하는 방식과 과정으로 '대박' 통일을 달성할 수 있을 것이다.

1) 평화 통일의 기회[*]

분단 후 5년 만에 북한의 남침으로 자칫 북한에 적화통일을 당할 뻔했던 쓰라린 경험을 겪은 데서도 알 수 있듯이 상당 기간에 걸쳐 한국은 통일을 주도할 여력을 갖지 못했다. 국제정치적으로도 냉전 시대에는 남북 대립도 심했지만, 설사 남북한이 화해하고 통일 협상을 진척시켰다고 하더라도 동서 진영 간 대립이 심해 주변 강국들이 통일을 용납하지 않았을 가능성이 컸다.

그러나 사회주의 진영의 해체로 냉전이 끝나고 북한이 경제 위기와 세습 독재 체제를 이어온 것과 달리 한국은 경이로운 경제 성장과 민주화를 달성했으므로, 한국 정부는 분단 이후 처음으로 평화 통일을 자주적으로 달성할 수 있는 가능성을 실질적으로 상정할 수 있게 되었다. 다음 몇 가지 사항은 우리의 소망이 실현될 가능성이 열리고 있음을 잘 보여준다.

첫째, 한국은 성공적인 경제 발전을 이루어 1970년경 경제력이 북한을 추월했고 이후 남북한 경제력 격차는 급속히 벌어졌다. 특히 김일성 사망 이후 북한은 이른바 '고난의 행군'이라 불리는 기아 사태를 맞아 최소 50만 명의 주민이 굶어죽었고, 경제도 후퇴했다. 그 결과 남북한 주민 1인당 소득에서 남한이 북한보다 20배 이상 크므로, 국내총생산량을 기준으로 살펴보면 인구가 두 배인 한국의 경제력은 북한보다 40배가 큰 셈이다. 한국의 경제력 향상에 따라 적어도 최근 10년 이상 한국이 북한보

---

[*]　이 부분은 필자의 『21세기 대한민국의 한반도 대전략: 북한문제 해결과 평화구축 및 통일전략』(한울, 2012), 131~132쪽을 수정·보완한 것이다.

다 5배 이상의 국방비를 지출해왔다. 재래식 군사력을 기준으로 볼 때 북한의 군사력이 양적인 면에서는 우위에 있지만, 질적인 면에서는 한국의 군사력이 우월하다. 따라서 일단 전쟁이 벌어지면 각각 막대한 인적·물적 피해를 보겠지만 남한 내부가 극심한 정치적·사회적 혼란에 빠져 분열되지 않는 한 북한이 승리하는 것은 불가능하다고 판단되므로, 북한 지도부가 비이성적인 판단을 내리지 않는 한 전면적인 남침 가능성은 아주 낮다고 여겨진다. 주한 미군의 막강한 군사력까지 감안하면, 북한 정권이 기습적인 국지 도발 외에 남한을 정면에서 함부로 공격하기는 어려운 상황이라고 평가할 수 있다.

둘째, 북한보다 우월한 경제력과 민주 정체에 입각해 한국은 이미 노태우 정부 시절 이념에 국한되지 않는 실용주의적 북방 외교를 펼쳤다. '7·7 선언'을 통해 남북 협력을 제창했고, 소련과도 관계를 정상화했다. 이어 김영삼 정부는 중국과도 수교해 북한은 외교적으로 고립 위기에 처했다. 이후의 한국 정부들은 주변 4대 강국과 우호적인 관계를 구축하고 발전시켜왔다. 특히 박근혜 정부는 한미 동맹을 발전시키면서 한중 관계도 획기적으로 개선해왔다. 이와 대조적으로 북한은 러시아와의 관계는 개선했지만, 대외 교역의 90%를 차지하고 있는 중국과의 동맹 관계는 퇴색해 불편한 관계를 형성하고 있다. 국제사회에서 한국이 역동적인 외교 활동을 펼치는 것과 달리 북한은 고립되고 있는 것이다. 더구나 북한은 주민들에 대한 조직적인 인권 탄압과 핵과 미사일 등 대량살상무기의 개발로, 그 지도자를 처벌해야 한다는 국제 여론의 따가운 비판을 받고 있다.

셋째, 김정은이 권력을 유지하려면 결국 주민들의 삶의 질을 향상시키기 위한 경제 개혁을 추진할 수밖에 없을 것으로 예상된다. 그런데 식량난, 전기 부족과 에너지난, 원자재 부족, 교통수단 부족, 외화 부족 등 경제적인 궁핍을 비롯해 북한이 처한 심각한 체제 위기는 구조적 특성을 띠고 있고, 개혁에 반드시 필요한 재원이 절대적으로 부족하다. 더구나 과거 소련과 중국으로부터 받았던 경제원조도 획기적으로 축소되었고, 무역에서도 2000년 이후 매년 7억 달러 내지 15억 달러 사이의 적자를 내고 있다.* 따라서 북한 지도부가 일정하게 개방을 추진하고, 개혁을 통한 경제 살리기에 나서는 것은 불가피한 일로 생각된다. 개혁·개방을 하지 않으면 절대 빈곤에 빠져 언젠가는 주민들의 불만이 폭발해 반정권 폭동이 예상되기 때문이다. 그러나 개혁·개방을 통해 경제가 어느 정도 향상되면, 주민들이 경이로운 발전을 이룬 남한의 모습을 알게 되고 그에 따라 민주화를 요구하게 될 것이므로 북한의 독재 정권이 또 다른 위기에 처할 것으로 예상된다.

넷째, 한국 경제는 현재 세계 14위 정도로 상승해 과거와 달리 국익 증진을 위해 어느 정도의 경제적 부담은 담지擔持할 수 있는 여력이 커진 상태이고, 주변 강대국들도 이전보다 한국의 의견을 점점 더 중시하고 있다.

다섯째, 과학과 기술 및 교통수단의 획기적인 발전에 따른 세계화와 정보화의 심화는 이질적인 국가 간에도 국경의 의미를 퇴색시키고 있다. 따라서 1200년 이상 핏줄과 언어, 풍습을 공유했던 우리 민족이 통합하는 것은 시대적인 대세이므로, 우리가 남북 화해와 교류, 협력을 꾸준히 추

---

* 물론 상품 수지 적자를 양허성 차관이나 서비스 수지 등 비상품 수지 흑자로 상당 부분 보전해왔다(임수호·최장호, 2017: 75).

진한다면 이는 단지 시간문제일 뿐이다. 특히 현재 북한에 370만 대 이상의 휴대전화가 사용되는 등 북한 주민들 사이에서도 상호 의사소통의 속도와 편의가 획기적으로 증진되었고, 향후 이들이 컴퓨터나 휴대전화로 외부와 소통하거나 국제 소식을 접할 기회가 열린다면 북한 체제는 지탱하기 어려울 것이다.

이처럼 우리는 민족통일이라는 역사적인 대업을 평화적으로 달성할 수 있다는 희망을 품고 '지구촌 한 가족'을 지향하는 21세기를 살고 있다. 그런데 향후 우리가 어떤 대북 정책을 취하느냐는 우리의 국력에 어느 정도의 자신감을 갖느냐와 우리 민족의 운명에 얼마나 책임감을 가지고 나갈 것이냐에 달려 있다. 우리는 북핵 문제를 해결하고 북한을 국제사회에 연착륙시켜 한반도의 냉전 구조를 해체하는 동시에 남북경협을 획기적으로 진전하게 함으로써 남북 경제공동체를 형성하고 항구적인 평화 체제를 구축할 것이냐, 아니면 앞에서 언급한 통일에 우호적인 다섯 가지 여건이 우리를 떠받치고 있음에도 대북 불신을 강조해 한반도 안보 상황 전개를 북한과 미국에 맡겨둔 채 또다시 신냉전의 기류에 휩싸일 가능성을 그냥 방관할 것이냐를 두고 기로에 서 있다. 당연히 우리는 적극적인 사고를 바탕으로 우리 민족의 운명은 우리가 책임진다는 자세로 진취적이고 현명한 대북·대외 전략을 추진해가야 한다.

2) 축복받는 통일에 대한 도전적 요인

이처럼 한국은 북한에 비해 우월한 국력을 바탕으로 민주주의 체제를 가진 통일국가를 평화적으로 달성할 수 있는 기회를 맞이하고 있다고 여겨지지만, 이를 위해서는 극복해야만 하는 장애물과 난관도 적지 않다. 이런 요인들은 통일이 축복이 아닐 수도 있으며, 더 나아가서는 거의 불가능하다고 인식하도록 만들 수도 있다.

첫째, 북한 정권이 막강한 군사력을 바탕으로 체제를 유지해나갈 수도 있다. 물론 군사력은 체제를 외부로부터 방어하는 것이 주목적이지만 북한의 경우 공안 및 정보 기구와 함께 독재 체제를 떠받치는 기둥 역할을 하고 있다. 병영국가인 북한에는 전 지역에 군이 포진해 있고 청년들을 체제에 순응하도록 교육하고 있으므로 이들이 유사시에 체제 보위의 기능을 수행할 가능성이 크다.

둘째, 양적으로 북한 병사가 한국보다 두 배나 많고 북한은 우리가 갖고 있지 않은 핵과 각종 미사일을 갖고 있어 초강대국인 미국도 북한 문제 해결을 위해 군사적인 행동을 함부로 취하지는 못하고 있다. 따라서 남북 간에 전면전이 벌어진다면 한미 연합군이 능히 이를 격퇴하겠지만, 북한 지역으로 진격할 경우 북한 정권은 핵과 미사일, 화생방무기 등 비대칭 수단을 사용하겠다고 위협하면서 이를 막을 가능성이 높다. 따라서 군사적 수단을 통한 통일은 사실상 어렵다고 보아야 할 것이고, 대화와 협상을 거치지 않고서는 축복받는 평화통일을 이룰 가능성도 희박하다. 게다가 북한의 전면적인 남침은 어렵다고 하더라도 국지 도발 가능성은 상존하므로, 통일은 물론이고 평화 자체를 지키기도 쉽지 않은 것이 현재 한반도의 상황이다.

셋째, 남북 협상이 진전되지 않더라도 1989년의 동서독처럼 동독 내 시민 세력이 결집해 공산 정권을 무너뜨리고 한국에 투항한다면 통일이 될 수도 있다. 그러나 이 경우 북한 내 개혁·개방이 별로 이루어져 있지 않다면 막대한 통일 비용이 소요되므로 축복받는 통일이 되기는 어렵다. 더 큰 문제는 북한 정권이 당, 군, 공안 기관을 통해 주민들을 철저히 감시·통제하고 있으므로 시민 세력이 조직되는 것은 기대하기 어렵고, 일반 주민뿐 아니라 고위층들의 이탈도 계속되고 있지만, 이들은 단지 북한을 떠나는 것일 뿐 북한 정권에 도전하는 것이 아니므로 북한 정권이 내부 요인으로 무너지는 것을 기대하기도 어렵다.

넷째, 남북한 간에 적대감이 지속되고 있고 주민들의 의식과 언어에서마저 이질감이 심화되고 있어 북한 정권이 무너져도 북한 주민들이 남한을 선택한다는 보장이 없으므로, 북한이 남한에 평화적으로 흡수되는 방식의 통일은 현재로서는 쉽게 달성되기 어려운 상황이다.

3. 한반도 통일 환경으로서의 동북아와 국제 요인*

1) 강대국들로 둘러싸인 한반도

오늘날 한국의 경제력은 세계 13위 정도로 발돋움했고, 군사력도 세

---

* 이 절의 상당 부분은 필자의 「한국의 외교정책」(김계동 외, 『현대외교정책론』, 명인문화사, 2016)을 수정·보완한 것이다.

표 8-1　2015년 동북아시아 각국의 국력 비교

	GDP (억 달러)	군사비 (억 달러)	병력 수 (천 명)	인구 (백만 명)	영토 (만 km²)
미국	180,000	5,980	1,381	319	963
중국	114,000	3,140	2,333	1,375	960
일본	41,200	410	247	127	37
러시아	12,400	840	798	142	1,710
한국	13,900	335	628	49	10
북한	282	43.8	1,190	25	12
남북한	14,182	378.8	1,818	74	22

주: 북한은 추정치이다.

자료: The International Institute for Strategic Studies(2016).

계 10위 이내의 위상을 갖추고 있다. 따라서 만일 한국이 아프리카나 남아메리카 대륙의 한가운데 위치하고 있다면 지역 강국으로서 지역 질서를 주도하는 지위와 위상을 누릴 것이다. 그러나 한반도는 유라시아 대륙의 동쪽 끝에 위치하고 〈표 8-1〉에서 보듯이 그 주변에는 모두 한국보다 강력한 경제력과 군사력을 보유한 국가들이 포진해, 결국 해양 세력과 대륙 세력이 연결되거나 힘이 교차해 협력과 갈등을 벌이는 가운데 자연적으로 교량의 역할을 수행하게 되어 있다. 우리가 주변 국가들에 비해 아직까지는 상대적으로 국력이 열세이기 때문에 지역 질서를 주도하기보다는, 주변국들과의 협력을 도모해 지역 질서 형성에 나름대로 기여하면서 지역 질서 변화에 현명하게 대응해야만 한다. 물론 우리 민족이 슬기롭게 평화통일을 달성하고 지혜로운 외교를 펼쳐나간다면, 이러한 지정학적 위치는 우리가 역내의 중심 국가 역할을 맡는 데 도움이 될 수도 있을 것이다. 그러나 통일은 그 자체가 심각한 국제정치 상황의 현상 변경이므로, 이를 달성하려면 주변 강대국들의 지지나 반대의 자제가 반드시 필요하다.

우리 민족의 역사적 운명 전개 과정이 이를 잘 보여준다. 한민족이 일제로부터 해방된 것은 우리 조상들의 독립운동만으로 달성된 것이 아니라 제2차 세계대전과 태평양전쟁의 결과가 압도적인 영향을 미쳤고, 미국과 소련의 타협에 의해 조국은 분단되었으며 소련과 중국의 지원 아래 감행된 북한의 남침으로 한민족은 3년간 동족상잔의 국제적 내전을 치렀을 뿐 아니라, '정전협정' 체결 역시 미국, 소련, 중국의 주도로 성사되었던 것이다. 그 이후 한국 정부는 한미 동맹을 체결해 미군을 한반도에 주둔시켜 북한의 남침을 억지해왔으며, 미국은 동시에 한국의 경제 재건을 돕고 일정 수준의 자주 국방력 강화를 지원했기 때문에, 한국의 외교정책은 미국과의 긴밀한 조율 아래 이루어져 왔다.

현재 한반도를 중심으로 한 지역 세력 구도는 냉전 시대보다는 이완되었지만, 남방 3각 협력과 북방 3각 협력 간의 갈등이 어느 정도 재연되는 모습이다. 단지 각국은 냉전 시대의 동맹적 단결보다는 각자의 국익 증진을 더 중시하는 실용주의적인 연대를 맺고 있는 것이 차이점이다.

이러한 한반도 안보 세력의 구도 재편은 주변 4대 강국의 대한반도 정책과 함께 한국 정부의 대외 전략 수행에 중요한 정책 환경과 구조로서 계속 압도적인 영향을 미치고 있다. 따라서 한반도 통일은 이들의 정책에 결정적인 영향을 받을 수밖에 없다.

2) 통일 환경으로서의 무한 경쟁의 국제질서

현재 국제사회의 국제 관계 기조 또는 시대정신은 지구공동체 건설이라는 목표를 지향하고 있지만, 신자유주의에 입각해 경제 부문에서의 국제 경쟁은 더욱 심해지고 있다. 이에 더해 인류를 위협하는 새로운 여러 안보 과제들의 등장은 국제 협력 도모의 당위성과 함께 힘을 중심으로 국익을 수호·증진하려는 강대국 권력정치의 작동을 유인하고 있다. 따라서 한국은 국제 협력에 동참하는 동시에 현실 정치와 권력정치적 측면에서 국제 관계와 국제 질서를 냉철히 파악하면서, 국제환경 변화에서 오는 각종 도전에 슬기롭게 대처해나가야 한다.

더구나 한반도는 자국에 유리한 지역 질서를 수립하려는 세계 최강대국들에 둘러싸여 있고, 이들의 세력이 교차하는 교량적인 지정학적 여건 속에 있으며, 남북 분단으로 표상화되는 냉전 질서가 아직도 잔존하고 있으므로, 정책 환경에 대한 냉철한 분석과 현명한 대응 전략의 채택이 국익 보호와 증진을 위해 매우 중요하다. 특히 냉전 시대에는 한국이 자유 진영의 일원이자 전초역을 맡아 정치 및 경제, 외교 등 전 분야에서 서방 진영의 수장격인 초강대국 미국의 비대칭적인 지원을 수혜해왔지만, 탈냉전 이후에는 같은 자유 민주 진영 내 동맹국 간에도 좁은 의미의 국익 증진이라는 냉정한 계산이 더 크게 작동하고 있으므로, 현실주의적이고 실용주의적인 정책이 수립되고 시행되어야 한다.

이런 맥락에서 한반도 통일의 환경으로서 동북아 지역의 질서와 정세를 살펴본다.

첫째, 미국의 오바마 행정부는 부시 행정부와 달리 국제 협력을 중시하고 원칙적으로 남북대화나 남북경협을 지지했다. 특히 오바마 행정부는 '불량국가'와도 협상을 통해 관계를 재정립하겠다는 기조를 천명하며 출범해 미얀마, 쿠바, 이란과 관계를 정상화했다. 따라서 미국이 일방적인 제재와 압박보다 협상을 중시하는 대외 전략을 기조로 삼고 있는 기회를 잘 살려, 한국 정부가 대화와 협상을 통해 남북 관계를 정상화하면서 한반도의 평화 체제 구축과 연계해 북핵 문제를 평화적으로 해결하고 평화통일의 기반을 구축하는 것이 가능했었다. 그러나 오바마 행정부는 동북아에서 중국 견제라는 전략 목표를 최우선적으로 추구했고, 2009년 1차 임기 출범 직후 북한이 선제적으로 미사일과 핵 도발을 감행하자 결국 북한에 대해 '전략적 인내'라는 북한을 무시하는 기조를 유지했다. 더구나 한국 정부가 강경한 대북 정책을 구사함으로써 남북 간과 북미 간에 제대로 된 대화를 한 번도 해보지 못하고 트럼프 행정부의 출범을 맞게 되었다.

트럼프 행정부는 김정은 정권과의 통 큰 대화와 군사 제재를 포함한 강력한 대응 양측을 다 열어놓고 있으므로, 매우 진폭이 큰 대북 정책이 예상된다. 한국 정부의 더욱 탄력적이고 주도면밀한 한미 대북 정책 공조가 필요한 상황이다. 큰 틀에서 볼 때 중요한 점은 한반도를 포함한 동북아에서 주도권을 행사하고 있는 미국은 남북한 간에 대화와 협상을 통해 관계를 증진하고 북핵 문제 해결에 진전을 보인다면 이를 막을 명분과 이익을 갖고 있지 않으므로, 한국 정부가 현명한 대북 정책을 구사하면서 미국과의 공조를 잘 운영해간다면 북핵 문제를 해결하고 평화통일의 기반 구축을 위한 미국의 지지를 획득할 수 있다는 것이다.

둘째, 남한 주도의 흡수통일을 전략적으로 우려하는 중국과 러시아가 협상을 통해 자주적이고 평화적인 방법으로 통일이 된다면 이를 반대하지 않겠다는 견해를 표하고 있다. 냉전시대에는 상상하기 어려웠던 좋은 조건이 조성된 것이다. 또한 양 강대국은 한반도의 평화와 안정, 호혜적인 남한·북한·러시아 및 남한·북한·중국의 경제협력을 바라고 있어 한국 정부가 경제협력을 통해 한반도의 평화와 안정이라는 기조 아래 기능주의적인 평화통일을 실현시키는 데 우호적이라고 평가할 수 있다.

셋째, 제2차 세계대전 이후 분단국이 된 베트남, 예멘, 독일이 모두 통일되었다. 중국도 마카오와 홍콩을 흡수했고, 타이완과는 상호 통신, 통행, 무역과 투자 면에서의 규제를 완화해 정치 체제가 다를 뿐 기능주의적인 협력을 전방위적으로 증진하고 있어 분단 비용이 획기적으로 줄어든 상태이다. 따라서 현재의 시대정신으로는 어느 나라든 명분 면에서 한반도의 평화통일을 반대하기는 어렵다.

넷째, 1980년대 말 동독 정권이 무너진 것은 보호국이었던 소련의 국력이 약화되어 해체 과정이었다는 외부 요인이 결정적인 변수로 작동했다. 그러나 현재 북한의 보호국이라 할 수 있는 중국은 국력이 점점 더 강해지고 있으므로 국가 지도부의 의지만 있다면 북한의 체제 붕괴를 막아줄 여력이 충분하다고 여겨진다.

다섯째, '대박'이 되는 평화통일이 되려면 주변 4대 강국을 포함한 국제사회가 단합된 의지로 이를 지지해야 하는데, 현재 세계적 차원에서 미국과 중국이 경쟁을 벌이고 있고 각종 현안에서 미국과 러시아가 대립하고 있으며 동북아에서 중국과 일본이 갈등을 벌이고 있으므로, 한국이 통일이라는 '현상 변경'을 추구할 경우 이들이 단합해 지지하는 것을 기대하기는 어려운 형편이다.

한반도 통일의 환경과 여건으로서의 남북한 요인과 국제 요인을 정리한 것이 〈표 8-2〉이다.

표 8-2 **한반도 통일에 대한 기회와 도전 요인**

기회 요인	한국의 압도적인 경제적 우위와 방위 역량 증대
	한국의 전방위 국제 우호 관계와 북한의 고립
	북한의 궁핍한 경제 등 체제 위기와 개혁 및 개방의 절박성
	한국 경제의 통일 담지력(擔持力) 증대
	미국 오바마 행정부의 국제 협력 중시
	중국과 러시아의 평화통일에 대한 긍정적 입장
	베트남, 독일, 예멘 등 분단국가들이 이미 통일되었으므로, 평화통일은 반대할 수 없는 시대정신임
	세계화와 정보화에 따른 북한 당국의 외부 정보 통제의 한계
도전 요인	막강한 군사력을 기반으로 한 북한 정권의 체제 생존력 보유
	전면전 발발 시 북한이 핵으로 흡수통일 저지
	북한 내 시민 세력 조직화가 거의 불가능
	남북 이질감 심화와 적대감 지속
	국력이 상승 중인 중국에 대한 북한의 의존 심화
	G2 및 중국과 일본 간의 경쟁 및 갈등

4. 한반도 통일에 대한 주변국들의 입장

한반도의 주변 국가들은 제2차 세계대전과 태평양전쟁의 종전 과정에서 한민족의 의지와는 상관없이 강대국 권력정치의 산물로 한반도가 분단된 사정을 주지하고 있으므로, 한민족과 한반도의 평화통일을 이루어야 하는 당위성을 부인하지는 못할 것이다. 그러나 반대할 명분이 주어지면 통일 과정을 공개적으로 반대할 것이고, 명분이 없더라도 자국의 실리에 부합되지 않는다면 사실상 통일 과정을 방해할 가능성이 있다.

먼저 한국보다 우월한 국력을 갖고 있는 한반도 주변 강대국들은 통일한국이 핵을 보유하거나 개발한다면 하나같이 이를 용납하지 않을 것이 분명하다. 한국의 핵 개발은 물론이고 북한이 이미 핵 개발을 진행했으므로, 관련 시설과 프로그램, 인력, 기술 등을 의심의 여지없이 포기하겠다는 것을 확인해야 한반도의 통일을 받아들일 것으로 예상된다.

나아가 이들은 통일 한국이 동북아의 평화와 경제 번영에 기여할 것이라는 조건에서만 통일을 지지할 것이 예상된다. 또한 통일의 과정과 방법이 평화적이지 않거나 국제법에 어긋나는 경우에도 어떤 방식으로든 관여하고 나설 가능성이 높다.

1) 미국의 입장

한국의 유일한 동맹국으로서 미국은 북한의 남침과 도발을 억지하고 한반도의 평화를 유지하는 데 이바지해왔으며, 한반도의 평화통일을 일

관되게 지지해왔다. 특히 미국은 주변 4대 강국 중 정부 차원에서 한국 주도의 통일을 공식적으로 지지하는 유일한 국가이다(배정호·박영호·박재적 외, 2013: 8). 단지 미국 정부나 고위 관료들이 한반도의 통일 문제는 한국이 결정해야 한다는 원론적인 논조를 유지하는 등 적극적인 언급을 유보하는 것은 한반도 통일이 남북한 당사자 간의 주권 문제이므로 자칫 내정간섭 문제로 비화되는 것을 우려하기 때문으로 보인다(박영호·전성훈·조민 외, 2010: 99).

하지만 미국의 지지가 무조건적이라고 보기는 어렵다. 무엇보다 국제 사회에서 자유, 민주주의, 인권 신장 및 시장경제를 옹호해온 미국은 통일한국이 자유와 민주주의 및 인권을 진흥하고 시장경제 체제를 구축한다는 조건이 갖추어져야만 통일을 지지할 것이다. 이는 자연스럽게 한국에 의한 북한의 흡수 또는 한국이 주도하는 통일을 의미할 것이다.

또한 동아시아 질서를 주도해온 미국은 통일한국이 한미 동맹을 깨고 친중적 성향을 띠는 등 미국의 동북아 영향력을 훼손하는 방향으로 움직인다면 이를 적극적으로 반대하고 저지하려 할 것이다. 또한 미국은 민족주의적인 성향을 지닌 남한 정부가 그보다 더 강력한 민족 주체사상을 가진 북한과 통일할 경우 반미 성향의 국수주의적인 정부가 들어설 수도 있다는 것을 우려하고 있다.

특히 오바마 행정부가 아태재균형 전략을 통해 21세기 세계 질서 주도권을 두고 중국과 경쟁하는 양상으로 대외 전략을 펼치고 있기 때문에, 통일한국이 미국과 중국 어느 한편에 기울지 않고 중립적인 성향의 국가가 되겠다고 한다면 미국 측에서 볼 때 이는 친미 국가의 중립화라는 전략적 손실을 의미하므로 미국의 협력과 지원을 얻기가 쉽지 않을 것으로 예상된다.

이와 같은 미국의 입장은 트럼프 행정부에서도 대체로 유지될 것으로 예측된다.

2) 중국의 입장

중국 정부는 외부 세력의 개입이 배제되는 남북 당사자 간 대화를 통한 평화통일을 지지한다고 밝히고 있다. 시진핑習近平 주석이 2014년 7월 서울을 방문해 박근혜 대통령과 정상회담 후 발표한 공동성명에도 "중국은 남북이 대화를 통해 관계를 개선하고 화해·협력하는 것을 지지하고, 한반도의 평화적 통일에 대한 한민족의 염원을 존중하며, 궁극적으로 한반도의 평화적 통일이 실현되는 것을 지지한다"라고 명시했다. 또한 시진핑은 그다음 날인 7월 4일 서울대학교 특강에서 "한반도의 핵무기 존재를 반대하고 대화와 협상을 통해 핵 문제를 비롯한 한반도 문제를 해결할 것을 주장한다"라고 밝혔다. 또한 "한반도의 양국 관계가 개선되길 희망하고, 한반도의 자주적 평화통일이 최종적으로 실현되는 것을 지지한다"면서 "남북 양측이 힘을 합쳐 남북 관계 개선을 지속적으로 추진한다면 한반도의 자주적인 평화 통일이 반드시 실현될 것"이라고 말했다.

시진핑의 말을 종합해보면 중국이 남북통일을 희망한다고 보기는 어렵고, 과정과 절차가 자주적이고 평화적이라는 조건을 충족한다면 남북통일을 지지할 수도 있다는 의미로 평가할 수 있다. 달리 말하면 중국은 한반도가 현상을 유지하며 적어도 상당한 기간 동안 남북한이 공존하기를 선호하는 것으로 보인다. 특히 중국은 통일한국에 민족주의 성향이 고조되면 조선족의 권익 옹호에 나서거나 간도 등을 둘러싸고 한중 간에 영토 분쟁이 발생할 수 있다고 우려하고 있다.

반면에 우리가 기회로서 눈여겨봐야 하는 사항은 중국 역시 타이완과의 통일을 추구하고 있으므로 이를 위해 상황에 따라 한국 주도의 한반도 통일을 받아들일 수도 있다는 것이다. 중국은 마찬가지 이유로 통일한국에 중국에 비우호적인 정권이 들어선다거나 통일한국이 타이완과의 통일을 저해하는 군사 기지가 될 경우를 염려하고 있을 것이다.

이에 따라 남한이 무력을 동원하거나 강압에 의해 북한을 흡수할 경우, 북한과의 동맹 관계를 내세우면서 이를 저지하고 나설 가능성이 크다. 북한의 도발이나 남침에 의해 전쟁이 벌어지더라도 한미 연합군이 북한 지역으로 진입한다면 한국전쟁 때처럼 개입할 가능성을 배제하기 어렵다. 또한 통일 과정에서 많은 난민이 발생해 중국의 치안을 어지럽히고 사회·경제적인 혼란을 조성한다든지 통일한국이 북한과 중국의 국경선을 인정하지 않는다면 이를 격렬히 반대할 것이다. 중국 측에서 볼 때 남한 주도로 통일이 이루어져 주한 미군이 현재의 북한 지역에 배치되는 등 한반도에서 미국의 영향력이 커지고 완충지대가 소멸되는 것을 적극적으로 막으려 할 것이 분명하다. 경제적 측면에서는 통일한국이 전반적인 산업경쟁력이 강화되는 데다 중국과의 상호 보완성이 축소됨으로써 중국의 경제에 미칠 부정적인 영향을 우려할 가능성이 있다.

끝으로 현재 남북 간의 이념적 적대성과 불신, 체제의 상이성을 고려할 때 남북한이 합의해 통일을 이룰 가능성은 희박해 보이지만, 북한에서 급변 사태가 벌어지고 그 결과 북한이 남한에 사실상 평화적으로 흡수될 경우 통일한국은 자유민주주의 시장경제 체제가 될 것이므로 중국은 이를 상당히 도전적인 변화로 여겨 좌절시키려 할 가능성을 배제하기 어렵다. 특히 이 경우 비핵화와 주한 미군 문제가 중국의 개입 근거로 이용될 가능성에 대비해야 한다.

3) 일본의 입장

일본 정부와 지도자들의 한반도 통일에 대한 입장은 일본 외교정책의 명분과 내용이 일치하지 않으므로 단정적으로 말하기 어렵다. 일단 일본의 한반도 정책이 미일 동맹과 한일 기본 조약의 틀 속에서 구사되고 있으므로, 일본 정부는 공식적으로는 한국의 대북 통일 정책을 지지하고 한반도 긴장 완화에 협력하면서 한반도 정세의 안정을 추구한다고 주장한다. 통일의 대전제는 '비핵화'이고 남북한 당사자 원칙과 평화통일을 지지한다면서도 일본의 영향력과 발언권 확보를 위해 통일이 다자간의 협의 구도를 통해 점진적으로 추진되어야 한다는 것이 일본의 입장이다(박영호·전성훈·조민 외, 2010: 104~106 참조).

또한 통일한국의 일본에 대한 입장과 대외 정책의 기조에 따라 일본의 입장과 반응이 달라질 수 있다. 통일한국이 친중적이라면 일본은 당연히 부정적인 반응을 보일 것이고, 한·미·일 공조를 중시한다면 우호적인 입장과 반응을 보일 것이다(여인곤·박영호·허문영 외, 2010: 53 참조).

일본 지도부에게 한반도의 통일은 전략적으로 도전적인 상황일 수 있다. 경제적 측면에서 보면 한국의 자본과 기술 및 경영 능력에 북한의 풍부한 지하자원과 값싸고 질 좋은 풍부한 노동력이 통합되면 통일한국이 일본과 비슷한 규모를 갖출 뿐 아니라 산업경쟁력이 전반적으로 강화됨으로써 일본 경제에 미칠 부정적인 영향을 우려할 가능성이 있다. 사회·문화 면에서 보아도 양국이 배타적인 경쟁 관계가 될 가능성을 우려할 수 있다. 따라서 공식적으로나 노골적으로 표현을 하는 것은 명분이 없어 자제하겠지만 내심으로는 통일을 반대할 것으로 추정된다. 통일 국면이 실제로 전개되면 모든 명분과 전제조건을 내세우면서 직간접적인 수단을 동원해 남북한 통일을 방해하거나 저지하려 할 가능성을 배제하기 어렵다.

4) 러시아의 입장

러시아는 다른 어느 나라보다도 한반도의 평화통일을 지원한다는 입장을 보이고 있다. 달리 말하면 주변 어느 나라보다도 한반도 통일을 전략적 부담보다는 이익의 차원에서 기대감을 가지고 있다. 한반도가 통일되면 통일한국이 북한 지역 개발에 전념하느라 러시아에 대한 투자가 줄어들 것이므로, 러시아가 한반도 통일보다는 현상 유지를 선호한다는 견해를 내놓는 학자도 있으나 이는 소수에 불과하다. 러시아는 최근 북한이 동북아와 러시아 극동 지역의 안정을 저해하고 있으므로 남북한이 평화통일을 이루면 지역 안정이 강화될 것이라 기대하고 있으며, 현재 북한이 가로막고 있어 가스 수송관이나 철도 연결 등 한국과의 대규모 프로젝트

표 8-3 **한반도 통일에 대한 주변국들의 입장**

국가	통일에 대한 입장	세부 요인	우려 요인	통일 주도 주체
미국	동맹국으로서의 소극적 후원	민주주의 시장경제 체제를 이룩하는 통일 선호	반미나 친중 성격의 통일 가능성, 핵 보유	공식적으로 남한 주도 지지
중국	조건부적이고 유보적임. 자주적인 평화통일은 지지	타이완과의 통일과 연계해 사고함. 통일한국과의 영토 및 조선족 문제 고려	남한 주도의 흡수통일 시 완충지대의 소멸 및 미국의 영향력 증대, 난민 유입, 핵 보유, 주한 미군 북한 배치	남한과 북한의 협상
일본	점진적 입장이지만 내심 반대	한반도에의 발언권 확보를 중시함	친중 성격의 통일 가능성, 일본의 경쟁국으로의 부상 가능성, 핵 보유	다자간 협의
러시아	가장 덜 부정적인 태도를 보임	전략적 부담보다 획기적인 경제적 이득 증대를 기대	난민 유입, 핵 보유, 주한 미군의 북한 배치 소수 의견이지만 러시아에 대한 투자 축소	주체보다는 방법의 평화성 우선시함

경협이 진척되지 못하고 있으므로 통일이 되어 접경국으로서 한러 경협의 획기적인 증진과 극동·시베리아 지역의 개발 및 협력 확대 그리고 아태 지역으로의 진출을 기대하고 있다.

러시아는 전략적으로도 통일한국이 동북아에서 러시아의 파트너가 되어 호혜적인 협력을 할 수 있을 뿐 아니라 중국과 일본에 대한 러시아의 협상력을 증진시켜줄 것으로 기대하고 있다.

반면에 러시아는 한반도 통일의 부정적 효과로서 외교나 정치 측면에서는 한반도에 대한 영향력 감소 가능성을, 군사·안보적 측면에서는 통일한국이 부상해 동북아의 세력균형 변화와 국경 관리 비용의 증가를, 경제·사회적 측면에서는 한반도에 대한 러시아의 경제적 영향력 감소 가능성과 대규모 북한 난민 유입 등을 우려하고 있다.

한편 북한과 긴밀한 관계를 맺고 있는 중국과 러시아가 한반도의 평화와 안정을 지원한다는 점에서는 유사하지만, 중국이 남한에 의한 북한의 흡수를 우려하고 있는 반면, 러시아는 이 경우에도 방식만 평화적이면 지지한다는 차별된 입장을 갖고 있다고 여겨진다. 물론 통일한국은 비핵국가이어야 하고, 현재 북한 지역에 미군이 주둔하는 등 한미 동맹이 북한 지역으로 확대되는 것은 중국과 마찬가지로 적극적으로 반대할 것이다.

5. 통일에 대한 국제 지지 확보

한반도에서 남북한의 국내 정세와 남북 관계가 통일에 유리한 상황으로 전개된다고 하더라도, 한국의 국력보다 우세한 주변 강대국들이 현상의 획기적인 변경을 의미하는 남북한 통일을 진심으로 지지한다고 보기 어렵다. 이것이 바로 우리가 평화통일을 달성하기 위해서는 극복해야 할 큰 과제이다.

이를 위해서는 한국 정부가 사전에 잘 계획하고 준비해 미리미리 통일 여건을 조성해나가야 한다. 대외 정책 면에서 보면 이는 크게 일반적인 대외 정책과 주변 강대국들에 대한 맞춤형 정책으로 구분할 수 있다.

1) 독일 통일의 교훈에서 얻는 일반적인 대외 정책

일반적인 대외 정책으로는 먼저 평화통일로서 우리에게 준거 모델이 되는 독일 사례에서 몇 가지 교훈을 얻어 이를 우리의 대외 정책에 반영할 필요가 있다. 주한 미군과 핵 문제를 극복해 중국과 러시아의 반대를 이겨내고 평화와 공동 번영을 지향하는 매력국가 이미지를 창출하며, 외세에 의존하지 않고 우리가 통일을 주도하는 것과 동시에 남북한 모두 주변 국가들을 비롯한 국제사회와 경제적 상호 의존을 높이는 것이 바람직하다.

(1) 주한 미군과 핵 문제 극복해 중국·러시아 반대 극복

독일이 통일을 이룰 수 있었던 것은 베를린 장벽 붕괴 후 미국을 비롯한 서유럽 국가들이 강대국 독일의 부흥을 우려해 통일독일은 반드시 나토의 회원국이어야 한다는 어려운 조건을 제시했음에도 38만의 대군을 동독에 주둔시켰던 소련이 고르바초프의 영도 아래 이를 용인한 것이 결정적인 요인이 되었다. 즉 불시에 이루어진 베를린 장벽의 붕괴 이후 유럽 국가들과 미국이 통일독일은 반드시 국제 평화에 기여해야 하며 그런 측면에서 혹시 통일독일이 과거처럼 또다시 평화 파괴국이 되지 않는다는 것을 확실히 보장하기 위해 나토의 회원국이 되어야 한다는 조건을 제시했는데, 콜 총리가 이에 대한 거부권을 가진 소련의 고르바초프를 만나 적극적인 경제원조를 제공하고 민족자결 원칙이 시대의 대세임을 설득함으로써 단시간에 통일을 이루었다는 점이 주목된다.

이런 측면에서 볼 때 한국도 민주주의 체제로 통일을 달성하려면 미국 및 일본과의 협력도 중요하지만, 가장 결정적인 요인은 북한에 상당한 영향력을 행사하고 있는 중국과 러시아가 우리의 통일을 반대하지 않는 것이다. 이 두 강대국은 과거 소련군이 동독군보다 두 배나 많은 군대를 동독에 주둔시킨 것과 달리 북한에 군대를 주둔시키지는 않고 있지만, 동독과 소련의 경우와 달리 국경을 맞대고 있고 특히 중국은 북한 대외 교역의 90%를 차지하고 있으며 석유 사용량의 80% 이상을 제공하고 있으므로 막강한 영향력을 행사한다고 보아야 한다. 따라서 이 두 강대국이 통일을 지지하지는 않더라도 정면으로 반대하지는 않도록 사전에 철저히 준비해야 한다. 이를 위해 한국 정부는 대미 일변도 외교를 지양하고 중국 및 러시아와 경제를 넘어 안보 협력도 모색하는 한편, 미국·중국·러시아 모두가 수용할 수 있는 통일의 비전과 조건을 제시해 설득하는 것이 중요하다.

이런 맥락에서 가장 중요한 점은 주한 미군 문제와 핵 문제를 합리적으로 해결하는 것이다. 통일 이후 주한 미군 문제에서 미국·중국·러시아 3국이 모두 양해할 수 있도록 38선 이남 배치 등을 적극적으로 검토하고, 핵 문제와 관련해서는 한반도 비핵화를 약속하되 원자력의 평화적 이용권은 최대한 확보하는 방향으로 해결하는 것이 현명할 것이다. 물론 통일 이후에도 미국의 핵우산은 확실히 보장받아야 하고, 일본의 비핵화도 확보해야 한다.

(2) 평화와 공동 번영을 지향하는 매력국가 이미지 구축

독일 통일의 두 번째 교훈은 주변 4대 강국을 포함한 국제사회가 한반도 통일을 지원해줄 수 있도록 한국이 평화와 공동 번영을 추구하는 매력국가 또는 모범국가라는 이미지를 구축해야 한다는 것이다. 이를 교훈으로 삼아 우리 대한민국과 한민족은 역사상 다른 나라를 침범하지 않고 국제 평화를 존중해왔으며 앞으로도 계속 국제 평화에 기여하는 나라가 될 것이라는 점을 적극적으로 홍보하고 또 외교정책과 행동을 통해 이를 보여주어야 한다.

동시에 한국은 경제 발전과 무역·통상 부문에서 성공적으로 발전을 달성했고 향후에도 전 세계 모든 나라와 호혜적인 교역을 증진해 활발한 투자와 경제협력을 통해 공동 번영을 추구하는 나라라는 것을 보여주어야 한다. 이를 위해서는 다자적 경제협력과 APEC이라는지 IMF, IBRD, ADB, 아시아인프라투자은행AIIB, 일대일로 사업 등 다자적 국제 경제협력 레짐에 적극적으로 참여하고 기여할 필요가 있다.

특히 현재와 같은 분단 상태보다 한반도 통일이 미국과 일본뿐 아니라 중국과 러시아 모두에게 경제적인 이득을 가져다줄 것임을 확실히 설득해 경제적 동기 측면에서도 주변 강국들이 남북통일을 지지하도록 유도해야 할 것이다.

(3) 한국이 통일 과정을 주도

독일의 경우 통일 과정에 관한 국제적 논의를 위해 주변 강국들이 4+2 회담을 제안했을 때 서독 지도부는 2+4 회담이라면 받아들이겠다고 강력히 주장하는 등 양 독일 간 통합 과정을 능동적이고 적극적으로 추진해, 그 결과로서 미국, 소련, 프랑스, 영국 등 4대 강국의 동의를 얻는 방식으로 통일 과정을 전개했다.

우리가 원하는 자주적이고 민족의 이익을 극대화하는 방향으로 통일을 달성하려면 한국이 통일 과정을 주도해야 하고, 협상을 통해 통일이 달성될 경우 남북한 간 협상이 주가 되어야 하며, 그 합의 사항을 주변 4대 강국이 동의하는 형식을 취해야 한다.

(4) 남북한 모두 주변국과 경제적 상호 의존 증대

서독은 프랑스와 함께 EU를 주도하면서 양 독일 간의 거래에 무관세를 적용하는 한편, 동독의 대외 통상을 적극적으로 지원했다. 이를 통해 통일독일이 주변국들에게도 경제적으로 이득이 될 것이라고 안심시키는 한편, 동독의 개혁·개방을 유도하는 데 성공했다.

남북한도 주변국들과 정치·경제적 유대를 형성한다면 이들이 남북한 통일 때문에 피해를 본다는 생각을 별로 하지 않을 것이므로, 평화통일을 반대하지 않을 개연성이 높아진다. 이런 맥락에서 볼 때 한국 정부가 주변국 모두와 우호적인 관계를 형성해가는 것은 물론이고, 북한을 고립시키고 봉쇄하기보다 주변국들과 정상적인 국가 관계를 맺으면서 무역과 통상을 진흥하도록 하는 것이 주변국들이 한반도 통일에 반대하지 않을 가능성을 크게 할 수 있다.

2) 주변 강대국들에 대한 맞춤형 정책

정부는 북한과의 경협을 진흥하고 북한의 개혁과 개방을 유도하는 동시에 매력국가 이미지를 구축하며, 핵 문제와 주한 미군 문제와 관련해 미국, 중국, 러시아 3국에 대한 설득을 강화하면서 통일 과정을 주도해야 한다. 아울러 정부는 주변 4대 강국에 대한 맞춤형 전략과 정책을 통해 이들

모두가 한국 주도의 통일을 지지하도록 유도해야 한다.

(1) 미국

미국에 대해서는 한미 관계를 미영 간의 '전략적 신뢰' 수준으로 발전시키려는 노력을 지속해야 한다. 한미 관계가 민주주의, 평화와 공동 번영이라는 공동 가치에 입각해 안보동맹 차원을 넘어 정치·경제·문화·인적 교류 등 모든 양자와 국제협력의 영역에서 깊은 신뢰에 토대를 둔 관계로 발전해 미국이 한국 주도의 통일을 지속적으로 지지하도록 해야 한다 (배정호·박영호·김진하 외, 2013: 211~212 참조).

(4) 중국

중국에 대해서는 중국 지도부가 점점 더 국민들의 여론을 중시할 수밖에 없으므로, 중국 지도부에 대한 설득뿐 아니라 공공 외교를 통해 중국 국민들이 통일한국이 미국의 전진기지가 아니라 중국의 지속적인 경제 성장을 위해 도움이 될 것이라고 인식하도록 노력을 기울여야 한다. 한반도가 통일되면 외세의 개입 여지를 줄일 수 있고, 평화롭고 안정적인 지역 환경을 이루어 중국의 번영과 동북아의 경제협력을 강화하는 데 유리하며 중국의 통일에도 긍정적인 계기가 될 것이라는 점을 강조할 수 있다. 즉 중국에 대해 '한반도통일이익론'을 설파하고, '한반도통일위협론'을 완화하는 노력을 지속적으로 기울여야 한다(배정호·박영호·여인곤 외, 2010: 250~251 참조).

또한 한국과 중국이 중심이 되어 서구 선진국들과 UN 등 국제기구들이 복합적으로 참여하는 북한 내 경제특구 개발을 본격적으로 추진하고, 나아가 북한 인프라 구축 사업도 진행함으로써 북한의 개혁·개방으로의 변화를 유도하고, 평화통일의 길을 개척하는 동시에 통일 비용도 절감해야 한다.

(3) 일본

일본에 대해서는 북핵과 미사일 등 안보 문제에 대한 한·미·일 공조를 지속적으로 유지·발전시키고, 한일 관계를 정상화를 넘어 호혜적인 협력 관계로 진전시키는 것이 우선이다. 또한 중장기적인 사업으로 한일 간 정부 차원의 관계 정상화 및 협력과 별도로 북한 문제뿐 아니라 안보 문제와 지역 협력 문제에 대한 전문가와 정치인, 언론인 간의 1.5트랙을 확대·심화해 운영하고 한국 주도의 통일이 일본의 국익에도 부응한다는 점을 인식시켜야 한다.

(4) 러시아

러시아에 대해서는 정부 부처 및 민간 차원의 인적 네트워크 구축을 진척시키고, 경협 차관의 상환 기회를 한국과 러시아 간의 방산 물자 도입을 넘어 실질적인 협력을 연결하는 수단으로 활용해야 한다. 남한·북한·러시아의 경협 사업은 물론이고 남한·북한·중국·러시아 및 남한·북한·러시아·일본 간의 4자 경협 사업도 적극적으로 검토하는 것이 바람직하다. 또한 한반도 통일 후 러시아가 국가안보와 동북아시아 전략 면에서뿐 아니라 경제 면에서도 시베리아 및 극동 지역의 개발과 에너지 협력 및 철도 연결을 통한 물류 사업 등에서 막대한 이득을 얻을 수 있다는 것을 지속적으로 주지시켜야 한다. 끝으로 15만 명의 재러 동포들이 한국과 러시아 양국 간의 교류와 협력 사업에서 활약할 수 있도록 기반을 조성해야 할 것이다.

6. 맺는말

우리는 축복받는 통일을 달성하기 위해 국제사회의 협력을 유도하는 방안을 검토했다. 그러나 현실을 냉철히 직시할 때 우리는 북한의 핵미사일 위협에 노정되어 아직 확실한 예방·억지책을 구비하지 못한 채 국가 안보가 위기 상황에 처해 있다. 한반도 안보와 우리 민족의 미래에 상당한 영향력을 미칠 한반도 주변 4대 강국의 정부를 보면 막 출범한 미국의 트럼프 행정부를 비롯해 러시아의 푸틴, 중국의 시진핑, 일본의 아베 정부 모두 실리적인 국익 추구에 몰두하면서 국익의 잣대에 따라 한반도와 한민족의 미래를 운영하고 조정하려는 모습을 보여주고 있다.

이런 맥락에서 한국 정부는 무엇보다 북한의 핵미사일 도발을 확실히 예방하고 억지하며, 유사시 북한의 핵미사일을 방어할 수 있도록 안보 태세 확립을 최우선적으로 확립해야 한다. 그다음 과제는 바로 우리 민족이 분단되어 서로 다투고 있으므로, 구한말인 19세기보다 오히려 더 열악한 상황에 처해 있다는 것을 다시금 인식하고, 남북한 간의 소모적인 갈등과 적대적인 대립을 완화하는 것이다. 우선적으로 최악의 정면 대립 상황을 멈추기 위해 대화를 재개하고 인도적인 지원을 수행하며 개성공단 같은 호혜적인 경협 사업부터 재가동해 긴장과 대립을 완화해야 한다. 동시에 정부는 체제 경쟁에서 승리했다는 자신감에 입각해 더욱 능동적으로 북핵 문제 해결에 나서야 한다. 북핵 문제에서 북한 문제를 분리해 우리 정부의 힘으로 해결할 수 있도록 남북 관계 정상화부터 수행해야 하며, 북핵 문제도 상호 위협 감소의 원칙에 따라 주도적으로 해결해가야 한다.

사실 통일은 70년 이상 각각 다른 이념과 체제를 유지해온 두 나라가 하나로 합치는 일이므로, 양측 권력자에게는 원원하기 어려운 사활의 문제이다. 따라서 남북한이라는 양자 관계 자체만 생각하더라도 타협이나 실현은 결코 쉽지 않은 과제이다. 여기에 이해관계가 다르고 남북한보다 국력이 월등한 강대국들이 각각 다른 계산을 하면서 개입하려 하고 있으므로 통일의 실현은 더욱 어렵다.

이런 맥락에서 한국 정부가 해야 할 일은 우리 스스로 할 수 있는 일부터 하고 다른 나라와 연관된 일들은 대의명분을 찾아 이들이 수긍할 수밖에 없는 방향으로 정책을 추진하는 것이다. 먼저 한국 국내에서 대북 정책과 통일 문제에 관한 국론의 통일을 도모해야 한다. 이 문제는 여야 간에 정보를 공유하고 서로 열린 마음으로 토론하되 정쟁의 대상으로는 삼지 않는 성숙한 자세가 요구된다. 또한 국가 지도자는 정보를 공유하고 대북 정책을 국내 정치적으로 이용하는 것을 자제해야 한다. 대외적으로는 방휼지쟁의 굴레를 벗어나기 위해서라도 남북이 대화를 시작하고 적어도 최소한의 관계를 유지하면서 인도주의적인 지원과 호혜적인 경협부터 시작해 점차 협력을 진흥해가야 한다.

이 외에 남은 것은 통일의 사실상의 장애물인 북핵 문제와 주한 미군 문제인데, 그 해결책은 결국 북한이 핵을 보유하고자 하는 동기와 한국과 미국이 주한 미군을 유지시키려는 필요성과 동기를 약화하는 방향으로 정책을 구사하는 데 있다. 북한이 핵을 보유하는 데 부담을 느껴 포기하도록 만들고, 한국과 미국이 통일되더라도 38선 이북에 주한 미군을 배치하지 않을 수 있도록 안보 상황을 조성해야 한다. 그런 정책은 결국 남북 관계를 정상화하고 경협을 진흥하며 북미 관계와 북일 관계를 정상화할 뿐 아니라 미국과 중국 간에도 협력이 강화되고 동북아의 다자 안보 협력이 정착되는 방향으로 나아가는 데 있다고 생각된다. 한반도 통일의 과제는 결국 한반도와 동북아 평화 정착을 제도적 차원에서 달성하는 것과 직결된다고 할 수 있다.

참고문헌

박영호·전성훈·조민 외. 2010. 『이명박 정부 외교안보통일정책의 추진환경 및 전략과 실천방안』. 통일연구원.

배정호·박영호·김진하 외. 2013. 『오바마·시진핑 시대의 동북아 국가들의 국내정치 및 대외정책과 한국의 대북 및 통일외교 전략』. 통일연구원.

배정호·박영호·박재적 외. 2013. 『한반도 통일에 대한 동북아 4국의 인식』. 통일연구원.

배정호·박영호·여인곤 외. 2010. 『오바마 행정부 출범 이후 동북아전략 환경의 변화와 한국의 4국 통일외교 전략』. 통일연구원.

여인곤·박영호·허문영 외. 2010. 『이명박 정부 외교안보통일정책의 세부 실천방안: 총괄보고서』. 통일연구원.

임수호·최장호. 2017. 「북한 대외무역 2016년 평가 및 2017년 전망: 북중무역으로 중심으로」. ≪KDI 북한경제리뷰≫, 1월 호.

홍현익. 2012. 「통일한국의 비전과 미래상, 그리고 평화통일 실현방안」. 지구촌평화연구소 엮음. 『통일한반도를 향한 꿈: 코리안 드림』. 태봉.

_____. 2012. 『21세기 대한민국의 한반도 대전략: 북한문제 해결과 평화 구축 및 통일전략』. 한울.

_____. 2015. 「'대박'통일을 위한 대북정책 및 국제 협력방안: 독일과 예멘 사례의 교훈」. 세종연구소.

_____. 2016. 「한국의 외교정책」. 김계동 외. 『현대외교정책론』. 명인문화사.

The International Institute for Strategic Studies. 2016. *The Military Balance 2016*. Routledge.

9

통일과 북핵 문제

홍현익

세종연구소 수석연구위원

1. 머리말
북한의 핵 보유 임박

한국전쟁이 끝난 지 어느새 60여 년이 지났고, 최근에는 남북한 간에 많은 인명이 살상되는 정면 군사 충돌은 없었기 때문에 우리는 평화 시대를 살고 있다고 생각하기 쉽다. 북한이 다섯 차례의 핵실험을 감행하고 수시로 잠수함발사탄도미사일SLBM을 포함한 각종 미사일과 방사포를 시험 발사하며 천안함 폭침과 연평도 포격을 가해와도 우리는 이내 북한의 안보 위협을 쉽게 잊고, 국력이 약화된 북한이 감히 그 이상의 위해를 가하지는 못할 것이라는 희망적인 기대 속에 살아왔다.

그러나 이제 차원이 다른 위험이 다가오고 있다. 북한이 실전에 사용 가능한 핵무기로 우리를 위협할 수 있는 위기 상황이 전개될 날이 머지않았기 때문이다. 히로시마에 투하됐던 핵폭탄이 서울에 하나만 폭발해도 수십만 명의 인명이 사상되고 재앙적 환경 파괴가 가능한데, 우리는 핵무기를 보유하고 있지 않기 때문에 자력으로 북한의 핵 위협을 억지할 수 없다. 이미 150위권대의 극빈국으로 주저앉은 북한이 핵무기를 배경으로 공멸을 불사하며 수시로 우리를 위협하거나 국지적 군사 도발을 감행해올 가능성이 점점 더 커지고 있다. 또한 우리는 상시적으로 생명을 위협받는 심각한 안보 불안에 시달리는 동시에 긴급히 국방비를 대폭 증액할 수밖에 없으므로 교육과 복지 등 여타 부문은 예산 축소를 감수할 수밖에 없을 것이다(홍현익, 2015: 34).

북한이 NPT를 탈퇴하면서 빚어진 1993~1994년 1차 한반도 핵 위기를 거쳐 2002년 10월 존 켈리^{John Kelly} 미 국무부 차관보의 방북 이후 2차 핵 위기가 발발했고, 이를 해결하기 위해 6자 회담이 개최되어 2005년 '9·19 공동성명'을 비롯해 한반도 비핵화 실현을 위한 합의가 몇 차례 도출되기도 했다. 그러나 북핵 시설의 폐쇄를 거쳐 불능화가 상당 부분 진행되던 과정에서 사찰과 검증 문제를 둘러싼 이견으로 폐기 단계로 진입하지 못하고 합의 이행은 백지화되었으며, 6자 회담은 2008년 12월 이후 중단된 상태이다. 게다가 북한이 2009년 5월과 2013년 2월에 이어 2016년에는 1월에 4차 핵실험을 감행하고, 2월 7일 장거리 로켓을 발사했으며 9월 9일 5차 핵실험까지 감행한 뒤로도 핵 고도화와 각종 미사일 개발 사업을 지속하고 있으므로, 머지않아 핵 실전 능력을 보유할 가능성이 커지고 있어 한국의 국가 안보는 위협받고 있다.

물론 국제사회는 북한의 핵실험과 장거리 미사일 발사 등의 도발에 대해 제재를 가하고 있다. 그러나 이는 북한 정권에 어느 정도 고통을 주고 있지만, 북한의 핵 개발을 좌절시키는 등 북핵 문제를 해결하는 데는 별다른 효과를 주지 못하며, 북한을 핵 포기를 위한 대화로 끌어들이지도 못했다. 더구나 대화를 배제한 대북 제재 일변도 정책은 결과적으로 미중 갈등, 한국 내 사드 배치 결정, '한일정보보호협정' 체결, 한중 갈등, 중국을 견제하는 한·미·일 동맹 결성 동향으로 이어져, 오히려 한반도 주변에 신냉전적 대립 질서를 형성하는 등 한반도 안보 상황을 위기로 몰고 갈 가능성이 더욱 커지고 있다.

따라서 이 시대를 살아가는 우리는 민족의 소망이자 우리의 소명인 평화통일을 달성하기 위해 어렵더라도 먼 길을 가야 한다. 북한이 절대무

기인 핵을 완성해가고 있으므로 우리 민족의 생존 자체를 위협하는 북한의 핵무기 공격을 예방하고 억지할 안보 방안을 마련해야 하며, 동시에 북한의 핵 개발을 대화와 협상을 통해 평화적으로 포기시키는 동시에 한반도 평화 체제를 구축하고 나아가 평화통일을 달성해야 한다.

이런 맥락에서 통일의 장애물인 북핵 문제의 성격을 알아보고, 그 해결 과정이 중단된 원인을 점검하며, 해결 과정을 재가동하고 궁극적으로 협상을 통해 북핵 문제를 평화적으로 해결하는 동시에 한반도의 평화를 제도적으로 마련해 평화통일의 기반을 조성할 방안을 도출해보기로 한다.

2. 통일의 결정적 장애물인 북핵 문제

한국전쟁 당시 국군은 물론이고 유엔군이 반격에 나서 38선을 돌파하자 중국은 군사 개입을 검토했고, 1950년 겨울 마침내 북한을 무력으로 지원하기 위해 개입했다. 이때 맥아더 유엔군사령관은 만주에 대한 핵 공격을 제안했다. 물론 트루먼 대통령은 이를 수용하지 않았지만, 1950년대 중반에는 한국을 지키기 위해 전술 핵무기를 한국에 배치하기 시작했다. 따라서 북한 정권은 1950년 이후 미국의 핵 공격 가능성을 두려워하며 이러한 절대적인 안보 딜레마에서 벗어나기 위한 궁리 끝에 핵 개발을 기획해왔다. 그런데 미국의 닉슨 대통령은 베트남 전쟁에서의 명예로운 철수를 위해 1969년 7월 괌 독트린을 발표해 "아시아의 안보는 아시아인들의 손으로"라는 구호를 외쳤고, 남베트남에서의 철수와 함께 한국에서도 우리 정부와 상의 없이 주한 미군 1개 사단 2만 명을 철수시켰다. 박정희 대통령은 국가 안보를 미국에 의존하면 위험에 빠질 수 있다고 판단해 핵과 미사일 개발을 비밀리에 지시했다. 그러나 미국의 집요한 반대로 결국 1975년 핵 개발을 포기하고, 한국군의 현대화와 미사일 개발에 만족해야 했다.

1970년대 초 남북한의 경제력은 대략 균형을 이루었지만, 군사력은 북한이 월등히 우세했다. 그런데 1990년에 이르면 남한의 경제가 북한의 경제를 11배 이상 압도했고, 그 격차는 점점 더 벌어져 1996년에는 25배가 되었다. 이에 따라 국방비도 북한보다 월등히 많아졌으므로 북한 정권은 심각한 안보 딜레마에 빠졌다. 북한의 동맹국인 소련과 동유럽이 붕괴되고 소련은 한국과 수교했으며, 1992년 8월 마침내 중국 역시 한국과 수교함으로써 북한은 외교적으로 고립되었다. 이런 맥락에서 북한은 안보와 외교 딜레마를 극복하기 위해 국제사회의 강력한 반대에도 핵 개발을 끈질기게 추구해온 것이다.

문제는 북한을 제외한 그 어느 나라도 북한의 핵 개발을 지원하기는 커녕 용인하지도 않는다는 것이다. 특히 핵은 절대무기이므로 경제적으로 150위권대의 약소국인 북한이 핵을 보유하는 데 대해 한반도 통일에 결정적인 영향력을 미칠 이른바 주변 4대 강국 모두가 강력히 반대하고 있다. 따라서 한반도 주변 4대 강국을 포함한 국제사회가 현상 유지를 변경하는 한반도의 통일에 반대하지 않게 하려면 북한의 핵 포기를 약속받는 것이 필수 조건이다. 현재 한국 내 일부에서는 북한이 무너져 통일이 되면 통일한국이 핵보유국이 되므로 크게 걱정할 필요가 없다고 말하기도 하지만, 북핵 문제가 해결되지 않으면 통일 자체가 거의 불가능하다는 것을 잊지 말아야 한다. 설사 북한이 핵을 포기하지 않은 상태에서 북한 정권이 무너지더라도, 한국 주도의 통일이 순조롭게 달성되려면 국제사회에 비핵화의 뜻을 밝히고 투명하게 이를 집행해야 할 것이다.

북핵 문제가 통일을 방해하는 또 다른 이유는, 북핵 문제가 해결되지 않으면 한반도 주변의 안보 정세가 대립적 냉전 질서로 재편되어 한국과 중국 및 러시아 간 또는 주변 강대국들 간의 관계가 갈등과 대립 구조로 고착됨으로써 통일 환경 조성이 매우 어려워진다는 것이다. 한반도의 통일은 주변 강대국 모두가 찬성하거나 어느 한 나라도 반대하지 않을 때 비로소 가능성이 있다고 예상된다. 따라서 어느 한 나라가 내심 반대하더라도 명분상 공개적으로 반대할 수 없을 정도로 여건을 조성할 필요가 있다. 그런데 북핵 문제가 해결되지 않으면 이를 근거로 적어도 한 나라 이상이 통일을 강력히 반대할 가능성이 높다.

더구나 북핵 문제는 통일만 어렵게 하는 것이 아니라 한국의 안보를 상시적으로 심각하게 위협하고 한국의 외교 비용을 급증시키며, 한국과 중국 및 러시아와의 전략적 협력을 저해할 가능성이 높다. 북한의 핵 고도화에 대한 대비책으로 한국에 사드를 배치하기로 결정하고 '한일정보보호협정'을 체결하자, 한중 관계가 다양한 분야에서 갈등 국면을 보이고 있고 러시아와의 협력도 순탄하지 않다는 것이 이를 입증한다. 따라서 북핵 문제의 해결은 단지 평화통일의 기반 조성뿐만 아니라 다양한 분야에서의 국익 증진을 이루기 위해서라도 반드시 이루어야 할 중차대한 과제인 것이다.

3. 북핵 문제 해결 과정의 중단 사유와 재개 방안 *

1) 북핵 문제 해결 과정의 중단 원인

1993년 북한의 NPT 탈퇴를 시작으로 발발한 제1차 북핵 위기는 북미 간 협상에서 1994년 10월 제네바 합의가 도출됨으로써 해소되었다. 그러나 경수로 건설이 지연되고 대북 중유 지원에서도 끊임없이 갈등이 지속되었으며, 부시 행정부가 들어선 이후 특별 사찰을 강요해 심각한 갈등이 빚어졌다. 마침내 2002년 10월 미 국무부 차관보 켈리 특사가 평양에서 북한 당국에 우라늄 농축과 관련해 혐의가 짙다고 주장했고, 북한이 이를 부인하지 않음으로써 2차 북핵 위기가 발발했다. 부시 행정부는 이에 대처하기 위해 6자 회담을 도입했고, 2005년 6자 회담에서 '9·19 공동성명'이 도출되었다.

그러나 미 재무부가 북한의 자금 세탁 혐의로 마카오의 방코델타아시아 BDA를 제재하고, 미 국무부는 대북 경수로 건설 지원을 주저하면서 북한의 NPT 복귀를 압박하자 북미 간 불신이 심화되어 2006년 10월 북한은 1차 핵실험을 감행했다. 강력히 반발하리라는 예상과 달리 미국은 2007년 초 북미 회담을 추진했고, 6자 회담에서 2·13 합의와 10·3 합의가 도출되었다. 하지만 북한의 핵 시설이 동결 및 폐쇄를 거쳐 불능화를 거의 다 이

---

* 이 절은 필자의 「북핵문제와 한반도 평화체제의 모색」(≪아시아 문화≫, 9호, 2015)의 내용을 수정·보완한 것이다.

행해가는 도중 2008년 6자 회담이 두 차례 열렸지만, 북한의 제한 없는 핵 사찰과 검증 수용 문제가 제기되어 협상이 결렬되었다. 2008년 7월 회담 언론 발표문에서 6자가 '전원 합의'나 '만장일치'로 사찰 방식을 결정할 것이라고 규정한 점을 감안할 때, 북한이 궁극적인 핵 폐기 단계로 접어들기도 전에 한국과 미국이 제한 없는 핵 사찰을 압박하고 북한이 이를 거부하자 6자 회담 자체를 중단한 것은 현명했다고 보기 어렵다. 그 결과 북한이 거리낌 없이 핵 고도화 과정을 진행해왔기 때문이다. 한국과 미국 정부는 비록 어렵더라도 인내심을 발휘해 북한과 꾸준히 협상을 진행함으로써 북한의 핵 포기를 유도하지는 못하더라도 과거 클린턴 행정부처럼 적어도 북한의 핵 동결을 확보했어야 했다. 그러나 북한 정권의 존속에 심각하게 위협을 가할 능력도 없으면서 북한 정권에 상당한 불이익만 주었을 뿐 북한의 핵 포기 유도는커녕 핵 고도화도 중단시키지 못했다.

한마디로 말하면 2008년 12월 6자 회담이 결렬되고 재개되지 못한 근본 원인은 상호 불신 때문이다. 한국과 미국은 북한의 수십 년간의 불성실한 태도를 떠올리며 제한 없는 사찰을 성급히 강요했고, 북한은 이를 군축 역사상 유례없는 주권 침해적 사찰이며 동시 행동이 아니라 선행동이라고 주장하며 이를 강력히 거부했다. 더 근원적으로 살펴보면 한국과 미국은 북한에 보상을 제공하기 전에 믿을 수 있는 존재임을 확인할 수 있게 제한 없는 선사찰을 요구했고, 북한은 확실한 안전보장을 받지 못한 상태에서 믿기 어려운 한국과 미국으로부터 무장해제를 당하는 격이라 생각해 이를 거절한 것이다.

우리가 얻은 교훈은 상호 신뢰가 결국 다른 지역에서와 마찬가지로 한반도에서도 문제 해결의 관건이라는 점이다. 물론 북한은 6·25 남침을 강행했고 이후에도 적화통일을 목표로 삼고 있으므로, 평화 의지나 성실성이 있다고 믿기 어려운 존재이다. 그러나 남북한 경제력의 차이가 이미 40배나 나고 현대전은 경제적 뒷받침 없이 수행되기 어렵다는 것과 주한 미군의 존재까지 감안하면 북한이 군사적으로 적화통일을 달성하는 것은 거의 불가능할 것이다. 물론 천안함 폭침과 연평도 포격을 감행하고 수시로 NLL을 침범하는 등 국지적 무력 도발을 감행해왔기 때문에 북한을 쉽게 믿을 수는 없다. 문제는 북한도 우리를 믿지 않고 있다는 점이다. 경제력 차이가 커져 교류와 협력이 증진되면 흡수통일이 될 수 있다는 것을 두려워하며 재래식 군사력 면에서 남한이 더 강하다고 여긴다. 여기에 주한 미군을 배치시킨 한미 동맹이 있기 때문에 더욱 믿기 어려운 존재로 여기고 있는 것이다. 그 결과 북한은 비대칭 무기로서 핵과 미사일, 화생방무기의 실전 능력을 확보해 압도적으로 우세한 미국의 군사력을 억지하고, 남한에 대한 군사적 우위를 유지하려 하기 때문에 핵을 쉽게 포기하지 않을 것이다.

2) 북핵 문제 해결 과정의 재개 방안

현 상황이 지속되면 북한이 핵 실전 능력을 보유하는 것은 시간문제일 뿐이다. 북한이 이미 핵을 보유했다는 비관론도 제기되고 있지만, 아직 소형화까지는 달성하지 못했다고 보는 것이 다수 전문가의 견해이다. 따라서 마지막 담판이라는 각오로 협상을 재개할 필요가 있다. 지난 약 8년여

간 중국의 적극적인 참여가 결여된 대북 제재와 압박 정책이 별 효과가 없었다는 것이 입증되었으므로, 이제는 다시 협상을 재개해야 한다.

이런 맥락에서 최근 수년간 미국은 북핵 문제의 해결보다 오히려 북핵 문제를 포함한 북한의 안보 위협을 강조하면서 한국·미국·일본 3국 간의 안보 협력을 강화해 중국을 포위·견제하는 구도를 만드는 데 더 열중했다는 점을 유념해야 한다. 중국은 여러 차례 6자 회담 재개를 중재해왔지만 한국과 미국이 북한의 회담 재개 전 선행 조치 이행을 고집해 중재 노력의 열의가 지속될 수 없었다. 그렇다면 북한의 핵 보유로 직접적이고 가장 큰 위협을 당하게 될 한국이 나서야 한다. 한국 정부가 더 능동적이고 창의적인 노력을 기울여야 비로소 6자 회담이 재개될 수 있을 것으로 보인다.

이런 맥락에서 북핵 문제를 단숨에 해결하려는 시도는 오히려 협상을 실패로 이끌 가능성이 높다. 따라서 최소한 2단계로 협상을 진척시켜야 한다. 우선 한국과 미국이 제기해온 협상 재개를 위한 전제 조건을 완화하고 중국의 중재를 최대한 활용해 북한의 성의를 일정 정도 유도함으로써 협상을 재개함과 동시에 북한의 핵 프로그램을 동결시켜야 한다. 한국과 미국은 북한이 꾸준히 주장해온 한반도 평화 체제 구축을 위한 협상을 수용해 이를 북핵 문제 협상과 동시에 진행하겠다는 태도를 보이는 것이 바람직하다. 이명박 정부 이후 한국은 북한의 평화 체제 협상은 한미 동맹을 깨고 주한 미군을 철수시키려는 북한의 꼼수로 간주해 북핵 문제의 해결 과정이 상당히 진전되어야만 평화 체제 협상을 시작할 수 있다는 태도를 견지해왔다. 그러나 북핵 문제의 해결이라는 최대 과제를 성공적으로 해결하려면 북한의 안보 딜레마 상황도 고려해 협상을 진행할 필요가 있다.

특히 북한의 5차 핵 실험 직후인 2016년 9월 발간된 미 외교협회의 대북 특별 보고서는 17명의 대북 전문가들이 초당파적인 협업을 통해 작성된 것으로, 트럼프 행정부의 북핵 정책에 상당한 영향을 미칠 수도 있으므로 우리도 주목해야 한다(Mullen and Nunn, 2016). 이 보고서는 오바마 정부의 대북 정책 기조인 '전략적 인내'가 북한의 핵 동결을 6자 회담 재개의 전제 조건으로 삼아 결국 실패했다고 비판하면서 북한 주민의 인권을 보호하고, 억지와 방어 태세 및 대북 제재와 재정적 압박을 강화하는 동시에 대화를 위해 더 적극적인 노력을 기울여야 한다고 주장했다. 특히 협상을 개시하기 위해 협상의 문턱을 대폭 낮추고 실질적인 인센티브를 제공해야 한다고 주장하면서 핵 동결 협상을 북한 비핵화의 중간 단계로 설정할 것을 제안했다. 무엇보다 주목되는 것은 북한이 '9·19 공동성명' 원칙 이행을 재확인하고 협상의 단계별 진전을 보사는 데 동의하며 핵과 중거리 이상 탄도미사일의 시험 유예를 약속하면, 영양 지원을 제공하고 한미 연합훈련의 내용과 규모를 조정하면서 핵 동결을 목표로 하는 초기 회담에 응하겠다는 미국의 파격적이고 적극적인 협상 의지를 보였다는 점이다 (세종연구소, 2016: 16).

4. 통일을 위한 기반 마련
북핵 문제 해결과 평화 체제 구축

미 외교협회의 구상처럼 북한으로부터 장거리 미사일 발사와 핵 실험의 유예를 약속받아 6자 회담이 재개되면, 1차 협상을 통해 북한의 핵 프로그램을 동결시켜 일단 위기 상황을 수습하고, 시간적인 여유를 가지면서 2차 협상을 진행할 수 있다. 문제는 북한은 6자 회담보다 한반도 평화 체제 협상을 우선시하므로 6자 회담 개최와 함께 평화 체제 구축을 위한 4자 회담도 동시에 개최해야 협상 과정이 재개되고 진전될 수 있다는 것이다.

따라서 6자 회담과 함께 한반도 평화 체제에 관한 국제 포럼을 개최해 두 협상이 상호 시너지 효과를 발휘함으로써 핵 문제 해결과 평화협정 체결을 동시 병행적으로 달성하는 것이 현실적인 방안이다. 북한에 비해 상대적으로 경제 발전에 성공했고 향후에도 지속적인 경제 성장을 위해 국가 안보와 사회적 안정이 절실히 필요한 우리가 자신감을 갖고 월등한 경제력을 활용해 북한이 최종적으로 핵 포기를 결심하도록 유도하며, 북한의 도발이나 위험한 행동을 제도적으로 통제·관리하면서 한반도 평화 체제를 구축해야 한다.

노무현 정부 시절 한미 양국의 지도자들이 한반도 평화 체제 논의의 필요성을 고려하기 시작하였으나, 논의 형식과 시기, 추진 양식에 관해 의견이 모아지지 않았으므로 평화 체제 구축의 과제는 뒤로 미루어져 왔다. 이제 정부는 한미 동맹을 계속 발전시키는 한편, 북핵 문제의 외교적 해결 과정을 진전시키고 한반도 평화 체제를 구축하는 과정들이 선순환적으로 연계되어 상호 시너지 효과를 내도록 외교력을 발휘해야 한다. 즉 6자 회담을 통해 정부는 북핵 문제를 외교적으로 해결해가는 것과 병행해 남북 당사자 해결 원칙을 바탕으로 미국과 중국 등 주변 강국들과 협력을 도모하면서 국제적 보장 아래 한반도 평화 체제를 구축하기 위한 남북 군사 회담과 4자 국제 포럼이라는 두 갈래 협상을 동시에 추진해야 한다(홍현익, 2009: 191~226).

협상 과정에서 중요한 점은 북한의 핵 보유를 막아야 할 절박함을 안고 있는 한국 정부가 선도적으로 협상을 주도해야 한다는 것이다. 한국 정부는 6자가 다 받아들일 수 있는 창의적이고 전향적인 제안을 준비하고 미국과 중국의 동의를 얻어 북한에 제시해야 한다. 두 가지 제안을 북한에 보여주는 것이 바람직하다. 하나는 북한이 핵 포기를 수용할 경우 이를 단계적으로 이행하기 위한 일정표와 북한에게 제공할 보상을 담은 A 안이다. 다른 제안은 북한이 거절할 경우 중국도 참여해 시행할 가혹한 대북 제재를 담은 B 안이다.

'9·19 공동선명'은 대체로 북한의 핵을 경제적인 보상과 북미 수교 등으로 교환하는 A 안이었다. 이후 북한은 경세적 보상보다는 안보 보장을 꾸준히 주장해왔다. 그 핵심 사항이 바로 한반도 평화 체제 구축이다. 따라서 북한이 핵을 포기하도록 유도하려면 핵 포기 이후 재래식 무기만으로도 체제 안보를 유지할 수 있다는 보장을 제공할 필요가 있다. 특히 한반도 평화 체제 협상에서 한미 동맹과 주한 미군 문제를 슬기롭게 해결해야 한다. 북한이 핵을 포기한 이후 한반도에서의 재래식 군사력 부문에서 한국의 군사력과 주한 미군의 군사력, 북한의 군사력이 균형을 이룬다는 원칙 아래 3자가 합의점을 찾아야 한다. 또한 한국의 동맹국인 미국이 한국에 핵우산(확장 억지력)을 제공하는 것에 상응해 핵을 포기한 북한에 중국이 핵우산을 제공하는 것을 허용하겠다는 뜻을 보여야 할 수도 있다.

궁극적으로 북핵 문제와 한반도 평화 체제 구축 협상을 동시에 병행해 진행하고, 북한의 핵 폐기가 완료되는 시점에 한반도 평화 체제도 구축되는 구도로 협상이 타결되어야 할 것이다. 상호 안보와 동시 행동이라는 원칙을 적용하면서 한국 정부가 창의적이고 능동적으로 협상을 주도한다면, 핵 포기 이후의 안보를 우려하는 북한이 핵을 포기하는 결단을 내리도록 이끌 수 있을 것이다. 정부는 통일 비용을 최소화하기 위해서라도 평화공존을 지향하고 합리적이고 능동적인 태도로 북핵 문제를 해결하며, 한반도에 평화를 회복·정착시키는 정책을 최우선적으로 추진해야 할 것이다(홍현익, 2015: 40~41).

이러한 전략 아래 우리가 북핵 문제를 해결하고 한반도 평화 체제를 주도적으로 구축해갈 3단계 추진 계획 일정을 다음과 같이 제시한다.

1) 제1단계
6자 회담을 재개하고 남북 관계를 정상화하며,
북핵을 동결하면서 북핵 포기 일정에 대한 합의 도출

먼저 정부는 남북 간 회담을 재개해 미래 지향적으로 북한의 추가 도발 방지 확약을 받으면서 천안함 폭침에 대한 사실상의 사과를 얻고 남북 관계를 정상화해야 한다. 남북 장관급 회담을 재개하고 국방 협상을 개시해 정례화·제도화하며 국방 장관 회담도 진행해야 한다. 6자 회담에서는 북핵 문제 협상 노력을 강화해 북핵을 동결하며 핵 포기와 한반도 평화협정 체결을 동시에 달성하는 일정표에 대한 합의를 도출해야 한다. 그 대가로 한국과 미국은 대북 제재를 완화 또는 해제하고 한미 연합훈련도 잠정적으로 중단을 검토한다.

평화협정 체결을 위한 국제 포럼은 남한, 북한, 미국, 중국 4자 간 회담으로 진행한다. 협상이 시작되면 주한 미군을 포함한 한반도 군비 통제와 군사적 신뢰 구축 등을 남한, 북한, 미국 등 3자가 논의하고, 중국은 종전 선언과 평화협정 보장에 참여시킨다.

북한의 완전한 핵 포기 결심 유도와 관련해 또 하나 유념할 사항이 있다. 북한의 관점에서 자신들이 완전히 핵을 포기한 뒤에도 미국이 한국에 '확장억지extended deterrence'를 제공한다면, 자신들만 여전히 핵 공격의 위협 속에 놓인다고 생각할 것이다. 따라서 북한이 완전한 검증을 거쳐 핵을 폐기한다면 남한도 비핵화가 이루어진다는 것을 검증을 통해 확인시켜주어야 하며,* 한국에 대한 핵보유국의 공격에 대해서만 미국이 핵 보복에 나설 것이라고 안보 공약의 수준을 낮춰야만 북한이 궁극적으로 핵을 포기할 것이다. 그러나 미국이 핵전략상 '확장억지'의 제공이 미국이 내세우는 안보 공약의 신뢰도를 보증할 뿐 아니라 핵우산 수혜국이 핵무기를 획득하려는 동기를 현격히 축소시킨다는 점을 들어 쉽게 북한의 주장을 수용하지 않을 수 있다(Bodman and Gates, 2008: 1~3 참조). 따라서 핵우산 수혜국인 한국 정부가 북한이 완전히 핵을 폐기한다면 미국의 핵우산은 핵보유국의 공격에 대해서만 적용될 것이라고 선언하는 것이 합리적이다.

---

* 월터 샤프 한미연합사령관 겸 주한 미군사령관은 2009년 2월 9일 외신기자클럽 강연에서 핵무기 통제력 상실 등 북한 내에서 발생할 수 있는 다양한 불안정 사태에 대한 대비책을 갖추고 있다고 밝히면서, 주한 미군 시설의 핵 검증을 요구하는 북한의 주장에 대해서는 "북한이 최종 검증과 관련해 토론하고 합의한 후 고려할 수 있다"며 "미국을 포함한 6자 회담 관련국은 최종 검증이 이루어지기를 기대하고 있고, 그 이후 세부적인 사항에 대해 논의가 가능할 것"이라고 말해 남한 내 미군 시설에 대한 검증을 수용할 가능성을 시사했다. ≪연합뉴스≫, 2009년 2월 9일 자.

2) 제2단계
북핵 폐기 일정을 준수하고 남북 협력을 심화시키면서
운용적 군비 통제를 실시하며 평화협정 협상을 진전

제2단계에서는 북핵 폐기 합의 사항을 서로 성실히 이행해 상호 신뢰를 증진하고 남북 정상회담을 정례화해 남북 간 신뢰를 증진하며, 남북 간 실질 협력을 심화시키면서 평화 체제의 토대를 마련한다. 이와 동시에 남북의 국방 및 군사 회담도 정례화해 제도화된 국방 및 군사 분야의 대화 통로를 통해 신뢰 구축 조치와 군비 제한 조치를 포함한 운용적 군비 통제를 합의 및 이행하는 한편, 동북아 평화협력체 구상을 제안한다.

남북한의 군비 제한은 평화 체제 협상 중 상정하는 것이 바람직하나, 이에 관해서는 경직된 태도를 취하기보다 융통성을 보이는 것이 현명하다. 남북 간 상호 신뢰 구축이 원활해진 상태라면 평화협정에 남북한 군비 제한의 단계적인 시행을 명기해 체결할 수 있을 것이다. 또한 북한은 남북 간의 군사적 신뢰 구축에 만족하지 않고 주한 미군도 이에 포함되어야 한다고 주장할 것인데, 미국은 해군의 작전 자유에 대해 어떠한 제한도 받아들이지 않는 것을 원칙으로 고수해왔다. 따라서 주한 미군의 육군과 해군에 대해서도 유럽안보협력기구OSCE의 신뢰 구축 조치CBM가 적용되도록 설득해야 한다(Lachowski et al., 2007: 25).

평화협정은 여러 협정의 조합으로 이루어지므로 남북 간뿐 아니라 남한·북한·미국과 남한·북한·미국·중국의 협상도 본격적으로 진행한다.

국제적으로는 북핵 폐기와 중장거리 미사일의 개발과 수출 중단, 북한의 '화생방무기폐기협약' 가입 등을 실현해 한반도 안보 위협을 근원적으로 해소하는 동시에 북미와 북일 간의 관계 개선을 이루어간다. 아울러 한국 정부는 국제사회의 공감대와 지지를 확산시켜 동북아 평화협력체의 창설을 제안하고, 그 초기 단계로 남북한과 주변 4대 강국의 외교 및 안보 분야 고위 실무자 대화를 거쳐 장관급 회의를 개최한다.

3) 제3단계
북핵을 완전히 폐기하면서 한반도 평화협정을 체결하고
동북아 평화협력체 형성을 도모

북한의 핵을 완전히 폐기시켜 한반도 비핵화를 달성하는 동시에 한반도 평화협정을 체결한다. 평화협정에는 남북한 당사자 원칙과 국제주의를 조화시킬 수 있는 방안이 고려되어야 한다. '정전협정'의 당사자 문제, 남북한의 동맹 관계, 한반도 평화 보상의 실효성 확보 여부 등을 감안할 때 남북 평화협정을 체결하고 미국과 중국이 보장자가 되든가(2+2) 아니면 4자 협정이 될 수 있다. 남북 군사회담의 결과로 '남북기본합의서'를 계승·발전시키는 남북 평화협정 또는 남북 기본 조약을 체결하고 주변 4강과 UN 등의 국제적 보장을 받는 동시에 남·북·미·중 4자 평화협정을 맺으며,* 이를 러·일, EU, UN 등이 시행을 보장하는 형태로 협상을 귀결한

---

* 4자 평화협정의 경우 합리적인 방안은 사안별로 여러 협정을 동시에 체결하는 것이다. 북한과 미국 간에는 북한의 대량살상무기 포기와 상호 불가침 및 관계 정상화에 관한 협정을 체결한다. 남한과 북한 간에는 상호 불가침 및 군사적 신뢰 구축과 재래식 무기 통제에 관한 협정을 체결하고, 미국과 중국이 이의 시행을 보장한다. 주한 미군과 관련해서는 남한, 북한, 미국 3자 협정을 체결하거나 한국과 미국 간 합의 사항에 북한이 동의한다. 끝으로 한국전쟁 종전과 한반도 평화 보장·관리에 관한 남한, 북한, 미국, 중국 간의 4자 평화협정을 체결한다.

다. 동시에 미국과 일본은 북한과 국교를 정상화해 남북한에 대한 교차 승인을 완료한다.

평화협정 체결은 자연히 주한 미군의 역할 조정과 연계될 것이다. 한미연합사령부가 해체되고 전시작전통제권을 환수한 한국군은 '방어의 충분성' 원칙에 입각한 자주적 방위 역량을 구비하며, 한미 동맹의 미래 지향적 재조정 작업을 완료하게 될 것이다.

또한 정전 협정 관리 기구를 대체하는 평화 체제 관리 기구가 창설되어 평화 체제에 대한 실질적 보장과 제도적 보장이 병행되고, 남북 경제공동체 형성이 심화되어 사실상 평화통일이 달성되는 것에 준하는 시기를 맞게 될 것이다.

평화 체제의 관리는 남북한이 주축이 되어야 하며, 실효성을 제고하기 위해 미국과 중국의 참여를 보장하고 러시아에도 참관자 자격을 부여해 이를 동북아 다자 안보 협력의 단초가 되도록 선용해야 한다. 즉 남북한은 본격적인 동북아 군비 통제 및 축소를 주창하고 동북아 다자 안보 협력을 형성하면서 결국 동북아 평화 협력 체제 구축으로 나아가게 된다. 물론 남북한이 군사적 신뢰 구축 조치와 군비 제한 조치를 포함한 운용적 군비 통제를 거쳐 군비 축소 및 감축을 의미하는 구조적 군비 통제로 이행하게 되는데, 이를 남북한만 시행하면 주변 강국에 대해 한민족만 무장해제하는 격이 되므로 군축은 동북아 다자 안보 협력 차원에서 주변국들의 동참과 협력 속에 공동으로 추진되어야 한다.

4) 북한 비핵화와 한반도 평화협정의 구체적 추진 일정

6자 회담에서 북한이 핵 포기를 결심하고 이를 성실하게 이행하도록 하기 위해서는 북한의 안보 딜레마가 고려되어야 한다는 측면에서 한반도 평화 체제 구축 과정과 긴밀히 연계되어야 한다. 또한 남북 관계에서도 이를 뒷받침하고 동북아시아 차원에서의 다자 안보 협력도 이루어지는 것이 바람직하다. 앞에서 설명했듯이 3단계로 상호 연계된 추진 일정을 정리하면 다음과 같다.

표 9-1 **6자 회담-평화협정, 4자 회담-남북 관계-동북아 다자 안보 행렬(Matrix)**

과정		1단계	2단계	3단계
6 자 회 담 과 4 자 회 담	실현 내용	• 한반도 비핵화-평화협정 전환 위한 당사국 간 협의(6자 회담 재개와 4자 회담 개시) 및 관련 로드맵 합의 • 협의 기간 일체의 적대 행위 금지	• 비핵화-평화협정 연동 로드맵 실천	• 한반도 비핵화 • 평화협정 체결
	북한 이행 사항	• 핵 동결(핵실험 및 핵 능력 증대 중단) • 인공위성 발사는 잠정적으로 6자 회담 참가국 비용 부담으로 제3국에서 실시	• 핵 폐쇄-불능화-폐기 절차 진행 • 북핵 폐기 사찰·검증 방법 합의	• 북핵 완전 폐기 및 사찰·검증 ※ 북한의 인공위성 자체 발사 권리 회복
	북한 외 6자 회담 참가국 이행 중요 사항	• 대북 제재 부분 해제 및 전면 해제 조건과 시기 확정 • 한미 연합 군사훈련 잠정 중단	• 북미 적대 관계 해소 조치 • '9·19 공동성명'에 기초한 국제 사회의 대북 경제 보상 및 정상적 국제 관계 회복	• 북미 외교 관계 수립
남북 관계		• 남북 통일부 장관 회담 • 남북 국방 장관 회담	• 운용적 군비 통제 • 남북 정상회담 정례화	• 구조적 군비 통제 • 남북 경제공동체 출범
동북아 다자 안보 협력		• 동북아 다자 안보 협력을 위한 6자 대표 회담	• 다자안보를 위한 6자 외무·국방 장관 회담	• 다자 안보를 위한 6자 정상회담 개최 및 정례화

자료: 6자 회담-평화협정 회담 부분은 이종석(2016: 21)을 참조해 작성했다.

5. 맺는말

핵 문제는 최고의 정치적·국제정치적 사안이고 한반도 주변의 강대국 모두 통일한국의 핵 보유는 용납할 수 없다는 확고한 이해와 의지를 표명하고 있으므로, 북한의 핵 개발 문제를 원활히 처리하지 않고 평화통일을 달성하는 것은 사실상 불가능하다.

문제는 대량살상무기의 비확산 등 국제질서를 주도하는 미국이 중국 견제 등 여타의 전략 목표를 북핵 문제의 해결보다 더 중시하고 있고, 북핵을 대화를 통해 해결하고자 하는 6자 회담 의장국인 중국도 북미 간의 이해관계를 조정하는 데 지쳐 있다. 따라서 북한의 핵 보유로 직접적이고 가장 큰 피해를 받을 한국 정부가 이를 주도적으로 해결하지 않는다면 북핵 문제의 해결은 요원하다. 이런 맥락에서 한국 정부는 이미 경제 부문의 체제 경쟁에서 승리했다는 자신감을 가지고 더욱 능동적이고 전향적으로 북핵 문제를 해결해 남북 관계를 정상화하고 한반도 평화 체제도 구축해야 할 것이다. 북핵 문제 해결 과정에서 성패를 가르는 관건은 상대방의 안보 딜레마를 감안한 상호 위협 감소와 동시 행동 원칙 및 상호존중의 자세를 견지해 상호 신뢰를 강화해가면서 점진적이고 단계적으로 합의하고 이행해가는 것이다. 여기에 창의성과 인내심, 문제 해결을 위한 열정이 더해진다면 어려워 보이는 북핵 문제의 해결이 한반도 평화 체제 구축과 동시에 달성될 수 있을 것이다.

남북 관계가 정상화되고 북핵 문제가 해결 과정으로 진전되면 한반도의 평화와 안정도 증진되면서 남북 간에 호혜적인 경협도 진흥되고, 북한이 개혁·개방으로 나아가면서 북한 주민의 삶과 소득수준도 개선되고 남북 주민 간의 동질성이 강화됨으로써 통일 비용이 최소화되는 평화통일의 기반도 구축될 것이다. 한국 정부가 자신감 있고 자주적이며 전향적인 자세와 열정을 보인다면, 한민족이 다시 하나가 되어 민족 웅비의 시대를 맞을 수 있을 것이다.

참고문헌

세종연구소. 2016. 『북한 비핵화 관철을 위한 추진전략』. 통일준비위원회.

이종석. 2016. 『북한 비핵화와 평화협정: 논의 배경·역사·전망·대응방향』. 정책브리핑 2016-10. 세종연구소.

홍현익. 2009. 「한반도 평화체제 구축과 한·미동맹」. ≪세종정책연구≫, 5권 1호.

_____. 2015. 「북핵 문제와 한반도 평화체제의 모색」. ≪아시아문화≫, 9호.

Bodman, Samuel W.(Secretary of Energy) and Robert M. Gates(secretary of Defense). 2008. *National Security and Nuclear Weapons in the 21st Century* (Sept.).

Lachowski, Zdzislaw et al. 2007. *Tools for Building Confidence on the Korean Peninsula*. SIPRI and Center for Security Studies at ETH Zurich.

Mullen, Mike, Sam Nunn(Chairs) and Adam Mount(Project Director). 2016. *A Sharper Choice on North Korea: Engaging China for a Stable Northeast Asia*(Sept.). Council on Foreign Relations.

통일과 지방정부

조재욱

경남대학교 정치외교학과 교수

1. 머리말

통일 정책의 수립과 시행의 일차적인 책무는 당연히 중앙정부에 있다. 그러나 통일 문제는 단순히 중앙정부만의 책임은 아니다. 통일을 위해서는 국가의 모든 역량이 총동원되어야 하기 때문이다. 이런 점에서 지방정부의 통일 사업은 총체적인 통일 역량을 강화시키는 데 매우 중요한 문제이다. 국민의 정부와 참여정부의 대북 포용 정책은 남북 교류에서 괄목할 만한 양적 확대의 계기로 작용했고, 그 결과 남북 교류 창구는 정부 중심의 단일 창구에서 민간과 지방정부의 참여로 확대되었다. 그러나 지방정부의 남북 교류 사업은 2010년 천안함 피습 침몰과 우리 정부의 5·24 조치로 지난 수년간 사실상 정체 및 중단 국면에 봉착해 있다.

후술하겠지만 독일의 동서독 도시 간의 자매결연 사업은 통일 과정에서 '중앙정부의 보완적 역할', '대립과 긴장 완화', '상호 이질감 해소와 신뢰 회복', '통일 비용의 절감' 등 여러 부문에서 실질적으로 도움이 되었다. 이처럼 독일의 사례에서 보듯 지방정부 차원의 남북 교류 사업은 한반도 평화와 안정, 통일을 위해 우리가 취할 수 있는 유효한 정책적 수단이 될 수 있다. 이와 같은 맥락에서 이 장에서는 남북 관계 개선과 통일 준비를 위해 정경 분리 원칙하에 남북 교류는 반드시 필요하며, 남북 교류를 위해서는 지방정부가 나름의 역할을 해야 된다는 전제하에 논지를 전개하고자 한다.

지방정부의 남북 교류 사업은 광역 자치단체를 중심으로 전개되었다. 북측과 접경하는 지방정부(경기도, 강원도, 인천광역시)와 제주도가 남북 교류 사업에 앞장섰으며, 이후 타 지방정부도 다양한 형식과 방법, 아이템을 가지고 적극적으로 참여했다. 그러나 대다수 지방정부의 남북 교류 사업은 기대한 만큼 성과를 거두지 못했으며, 또한 추진 과정에서도 여러 가지 부정적인 양태를 노정했다. 특히 일부 지방정부의 경우 사업을 추진하는 목적과 방식에 대한 구체적인 계획이나 검토 없이 의욕만 크게 앞세워 경쟁적으로 사업을 추진했다. 즉 '무엇을'이라는 사업 아이템의 선정 노력에 비해 '왜'와 '어떻게'에 대한 진지하고 충분한 논의는 크게 부족한 것으로 여겨진다(조동호, 2004: 725~726).

이런 시각에서 이 장은 지방정부가 남북 교류의 활성화를 위해 어떠한 역할을 해야 하는지를 모색하는 데 목적이 있다. 이를 위해 비교적 사업이 활발히 진행되었던 경상남도를 분석할 것이다. 남북 교류 사업에 경상남도는 어떠한 역할을 했으며, 다른 지방정부와는 어떤 차별화된 특징을 보였는지, 그리고 어떤 가시적 성과를 거두었는지를 고찰할 것이다.

2. 이론적 배경 검토
기능주의 관점을 중심으로

통합과 관련해 가장 많이 거론되는 이론 중 하나가 아마 '기능주의'일 것이다. 기능주의가 말하는 일반적 명제는 "경제협력이 통합과 평화를 가져온다"이다. 기능주의 시각에 의하면 비정치적 영역에서의 교류와 협력 사업 강화는 그 편익을 상호 향유할 뿐만 아니라 국제 협력의 유용성이 다양한 비정치 영역으로 확산되는 파급효과spill-over를 가져오고, 이것이 다시 지속적인 경험적 학습을 통해 정치 영역에서의 협력을 유인함으로써 평화를 창출하고, 종국에는 통합을 가능하게 한다. 즉 경제나 문화 같은 비정치적인 분야의 교류가 확대되면 정치·외교·군사·안보 분야까지도 협력이 가능할 것이라고 보는 게 기능주의의 핵심 요지이다(Mitrany, 1966). 분단국인 우리나라도 통일을 위해 이러한 기능주의적 접근 방식을 정책적 전략으로 검토했고, 이를 반영하기도 했다.

국민의 정부의 '햇볕정책'과 참여정부의 '평화·번영 정책'은 전통적 기능주의의 이론과 맥을 같이한다. 이 정부들에서는 정경 분리 원칙에 근거한 경제협력 사업을 토대로 남북한의 협력의 지평을 넓혀갔으며, 이는 곧 사회·문화·체육 같은 교류의 확대로 이어졌고, 남북한의 정치적·군사적 환경이 우호적으로 조성되는 기반이 되었다. 분단 이후 '정치적 이용'에 의해 발목이 잡힌 남북 관계는 비정치적 영역의 교류 확대를 시작으로 점차 진전하는 모습을 보여주었다.

그러나 이런 기능주의적 접근 방식은 현실적인 힘의 작용을 경시함으로써 현실적 타당성을 결여하고 있다는 지적을 받고 있다. 예컨대 기능적 차원에서 통합의 필요성이 제기되더라도 정치권력이 이를 거부하면, 그런 노력은 수포로 돌아간다는 것이다(정동근, 1997: 38). 5·24 조치 이후 기능주의적 접근 방식은 벽에 부딪히고 있다. 그 이유는 무엇보다도 우리 정부가 남북한이 직면하고 있는 정치적·군사적 문제의 해결을 남북경협의 전제 조건으로 여기는 측면이 크기 때문이다. 달리 말해 5·24 조치 이후 남북한 간 교류 사업은 정경 분리가 아닌 '정경 연계'에 의해 유지되고 있다.

한편 남북 교류 사업이 한반도 평화를 반드시 이끌 것이라는 가정은 타당치 않다는 시각도 존재한다. 교류 사업이 활발한 시기에도 정치·군사적인 면에서의 신뢰 구축은 여전히 난항을 겪었다는 것이다. 이와 같은 시각들은 교류 사업이 평화와 통합을 구현하기 위한 중요한 하나의 실마리가 될 수는 있지만, 충분조건은 아니라고 본다. 그러나 이런 시각에 대해 기능주의자들은 교류 사업이 정치·군사적 환경 개선에 미치는 효과가 직접적이기보다는 간접적이며, 단기적이라기보다는 장기적인 시간 범위에서 효과를 발휘한다는 점을 간과하고 있다고 지적한다. 장기적인 시각에서 교류 사업의 점진적 진화는 평화 문제를 해결하는 데 충분조건은 아니지만 최소한 필요조건은 될 수 있다는 것이다(김연철, 2006: 56).

남북한은 분단국가이기 때문에 일정 정도 정치적·군사적 대립이 불가피하다. 그러나 정치적·군사적 환경의 난기류를 다른 분야에까지 확대해 적용한다면 남북한의 상호 교류에 크게 영향을 미칠 수밖에 없다. 그간의 남북 교류의 역정을 되돌아보면 정치적·군사적 상황의 변화에 따라 부침이 반복되어왔다고 할 수 있다. 이런 논리는 지방정부의 남북 교류에도 유사하게 적용된다. 따라서 기능주의적 접근의 한계를 극복하기 위해서는 정치적·군사적 사안의 시시비비를 떠나 우리 정부만큼은 먼저 교류 사업을 중단해서는 안 된다는 것이다. 만일 피치 못할 사정으로 정부가 교류 사업을 중단하더라도 이를 시민단체나 지방정부의 교류 사업에까지 연결시키는 것은 곤란하다.

특히 역대 우리 정부의 통일 방안을 살펴보면 공히 교류·협력을 바탕으로 한 걸음씩 다가가는step by step 단계적 합의통일 방법에 기초하고 있다. 이런 통일 방안을 실행하기 위해서는 무엇보다도 교류가 반드시 필요한 조건이다. 남북한 통합의 관점에서 볼 때 정치적 접근을 기대하는 것이 좀처럼 쉽지 않음을 감안한다면, 우리 정부의 기능주의적 접근 자세는 무엇보다도 중요하다고 할 수 있다.

3. 통일 과정에서 지방정부의 역할

1) 지방정부가 주도하는 남북 교류 사업의 필요성

남북 교류 사업에는 중앙정부, 지방정부, 민간단체 등 다양한 행위자가 관계하고 있고, 그중 중앙정부의 역할이 매우 크고 결정적이다. 그러나 국민의 정부, 참여정부 시기에는 화해와 협력의 남북 관계가 지속되면서 남북 관계에서 중앙정부 이외에도 지방정부의 역할이 높은 비중을 차지하기도 했다. 하지만 남북 관계를 규율하는 법률과 제도가 아직 제대로 갖춰지지 않은 상황에서 핵과 미사일 발사 실험 등으로 중앙정부가 대북 강경 정책을 취하며 교류 사업을 중단시킬 경우, 지방정부의 교류 사업은 위축될 수밖에 없다. 무엇보다도 지방정부가 교류 사업을 시행하기 위해서는 중앙정부의 승인을 받아야 한다. 이런 점을 감안한다면 남북 관계에서 지방정부의 역할은 그 비중이 매우 제한적이라 할 수 있다. 이처럼 현재 지방정부의 교류 사업은 여러 제약이 뒤 따르지만, 그럼에도 사업은 계속 유지되어야 한다는 것이 전문가들의 중론이다.

지방정부가 주도하는 남북 교류 사업의 필요성은 다음 몇 가지 측면에서 논의할 수 있다. 첫째, 남북 관계의 개선을 위해 보완적 역할을 수행할 수 있다. 지방정부는 중앙정부에 비해 정치색이 옅은 협력 과제를 수행함으로써 정치적 환경으로부터 비교적 자유롭게 교류 사업을 추진할 수 있으며, 민간단체보다는 큰 규모로 자원을 동원할 수 있어 의미 있는 규모로 대북 지원 사업을 추진할 수 있고, 농업기술원 등 산하단체를 통해 전문성을 확보할 수 있다.

둘째, 통일의 밑거름이 될 수 있으며 통일 이후 사회 통합에도 크게 기여할 수 있다. 예컨대 남북한 지방정부 간의 교류는 통일 과정에서 평화와 안전에 대한 보장, 상호 긴밀한 선린 관계 유지, 군축과 긴장 완화에 기여, 시민 교류 지원, 상호 신뢰 구축과 상호 이해의 증진, 사회적 동질성 확보라는 효과를 거둘 수 있다. 지역 주민이 참여하는 지방정부의 대북 협력 사업은 남북 관계의 현실과 통일 문제에 대한 국민적 공감대를 넓혀갈 수 있으며, 북한 사회의 폐쇄성과 경직성을 이완시킬 수도 있다.

셋째, 통일 비용을 절감하는 데 긍정적으로 작용할 수 있다. 국회에서 발표한 보고서에 의하면 인도적 지원을 넘어 사회간접자본SOC을 포함한 전면적인 교류 사업이 진행될 경우 통일 비용은 현격히 감소하고 남북한 소득 격차도 빠르게 축소될 것으로 예측되었다(국회예산정책처, 2015). 지방정부의 농업 분야, 마을 환경 개선 같은 지원 사업은 북한의 개발과 자급 능력을 높여 통일 과정에서 필요한 비용을 절감하는 효과를 얻을 것이다.

넷째, 경색 국면의 남북 관계를 유화 국면으로 전환하는 교량적 역할을 수행할 수 있다. 중앙정부는 남북 관계가 경색 국면에 빠질 경우 지방정부의 남북 교류를 적절히 활용해 남북 관계에 완충지대를 확보하거나 숨통을 틔울 수 있는 여지를 마련할 수 있다. 정부적 성격, 준당국적 성격과 시민단체적 성격을 공유하는 지방정부의 독특한 위상은 남북 정부 간 대화 통로가 막혀 있을 때 오히려 그 유용성을 제고시킬 수 있는 것이다(진행남, 2008: 73). 지방정부의 남북 교류는 결국 총체적으로 남북 관계의 유기적인 연계성을 강화하고 다양한 통로를 확보함으로써 남북의 최혜와 협력에 크게 기여를 할 수 있다.

이처럼 지방정부의 남북 교류 사업 활성화는 정부 차원의 상이한 이념과 체제를 초월해 이분화된 사고를 지양하는 계기가 될 수 있으며, 남북한 주민들 간의 지역감정과 적대의식의 완화에 영향을 미침으로써 민족동질성 회복을 유도하고 통합 과정에서 심화될 수 있는 남북한 간의 이질화를 극복하는 데 기여할 수 있다. 그리고 국제적 변수를 고려할 수밖에 없는 중앙정부의 정책적 딜레마를 극복하고, 관계의 지속성을 확보해 안정적인 협력 구조를 창출하는 데 기여할 수 있다. 더 나아가 지역 간의 교류를 통한 남북한의 신뢰 회복은 장기적으로는 남북한의 게임 판에서 북한 내부의 동맹 세력 확보라는 의미도 지닌다.

2) 독일의 사례

한반도와 독일은 분단의 원인과 상황에서 서로 다르지만, 과거 서독의 대(對)동독 정책과 접근 방식, 독일 통일의 경험은 우리의 통일 정책을 논의하고 구상하는 데 많은 시사점을 제공한다. '동서독 도시 간의 자매결연'은 바로 그러한 사례 중 하나이다. 물론 이 사업이 1986년부터 본격적으로 시작되었기 때문에 분단 시기에 그리 큰 성과를 냈다고 말하기는 어렵지만, 통일 이후 동서독 간의 행정 통합과 국민 통합 과정에서 매우 중요한 역할을 했다고 평가받고 있다(김학성, 2014).

도시 간의 자매결연은 서독의 제안으로 이루어졌다. 자매결연이 처음으로 성사된 것은 1986년 4월 서독의 자알루이Sarrlouis 시와 동독의 아이젠휘텐슈타트Eisenhüttenstadt 시 사이에 이루어진 파트너 관계 협정이다. 이후 1989년 베를린 장벽이 무너질 때까지 700여 개의 서독 도시가 자매결연을 희망했고, 62개 도시 간에 자매결연이 성사되었다(Pawlow, 1990: 150~151). 이후 통일이 진행되면서 그 숫자는 폭발적으로 증가해 통일이 실현될 당시 총 854개 도시가 자매결연을 체결했다.

도시 간 자매결연에 대한 양측의 의도는 크게 달랐다. 도시 주민들 간의 선린 우호 관계를 도모하고자 했던 서독 측과는 달리 동독 측은 동독이라는 존재를 국제적으로 공인받으려는 정치적 의도에서 자매결연을 추진했다. 서독 측은 도시 주민들 간에 광범위한 접촉을 원했던 반면, 동독 측은 '통제받지 않는 대중 간의 접촉'을 허용하지 않았다. 이 때문에 진정한 의미의 도시 주민 간 접촉은 이루어질 수 없었다. 또한 동독 측은 도시 간 교류·협력을 통해 동독의 정치적 노선을 서독 도시들에 선전하려는 의도도 내포하고 있었다. 이런 동독 측의 정치적 의도에도 서독 측이 포용적인 자세를 취했기 때문에 도시 간에 교류와 협력이 가능할 수 있었다(이상준, 2016).*

---

* http://kdjpeace.com/home/bbs/board.php?bo_table=b01_14&page=3&page=7(검색일:

그러나 이 사업이 처음부터 순조롭게 진행된 것은 아니었다. 가장 큰 문제점은 앞서 지적한 동독 측의 정치적 의도와 경직된 자세였지만, 서독 내부에서도 문제점이 드러났다. 서독 측은 실행 의지에 걸맞은 실질적·구체적 사업 계획을 준비하고 있지 못했다. 특히 서독의 지방정부에는 동서독 관계를 실무적으로 취급해본 경험자가 없었을 뿐만 아니라, 지방의 정치가들은 동독의 정치와 행정 체계에 대해 지식이 매우 일천했다. 따라서 초기 서독 도시의 동독에 대한 접촉 노력은 오해와 실망으로 얼룩졌고, 대개의 경우 성과를 거두지 못했다(김학성, 2014).

하지만 통일 이후 서독과 자매결연을 체결했던 동독의 도시는 타 도시에 비해 빠르게 발전했고, 양 지역 간에 행정 통합과 주민 통합에 기여했다는 평가를 받고 있다.* 양 도시 간 자매결연 협정서에는 지자체 수준에서의 정치 교류, 도시 개발과 노동에 대한 정보 및 경험 교환, 양 지역 내의 기관, 단체, 협회 등의 공동 협력, 연간 교류 계획의 수립과 교환 방문 및 자료 교환 등이 명시되었다. 자매결연을 통해 교육, 예술, 문학, 체육, 구호단체 등 모든 종류의 교류가 이루어졌으며, 서독 지방정부의 식량, 소비재, 의약품 부족 사태와 관련한 대동독 지원이 급증했다.

이렇듯 양 도시 간 교류는 공동 협력과 사회 조직 간의 협조 및 유대관계를 강화하는 계기가 되었고, 이는 곧 동독의 민주화와 통일 분위기 조성에 기여했다. 또한 서독의 지방분권주의 전통과 지방자치의 법적 제도가

2016.9.12).

* 이와 관련해 자세한 내용은 김학성, 2014; 최철영, 2015; 한부영, 2000; 김강녕, 2016 참조.

중앙집권적 행정 체제를 갖추고 있는 동독에 유입되어 통일독일의 기본 행정 체제를 조성하는 데 기여했다. 무엇보다 통일 이후에도 자매결연을 연장해 서독의 지방정부는 동독의 지방정부에 경제적 지원을 비롯해 총체적으로 지원했고, 이와 같은 협력과 지원은 독일의 통일 후유증 해소에 매우 큰 역할을 했다. 즉 도시 간 자매결연 사업은 통일 이후 통합 과정에서 긴요하게 활용되었던 것이다.

이렇듯 동서독 도시 간의 자매결연 사업은 통일 과정과 통일 이후 사회통합 과정에서 큰 역할을 했다. 이 사업의 경험이 주는 함의는 기본적으로 우리의 포용력이 교류와 협력에서 가장 중요한 출발 조건이라는 것이다. 서독 측의 유연한 대응이 없었다면 동서독 도시 간 협력은 불가능했다. 또한 지방정부는 교류 사업을 세심하게 준비해야 하며, 사업의 실현 가능성, 실효성 등을 꼼꼼히 따진 후에 사업을 추진해야 할 것이다. 이를 위해 지방정부는 교류 사업을 추진하는 실무자를 대상으로 북한의 행정 및 사회 체계에 대한 기본적인 교육을 실시할 필요가 있다.

4. 지방정부의 남북 교류 사업의 모범 사례
경상남도를 중심으로

1) 지방정부의 남북 교류 사업 전개 현황

지방정부가 남북 교류 사업을 본격적으로 시작한 것은 국민의 정부가

표 10-1 **지방정부 남북 교류 관련 조례 제정 현황**

광역자치단체		기초자치단체	
강원도	1998.12.31	철원군	2001.3.21
경상북도	2007.10.16		
대구광역시	2005.8.10		
경상남도	2005.4.7	고성군	2001.11.5
울산광역시	2006.4.6	북구	2011.10.31
부산광역시	2007.7.11		
제주자치도	2007.5.9		
전라남도	2003.6.5	목포시 외 다수	2009.4.20
광주광역시	2003.1.1	광산구	2010.3.22
전라북도	2007.12.28		
충청남도	2011.11.10		
대전광역시	2008.6.20		
충청북도	2008.2.22	제천시	2008.10.6
경기도	2001.11.9	파주시 외 5곳	2004.1.10
인천광역시	2004.11.8		
서울특별시	2004.7.20		

등장한 1998년 이후이다. 〈표 10-1〉에서 볼 수 있듯이 2016년 16개 광역
시도 모두 남북 교류·협력에 관한 조례를 제정했는데, 이 중 접경 지역에
위치한 강원도와 경기도가 먼저 조례를 제정했고, 내륙 지역인 충청남도
가 가장 늦게 제정했다. 접경 지역 자치단체의 경우에는 남북 교류·협력
이 자치단체의 발전과 연관되어 있기 때문에 더 적극적이고 지속적이다.
반면 비접경 지역의 자치단체의 경우에는 자신들의 이해관계보다는 북
한 주민들을 돕거나 남북 교류·협력의 발전이라는 시대적 흐름에 동참하
는 것이 더욱 주된 이유라서, 접경 지역 자치단체보다는 추진 동력이 약할

수밖에 없다. 이런 맥락에서 기초 자치단체의 경우에도 강원도와 경기도에서 많은 조례가 제정되었다(김동성 외, 2011: 24). 그러나 예외적으로 전라남도 기초 자치단체에서 많은 조례를 제정했는데, 이는 남북 관계 개선을 이끈 김대중 전 대통령의 고향이라는 요인이 크게 작용했다고 볼 수 있다.

지방정부가 전개한 남북 교류 사업은 크게 3단계로 나누어볼 수 있다. 제1단계는 남북 교류 사업 모색기(1999~2001)로, 제주도의 감귤 지원, 강원도의 남북 공동 연어 방류 사업 등이 추진되었다. 제2단계는 대북 인도적 지원 사업 추진기(2002~2005)이다. 인도적 지원으로는 식량 지원, 식품 가공 공장 건립, 재난구호, 생필품 지원 등이 이루어졌다. 제3단계는 2005년 이후 북한이 개발 지원으로의 전환을 공식적으로 요청하면서 각 지자체들이 기존의 단순한 물자 지원 방식을 지양하고, 개발 지원 사업으로 전환한 시기(2006년 이후)이다. 개발 지원으로는 협력 사업(농산·축산·수산·임업), 현대화 지원 사업(도로 및 농로 포장, 주택 개보수, 탁아소 및 진료소 신축, 학교 보수) 등이 있다. 그러나 2008년에 들어 북한이 지방정부의 농촌 개발 지원 사업에 부담을 느끼면서 사업 중단을 요구했고, 금강산 관광객 피살 사건으로 남북 관계가 경색되면서 지방정부의 교류 사업은 위축되었다(김동성 외, 2011: 17~23). 더욱이 2010년 천안함 침몰 사건 이후 내려진 5·24 조치로 지방정부의 교류 사업은 대부분 중단된 채 현재에 이르고 있다.

2) 경상남도 남북 교류 사업의 추진 과정

남북 교류 사업의 추진과 관련해 타 시도의 추진 실태를 먼저 살펴보면 당시 인천광역시, 경기도, 강원도는 이 사업을 위해 전담 기구를 신설하고 자체적으로 기금을 조성했으며, 단순한 지원 단계에서 벗어나 상호 공동의 이익을 창출하기 위해 공동 사업을 추진했다. 이에 반해 다른 지방정부들의 교류 사업은 문화 협력 부분에 국한되었으며, 단기성 구호물품 지원에 한정되었고, 사업의 방법도 자치단체가 직접 관여하기보다는 비영리 법인을 후원하는 형태로 참여했다. 그 결과 성금 모금과 집행 과정에서 투명성 문제가 발생하기도 했다.

경상남도는 이런 점을 고려해 남북 교류 사업의 기본 방향을 우선 도민으로부터 공감대를 확보해 투명하게 추진하려 했으며, 농업 협력 사업으로 남북 관계의 물꼬를 튼 후, 단계적으로 분야별 사업을 확대한다는 구상을 세웠다. 즉 단계별로 전략적·안정적으로 대북 사업을 추진하는 것이었다. 그리고 사업을 추진하는 데 단순히 '퍼주기식'이 아니라 '상호 호혜' 원칙을 준수하고자 했다(경상남도, 2005).

경상남도의 남북 교류 사업의 구체적인 추진 경과를 살펴보면 다음과 같다. 경상남도는 2005년 4월 7일 '남북교류협력조례'를 제정했고, 7월에는 남북교류실무위원회 및 실무기획단을 구성했다. 8월에는 남북교류협력위원회 실무기획단 회의를 통해 2년간 20억 원의 기금을 조성하는 데 대해 협의했다.* 11월에는 평양특별시 강남군 장교리와 농업 협력 사업을 합의해 2006년 1월에 합의 각서를 체결했다. 이후 2006년 1월부터 9월까지 총 여덟 차례에 걸쳐 평양시 강남군 장교리 협동농장에 총 11억 2000

---

* 기금 20억 원은 경상남도 내 20개 시군에서 각 1억씩 지원을 받아 조성했다.

만 원 상당의 농업 관련 물품을 지원했다. 또한 4월에는 이앙기 250대와 경운기, 트랙터 등 농기계를 전달했고, 벼 육묘 공장 600평과 비닐 온실 2000평을 건립했다(양현모 외, 2008: 152). 10월에는 북한의 육묘 공장에서 재배된 딸기 모종 1만 주가 경상남도로 반입되었고, 2007년 2월에는 북한이 재배하고 생산한 딸기와 쌀 1톤을 보내오기도 했다. 이를 계기로 4월에는 경상남도 주민 97명이 김해-평양 직항기를 이용해 북한을 방문하기도 했다. 더 나아가 경상남도는 2007년부터 농촌의 소학교 건립과 수해 피해 지원에 주력했다. 2008년에는 만성적 영영실조로 성장 장애를 겪고 있는 북한 어린이들을 돕기 위해 평양시 락랑 구역에 130평 규모의 콩우유 공장을 착공했다.

그러나 2008년 금강산 관광객 피격 사건 이후 경상남도의 남북 교류 사업은 난항을 겪었다. 경상남도민 대표단이 2008년 8월에 장교리 협동 농장에서 벌여온 벼농사 규모의 확대와 기계화 지원, 통일딸기 사업 점검 등을 비롯해 경상도민이 성금 10억 원을 모아 건축자재를 지원한 장교리 소학교 건물 준공식에 참석할 예정이었지만, 중앙정부는 남북 관계가 크게 경색된 상황에 지방정부의 방북은 적절하지 않다는 태도를 보였다. 그 결과 경상남도민 대표단의 방북은 연기되고 말았다.* 이후 2012년까지 통일벼 종자 보내기 등 일부 사업만 명맥을 이어오다가 2013년부터 2017년 현재까지 사업이 완전히 끊긴 상태이다.

---

* 당시 김태호 지사는 "경남대표단 방북이 정부의 강경기준을 희석시킬 수 있다는 지적은 좁은 시각에서 비롯된 것"이라며 "지자체와 민간 교류도 결국 통일을 위한 초석을 다지는 작업이므로 넓고 크게 봐서 결정하는 것이 바람직할 것으로 본다"라고 지적했다. ≪연합뉴스≫, 2008년 7월 24일 자.

3) 경상남도 남북 교류 사업의 특징

　지방정부의 남북 교류 사업의 특징을 고찰하기 위해 대북 지원 사업의 제도적 기반, 협력 사업 분야, 교류 원칙과 추진 방법을 살펴볼 필요가 있다. 경상남도는 타 지방정부에 비해 남북 교류의 제도적 기반이 우수한 편이라고 할 수 있다. 〈표 10-1〉에서 볼 수 있듯이 타 지방정부에 비해 남북 교류·협력 조례의 제정이 빠른 편이었으며, 접경 지역과 재정적 기반이 우수한 서울, 부산을 제외한 지방정부 중 가장 많은 남북 협력 기금을 조성했다.

　경상남도가 추진한 남북 교류 사업은 일회성, 이벤트성 위주의 지원 사업이 아니라 장기적 농업 협력에 초점을 맞추었다. 주지하듯이 북한의 식량생산량은 매우 부족한 실정이다. 북한의 이와 같은 농업생산량 사정을 감안해 경상남도는 〈표 10-2〉에서 볼 수 있듯이 북한의 식량난 해소, 협동농장 주민의 소득 증대 등 북한 농민에게 실질적으로 도움을 주는 협력 사업에 중점을 두었고, 농업 협력의 내용도 기후와 토양 등 현지의 자연조건에 부합되고, 전력, 기술 수준 등을 북한의 현실에 맞춰 현지 농민들이 필요로 하는 농업 기자재, 비료, 농약 등을 지원함으로써 지원의 효율을 극대화했다.

　특히 경상남도는 지방정부로서는 처음으로 협동농장에 남북 공동의 경영 방식을 도입했다. 도내에서 농사 경험이 많은 민간인들이 농업 협력 사업에 파트너로 참여해 현지 농민들의 협력 수요를 파악하고 공동으로 농사를 지으면서 남측의 농업 기술을 전수했다. 경상남도의 농업 지원 사

표 10-2 **2006년 경상남도의 농업 분야 대북 지원 품목 및 대북 지원 비용 구성**

구분	지원 품목	지원 규모	지원 금액 (천 원)	비용의 성격
경상남도	육묘 공장 건립	600평	150,000	내구성(20년)
	비닐 온실 건립	10동(200평)	100,000	내구성(20년)
	이앙기	250대	518,000	내구성(10년)
	경운기 및 부속품	5대	23,900	내구성(10년)
	트럭(1톤)	1대	14,100	내구성(10년)
	관정 개발	2(1)공	20,000	농업 기반 조성
	농약·식물 영양제 등		15,000	소모성
	기타 농자재 운임 등 제 경비		79,000	협력 기반 조성
	소계		920,000	
경남통일농업협력회	농약, 비료, 상토 트랙터, 바인더		200,000	
	소계		200,000	
	총계		1,120,000	

업 파트너인 경남통일농업협력회(이하 경통협)*의 회원들은 협력 사업이 진행된 이후 10차례 이상 북한을 방문해, 육묘 공장과 비닐 온실 건립, 각종 농기계 조작, 수리, 육묘 기술, 재배 관리 기술 등에 대해 현지 주민들의 자문에 응하는 활동을 했다(경남발전연구원, 2006: 18). 그 결과 북한에서도 경상남도의 남북 교류 사업을 타 자치단체에 비해 높이 평가했다.**

---

* 경통협은 북한 주민을 돕는다는 순수 동기에 따라 조직화해 지역 기업, 주민들에게 확산시켜가는 활동을 하고 있다. 경통협은 지역 농민과 농자 재상, 육묘 사업자 자신들이 직접적으로 참여할 수 있는 농업분야에서 북한 지역과의 협력 사업을 하기 위해 자발적으로 조직된 단체이다.

** 장교리 협동농장 리현철 관리원장은 짧은 기간에도 채소 판매와 벼 종자 개량 등으로 강남군에서

또한 경상남도의 농업 협력 지원 사업은 일방적 퍼주기식이 아닌 상호 호혜 원칙을 견지했다. 북한의 장교리 협동농장에서 통일딸기 모종을 생산해 남측으로 반입하는 것이 정례화됨으로써 양쪽 모두에 이익이 되는 사업을 한 것이다. 장교리 협동농장은 딸기 모종과 고추 모종을 재배하기에 좋은 기후 조건을 갖추고 있다. 그동안 경상남도 지역의 딸기 농업은 모종을 중국 등 외국에서 수입했지만, 교류 사업을 통해 대체효과를 보게 된 것이다. 경상남도는 이렇게 생산된 딸기를 통일딸기로 브랜드화해 특허청에 상표 등록까지 마쳤다(≪연합뉴스≫, 2007.10.4).

끝으로 경상남도는 대북 협력 사업을 경통협이라는 민간단체와 실질적인 협력 관계를 맺어 추진했다. 경상남도의 대북 협력 사업에 관한 정책의 의제화는 경상남도가 주도한 것이 아니라 경통협 같은 민간단체들과 협의를 통해 이루어졌으며, 더 나아가 민간단체가 제기한 것을 경상남도가 검토하고 지원을 결정하는 방식으로 전개했다. 즉 경상남도는 대북 협력 사업의 방향을 설정하고 전반적으로 조정하는 역할을 맡았으며, 경통협이 대북 협력 사업의 활동에 실질적인 산파 역할을 한 것이다.

이렇듯 경상남도의 남북 교류 사업은 북한의 농촌 발전에 기여했다. 장교리 협동농장은 육모 공장과 비닐 온실에서 기른 각종 채소와 딸기의 수확량, 공동 벼농사에 따른 쌀 생산 증가분, 이앙기 등의 각종 농자재 지원을 통해 노동력 절감 효과를 볼 수 있었다(경남발전연구원, 2006: 26). 예컨대

쌀 생산량이 1위를 차지했고, 생산량도 10%가량 높아졌다며 경상남도에 감사를 표한 적이 있다(양현모 외, 2007: 91).

장교리 협동농장관리위원회의 발표에 의하면 비닐 온실 2000평에서 고추를 비롯해 각종 채소가 약 1만 4555kg, 딸기가 약 7000kg이 수확되었으며, 쌀은 지원 사업이 시작된 이후 약 10만 6000kg 정도가 더 생산되어 약 50만 kg 이상이 생산되었다. 그리고 이앙기 250대를 지원해 한 해 동안 절약된 북한의 노동력이 4만 5500명 정도로 추산되었다. 우리나라의 시장 가치로 환산해보면 각종 채소는 약 3380만 원, 딸기는 2450만 원, 쌀은 최소 1억 8000만 원에서 2억 3000만 원, 노동력 절감 비용이 7100만 원 정도에 이르는 것으로 보았다.

하지만 경상남도가 남북 교류 사업을 실시하면서 전혀 문제점이 없었던 것은 아니다. 무엇보다도 교류 사업을 위한 전문적인 인적 구성이 상당히 취약한 것으로 나타났다. 경상남도는 교류 사업을 위해 '남북교류협력위원회'와 '남북교류협력실무기획단'을 구성했지만 이는 형식적인 조직에 불과한 것이었고, 실제 도내에서 실무를 담당하는 인원은 매우 부족한 편이었다. 또한 이와 같은 담당자 역시 순환 보직에 따라 근무 연수가 1~2년에 불과하기 때문에 전문적 비법을 축적하는 것은 매우 어려운 실정이었다(양현모 외, 2008: 154).

5. 경상남도 남북 교류 사업의 시사점

이상에서 살펴보았듯이 과거 경상남도의 농업 지원 협력 사업은 가장 효율적이고 효과적인 대북 지원 사업으로 손꼽힌다. 현지 사정에 적합하고 현지 주민이 필요로 하는 농업기술 지원과 농자재 지원을 주로 하는 경상남도의 사업은 적은 비용으로 많은 성과를 창출했다. 북한 측에서도 경상남도의 사업을 가장 모범적인 교류 사업 사례로 인정하고 있다.

경상남도의 이러한 사업은 남북한 간의 거리감을 상당히 좁히는 가교 역할을 했다. 특히 장교리 육묘 공장에서 생산된 딸기 모종을 경상남도에 무상으로 반입해 도내 재배 농가에 배분함으로써 농업 지원 협력 사업이 일방적인 '퍼주기'가 아닌 '상호 호혜'라는 인식을 도민들이 갖기 시작했으며, 향후 이 사업이 지속적으로 확대될 경우 상당한 수입 대체 효과가 있다는 것을 깨닫게 했다.

경상남도가 이렇게 활발한 남북 교류 사업을 할 수 있었던 것은 바로 민간단체인 경통협이 있었기 때문에 가능했다. 교류 사업을 민간단체 조직에만 의존할 경우 기획, 실천성 등이 부족해 문제가 발생할 수 있고, 자치 단체가 전면에 나설 경우에는 남북한 간의 정치적 장애 요소 때문에 사업이 중단될 우려가 있다. 2006년 북한의 핵실험으로 거의 모든 대북 사업이 중단될 위기에 놓였지만, 경상남도의 통일딸기 사업은 사업의 집행 주체가 민간단체인 경통협이다 보니 그 기간에도 사업을 계속 진행할 수 있었고(양현모 외, 2007; 92~93), 경상남도 역시 이를 적극적으로 지원할 수 있었다. 이를 계기로 경상남도와 경통협은 남북 교류 사업에 자신감을 갖게 되었으며, 농업 지원 사업 외에도 장교리 주민들의 바람인 소학교 건립과 북한 어린이의 성장을 돕기 위한 콩우유 공장 착공과 같은 후속 사업에도 적극적으로 임했고, 도민들도 이에 적극 호응하는 모습을 보여주었다.*
이처럼 경상남도는 지방정부와 민간단체의 협조적 리더십 아래 주민들이 참여하는 이상적인 대북 지원 거버넌스 체계를 선보였다.

이러한 정책 결정 체계는 대체로 협력적 관계가 유지되는 가운데 진행되지만, 때에 따라 정치 행위자 간에 갈등을 빚는 경우도 있다. 예산은 정책 결정 내용 중에서도 실효성을 뒷받침하는 중요한 결정 사항인데, 특정 사업에 대한 지방정부와 지방 의회 간의 의견 불일치는 사업 전반에 부정적인 영향을 끼치게 된다. 경상남도 의회는 교류 사업비 집행 내역이 불분명하고, 이앙기 등 농기계의 전달 경로나 북측의 접수자가 명확하지 않은 이유를 내세워 2007년도 남북 교류 기금 예산 5억 원을 전액 삭감했다(≪부산일보≫, 2006.12.20). 이렇게 되자 통일딸기 사업을 직접적으로 담당했던 경통협의 사업 집행은 차질을 빚을 수밖에 없었다.

6. 맺는말
지방정부의 남북 교류 사업 활성화를 위한 과제

남북 교류 사업에서 가장 큰 문제점은 북한의 소극적인 태도라고 할 수 있다. 이 외에도 교류 사업은 기본적으로 남북 관계의 진전에 따라 영향을 받는데, 남북 관계가 경색 국면에 처할 경우 지방정부의 교류 사업은 차질을 빚을 수밖에 없다. 그러나 지방정부도 교류 사업을 준비하고 추진하면서 많은 문제점을 노출했다. 그 결과 과거 지방정부들의 교류 사업이

---

* 경상남도와 경통협이 장교리 소학교 건립 사업을 위해 모금 운동을 펼친 결과, 도민 20여 만 명이 참여했고 약 9억 8700만 원의 성금을 모금했다.

모두 성공을 거두지는 못했다.

실패한 지방정부들은 다음과 같은 문제점을 내포하고 있었다. 우선 시혜와 수혜라는 비대칭적 관계가 존재했다. 교류 사업은 일방적인 시혜가 아니라 상호주의에 입각해야 하며, 상대의 입장이 되어 요구에 임한다는 원칙을 전제해야 하다. 북한에 대한 남한의 일방적인 시혜는 북한이 거부하는 태도를 보일 수 있으며, 혹은 북한 정권의 도덕적 해이를 조장할 수 있다. 그리고 남한 주민은 이를 자칫 퍼주기로 오인할 수 있어 사회적 공감대를 얻지 못할 수 있다.

둘째, 추진된 사업들이 전시성, 이벤트성을 벗어나지 못했다. 이는 민선 자치단체의 장들이 자신들의 치적을 과시하고, 차기 선거를 의식해 사업을 진행한 탓도 있다. 사업의 지속성이 수반되어야만 상호 간에 신뢰가 형성될 수 있으며, 이를 통해 남북 협력의 관행이나 제도화가 형성될 수 있다. 예산 규모가 큰 행사는 오히려 일회성에 그칠 가능성이 있다. 사업 시행 초기는 규모를 먼저 논하기보다 지속 가능성을 우선적으로 고려해야 하며, 이를 위해 지역적 강점과 역량을 발휘할 수 있는 사업을 추진할 필요가 있다.

끝으로 전문성이 결여되어 실질적이고 구체적인 사업 계획을 준비하지 못했다. 이는 실패한 지방정부만의 문제가 아니라 지방정부 대부분의 문제이기도 하다. 중앙정부와 달리 지방정부의 경우 대북 관계를 다루어 본 경험 있는 실무자가 거의 없어, 교류 사업을 위한 기구나 전담 부서가 없는 것이 현실이다. 실질적이고 구체적인 교류 사업을 추진하기 위해서는 무엇보다도 이를 위한 전담 기구를 편성해야 하며, 나아가 지역 내 통일 교육 거점 대학과 함께 연구 기능 및 교육 사업의 활성화를 도모해야 한다.

앞에서 이야기했듯이 지방정부의 남북 교류 사업은 반드시 필요하다. 구체적인 준비 없이 의지만으로 실행을 강행한다면 실패할 가능성이 높다. 교류 사업은 장기적 관점에서 로드맵을 갖춰 점진적·단계적으로 추진해야 한다. 이를 위해 지방정부는 사업 계획의 수립과 실행 과정까지 지역민과 함께하는 자세가 필요하고, 북측과 신뢰를 구축하는 가운데 사업의 지속성을 확보해야 한다. 무엇보다도 중앙정부는 중앙 당국 간의 관계가 단절되더라도 지방정부 사이에 교류와 협력이 유지된다면 이를 안정적으로 발전시키기 위해 간접적 지원을 아끼지 말아야 한다.

참고문헌

경상남도. 2005. 『남북교류협력 위원회 제1차 회의자료』.

국회예산정책처. 2015. 『남북교류협력 수준에 따른 통일비용과 시사점』. 대한민국 국회.

김강녕. 2016. 「통일과정에서 남북지방자치단체간 교류협력체제 구축방안」. ≪한국 지방정치학회보≫, 6집 2호. 한국지방정치학회.

김동성 외. 2011. 『지방자치단체 남북교류 거버넌스 구축 방안』. 경기개발연구원.

김연철. 2006. 「한반도 평화 경제론: 평화와 경제협력의 선순환」. ≪북한연구학회보≫, 10권 1호.

김진근. 2006. 『경남의 농업분야 대북지원사업의 평가와 정책방향』. 경남발전연구원.

김학성. 2014. 「통일에서 지방정부의 역할: 독일의 사례」. ≪통일코리아≫, 통권 2호.

양현모·이준호. 2008. 「남북교류협력과 로컬거버넌스 구축방안: 강원도, 경기도, 경 상남도 사례비교」. ≪한국정책과학학회보≫, 12권 1호.

양현모·이준호·최진욱. 2007. 『한반도 평화 번영을 위한 로컬 거버넌스 활성화 방안: 지방자치단체 남북교류를 중심으로』. 통일연구원.

이상준. 2016. 「동서독 도시교류와 경험과 시사점」. 『6·15 남북정상회담 16주년 기 념학술회의 자료집』.

정동근. 1997. 『한국통일론』. 대영문화사.

조동호. 2004. 「지방자치단체의 남북교류협력사업의 문제점과 합리적 추진방안」. 『지 방의 국제화』, 한국지방자치단체 국제화재단.

진행남. 2008. 『이명박 정부의 대북 정책의 변화와 지자체 남북교류의 특징 및 과제』. 제주평화연구원.

최철영. 2015. 「지방자치단체의 남북교류협력활동」. ≪대구경북개발연구≫, 통권 93호. 대구경북연구원.

한부영. 2000. 「남북지방자치단체간 교류협력 확대방안: 독일사례 비교연구를 중심
　　으로」. ≪지방행정연구≫, 14권 2호. 한국지방행정연구원.

"김태호 경남지사 방북 무산되나". ≪연합뉴스≫, 2008.7.24.
"경남 '통일딸기' 브랜드". ≪연합뉴스≫, 2007.10.4.
"남북농업교류 예산 되살려라". ≪부산일보≫, 2006.12.20.

Mitrany, David. 1966. *A Working Peace System*. Chicago: Quadrangle Books.
Pawlow, Nicole-Annette. 1990. *Innerdeutsche Städtepartnerschaften*. Berin: Verlag Gebr.
　　Holzapfel.

통일 대박을 위한
평화로운 통일 과정

김근식
경남대학교 정치외교학과 교수

1. 통일 과정의 역동성

통일은 더는 먼 미래의 일이 아니다. 먼 훗날에나 다가올 미래의 꿈이 아니다. 조만간 그리고 불현듯 현실의 일로 다가올 수 있는 매우 구체적인 과제이다. 원하든 원하지 않든, 급변 사태든 아니든 간에 통일의 가능성이 과거보다 진전되었다는 것은 부인하기 어렵다. 탈냉전 이후 동북아 질서의 안정성과 불안정성 역시 한반도 통일에 유동성을 제공하는 외적 환경이기도 하다. 좌우를 막론하고 통일을 구체적 당면 과제로 인식하고 있는 한국 내 시민사회와 정부의 인식 역시 이제 더는 통일이 미래의 사건이 아니라는 것을 반증하고 있다.

통일이 현실의 준비 과제로 인식되는 한, 한반도 통일에 대해 매우 현실적이고 냉정하게 접근해야 한다. 좌우 진영의 이념과 노선을 앞세운 주관적 희망과 고집만으로 실제 진행될 통일을 회피하거나 두려워하거나 우회해서는 안 된다. 우선 통일은 미리 그려진 통일 방안의 경로나 통일 국가의 상으로 진행되지 않는다는 것을 명심해야 한다. 제2차 세계대전 이후 존재했던 분단국의 재통합 사례를 보면 어느 경우이든 공식 선언된 통일 방안대로 진행되지 않았다. 분단 시절 미리 규정해놓았던 희망적인 통일국가의 모델대로 진행되지 않았던 것이다(김근식, 2003: 167). 미리 그려진 관념상의 통일 방식이나 통일 국가는 실제의 역동적 통일 과정에서 변형되거나 수정되었고 속도가 빨라지거나 늦춰졌다.

또한 실제의 통일은 결코 합의에 의한 대등 통일을 실질적으로 허하지 않는다. 통일 방안 대부분은 쌍방의 합의에 의한 평화적 방식의 대등 통합을 표방하고 있지만, 현실에서 전개되는 실제 통일 과정은 사실상 합의형 대등 통합이 불가능하다는 것을 보여주고 있다. 통일이 시작되는 순간부터 통일 과정은 가장 냉정하고 냉혹한 힘의 관계를 반영하게 된다. 이성적으로는 공존형 과도 기간을 거친 합리적 통일을 주장할 수 있지만, 실제로 통일 과정에 진입하면 힘의 우위에 있는 일방이 열세에 있는 타방을 급속도로 흡수하는 방식을 취할 수밖에 없었다.

물론 합의에 의한 통일 방식은 힘의 관계를 반영한 불균형 통일 방식과 어떻게든 결합하는 모습을 취한다. 즉 합의통일은 이미 내막적으로 일방이 타방에 흡수된 통일 방식을 사후 추인하는 외적 정당화 절차로 존재할 수 있다. 자유선거에 의해 새로 구성된 동독의 정치권력이 서독 연방으로의 편입을 결정하는 평화적인 합의통일 방식이 이에 해당한다. 아니면 합의통일은 향후 치열하게 진행될 힘에 의한 역동적 통일 과정의 시작을 알리는 역할을 하기도 한다. 평화로운 합의통일을 도출해놓고 정작 본격적인 통일 과정의 힘겨루기는 그제야 시작되는 것이다. 총선에 의한 대등 통일을 합의해놓고도 정작 일방이 타방을 무력 통일한 예멘의 경우가 이에 해당한다. 결국 실제로 존재하는 현실의 통일은 쌍방이 대등하게 합의에 의해 통일되는 방식이 본질이 아니라 오히려 힘의 역관계를 반영한 급격한 흡수 방식이 통일의 본질이라는 것을 알 수 있다.

이로 미루어볼 때 현실에서는 공식적 통일 방안이나 이상적 통일국가 모델이 실제의 통일을 주조하는 것이 아니라 역동적으로 전개되는 실제 '통일 과정의 동학dynamics of unification process'이 통일을 완성하게 되고 이에 따라 통일의 방식과 통일국가의 모습이 주조된다(김근식, 2012: 147~178). 이에 유의한다면 한반도 통일 역시 통일의 경로와 방식 그리고 통일한국의 모습은 미리 정해지는 것이 아니라 통일 과정의 역동적 진행 과정에 따라 가변적으로 진행될 수 있는 것이다. 이렇기 때문에 통일 과정에서 발현될 역동적 정치 과정을 현실로 받아들이되 가능한 한 그 부작용과 후유증을 최소화하고 더 나은 삶이라는 통일의 본래 의미와 가치에 기여할 수 있도록 고민하는 노력이 필요하다. 실제 통일을 맞이할 때 '통일 과정'이 핵심적으로 중요할 수밖에 없는 이유이다.

2. 주어진 해방과 주어진 통일

광복과 분단은 역사적으로 연원을 같이하는 쌍생아이다. 광복이라는 민족의 축복이 분단이라는 민족의 재앙으로 함께 도래했기 때문이다. 광복과 분단이 동행하는 것 자체가 우리 한반도가 맞이한 비극적 현실이었다. 광복이 분단으로 이어진 것은 1945년 해방이 '주어진 해방'이었기 때문이다. 일제로부터의 해방은 우리가 준비하고 쟁취한 것이 아니라 일본이 연합국에 패전함으로써 갑자기 주어졌기 때문이다.

주어진 해방인 탓에 1945년의 해방은 '갈라진' 해방이었다. 우리는 일제 식민 지배로부터 벗어났다는 기쁨과 남북이 서로 갈라지는 설움을 동시에 맞아야만 했다. '일본군 무장해제'라는 군사적 명분으로 시작된 분단은 우리 내부의 좌우익 갈등과 미소 간의 냉전적 대결이 상호 상승작용을 일으킴으로써 일시적 '갈라짐'이 아니라 남과 북에 각기 다른 체제와 정부가 수립되는 정치적 '분단'이라는 결과를 낳고 말았다. 준비하지 못한 '주어진 해방'이 결국 민족의 분단이라는 주어진 비극을 초래한 것이다(김근식, 2005: 1~2).

역사는 동일한 교훈을 제공한다. 다가오는 통일을 또 다시 준비 없이 맞이할 경우, 그 통일은 또 다시 축복이 아니라 재앙이 될 수 있다. 이미 통일은 조금씩 다가오고 있다. 우리가 준비를 잘해서가 아니라 북한 요인에 의해 통일이라는 기회의 창이 열리고 있다. 시장은 이미 국가가 돌이키기 어려울 정도로 널리 확산되어 있다. 계획경제는 시장경제와 공존하거나 시장경제로부터 지대^{rent}를 얻지 않고서는 스스로 생존하기 어렵다(Buchanan et al., 1980: 4). 고난의 행군 이후 스스로 자력갱생에 익숙한 '장마당 세대'의 의식은 이미 국가와 당에 의존하지 않는다. 최근 북한 경제의 상대적 호전을 배경으로 시장 세력과 권력 엘리트의 결합이 강고해지면서 경제적 이권을 둘러싼 권력 집단 내부의 균열 가능성이 배태되고 있다. 북한의 실질적 변화가 위아래로 지속되면서 북한 내부의 정치적 변동과 근본적 변화의 씨앗은 이미 뿌려지고 있는 셈이다.*

북한발 통일의 기회가 점점 다가오는 현실에서 정작 우리의 통일 준비는 허망하거나 공허할 뿐이다. 대통령이 통일 대박을 주장했고 정부가 통일준비위원회를 가동하고 있지만, 우리는 통일을 전혀 실감하지 못하고 있다. 남북 관계 경색이 지속되고 군사적 긴장이 상존하는 지금의 한반도 현실에서, 서로를 존중하거나 관용하지 못하고 상대를 공존의 대상

---

* 북한 경제 상황과 관련해서는 이석 외(2009); 임수호 외(2015)를 참조.

이 아니라 용납 못할 적으로 인식하는 남북 갈등과 남남 갈등의 현실에서 통일은 우리에게 축복이 아니라 재앙일 것이다. 북한 요인으로 통일이 갑자기 닥친다 하더라도 남북 관계 개선과 화해, 협력의 축적이 없다면 북한 주민의 마음을 얻지 못하는 재앙의 통일이 될 것이다.

우리가 또다시 준비하지 못한 상태에서 통일이 도둑같이 올 때, 주어진 해방이었기에 갈라진 해방이라는 비극을 맞이한 것과 같은 역사적 비극이 되풀이될 수도 있다. 화해·협력과 상호 이해를 통해 북한 주민의 마음을 사지 못한 채로 통일이라는 기회의 창이 열린다면 상호 불신과 증오와 갈등이 난무하는 매우 폭력적이며 비평화적 통일을 겪게 될 것이고, 이는 곧 해방이 전쟁으로 이어진 과거의 경험을 또 한 번 되풀이하는 역사적 잘못을 범하게 될 것이다.

3. 통일 대박과 통일 쪽박

과연 모든 통일은 대박일까? 통일이 우리에게 엄청난 혜택과 축복을 가져다준다는 것은 맞는 말이다. 그러나 모든 통일이 항상 대박일 수는 없다. 통일이 진정으로 대박이 되려면 '좋은' 통일, '바람직한' 통일이 되어야 한다. 무조건 통일은 오히려 통일 대박이 아니라 재앙이 될 수도 있다.

그 반면교사의 교훈을 우리는 최근 예멘의 사태에서 목격할 수 있다. 남북으로 분단되었던 예멘」은 1990년 합의통일을 이루기는 했지만, 1993년에 일어난 내전을 거쳐 통일이 된 사례이다(김국신, 2001: 73~98). 통일된 지 20년이 넘었지만 예멘의 경우는 결코 대박 통일이라 할 수 없다. 통일 대통령 알리 압둘라 살레Ali Abdullah Saleh가 독재를 지속했고 '재스민 혁명'으로 그가 권좌에서 물러나기는 했지만, 정치적 안정은 여전히 멀기만 하다. 또한 과도 정부와 반군의 치열한 대결 속에 알카에다 테러 조직의 은신처가 되고 있다. 전 세계를 경악에 빠뜨렸던 프랑스 샤를리 에브도Charlie Hebdo 테러 사건의 배후가 자신들이라고 예멘의 알카에다가 밝히기도 했으며, 극단적 이슬람 무장 테러 조직의 은신처로 예멘이 주목받고 있다. 통일 예멘은 분단 예멘보다 오히려 더 극심한 정치적 불안정과 경제적 침체에 머물러 있는 것이다.

반면 비슷한 시기에 통일을 달성한 독일은 지금 유럽 최고의 경제 발전과 정치적 안정을 이루면서 세계의 중심에 서 있다. 동독 출신 총리가 나오고 통일 비용의 어려움을 극복하면서 동독 지역의 경제성장을 바탕으로 유럽 경제의 기관차가 되고 있다.

예멘과 독일의 대조적인 모습을 살펴보면서 무조건 통일이 아니라 잘 준비된 통일이어야만 진정한 통일 대박을 이룰 수 있음을 알 수 있다. 예멘은 내전이라는 유혈 사태를 거쳐 무력 방식으로 통일을 이루었다. 남예멘의 강경 사회주의 세력도 완전 제거하지 못했고, 북예멘의 반통일 이슬람 부족 세력을 민주화시키지도 못한 채 힘으로 통일을 이루었다. 남북예멘은 상호 이해와 존중의 마음가짐을 준비할 시간을 충분히 갖지 못했다. 오랜 대결과 갈등의 시간에 비해 화해와 협력의 기간이 너무도 짧았다. 더불어 사는 통일을 준비하지 못한 채 정치적 합의만으로 그리고 무력 충돌로 갑작스러운 통일을 이룬 탓에 예멘은 내부의 갈등과 분열을 해소하지 못했고, 통일은 축복이 아닌 재앙이 되고 말았다(김국신 외, 2001; 이동윤, 2002; 김근식, 2015 참조).

우리의 통일이 진정 대박이 되려면 독일과 예멘의 교훈을 잊지 말아야 한다. 무력의 방식이 아니라 반드시 평화로운 방식으로 통일을 이룩해야 한다. 독일 통일이 아름다운 것은 서독이 동독을 흡수해서가 아니다. 통일 과정에서 단 한 방울의 피도 흘리지 않았기 때문이다. 비슷한 시기 통일에 합의했던 예멘은 3년 뒤 유혈 사태를 동반한 내전을 겪고 나서야 통일되었다. 통일 이후 예멘은 장기 독재 아래 신음했고, 지금은 이슬람 테러리스트의 온상이 되고 있다. 평화롭지 못한 예멘의 통일은 대박이 아니라 비극이었다(김근식, 2015c: 9).

막연한 통일이 아닌 평화로운 통일을 받아 안기 위해, 이제라도 한반도 평화와 남북 관계의 평화 그리고 우리 내부의 평화를 준비해야 한다.

4. 평화로운 통일을 위하여

분단 자체를 넘어 정전 상태에서 상시적으로 군사적 대결을 반복하고 있는 우리네 현실은 평화 없는 통일이 얼마나 비현실적인지를 새삼 깨닫게 한다. 2015년 비무장 지대에서 겪었던 남북의 군사적 충돌과 최고로 고조된 긴장 상태는 우리가 누리고 있는 평화가 얼마나 불안정하고 위험한 것인지를 실감하게 한다.

세계 10위권의 교역 국가가 군사적 도발에 언제든 노출되어 있고, 남북의 군사적 충돌이 하시라도 국지전으로 확대될 수 있다는 것은 분명 정상이 아니다. 확성기 방송과 비무장지대 포사격만으로도, 북한군과 한미 연합군의 전면전을 감수하고 결심해야 할지 모르는 우리의 현실을 똑똑히 체감할 수 있다.

불안정한 평화를 항구적이고 안정적인 평화로 정상화하지 않고서는 사실 통일은 매우 위험할 뿐 아니라 무모할 수 있다. 평화가 전제되지 않는 통일은 결국 무력을 통한 흡수이거나 우리 내부의 분쟁 및 충돌과 적대를 수반하는 것이며, 이는 사실 축복이 아니라 재앙에 가깝다. 평화를 미처 준비하지 못한 채 통일이 닥쳐온다면 이 역시 폭력적인 통일로 귀결될 수 있다는 것을 명심해야 한다(김근식, 2015b).

평화로운 통일은 우선 정전 체제하의 대치 상황이 구조적으로 안고 있는 한반도의 군사적 긴장과 갈등을 완화하고 해소하는 것에서부터 준비해야 한다. 전쟁을 종료한 게 아니라 일시 중단한 정전 체제는 한반도 곳곳에 기름을 부어놓은 것과 같다. 성냥불을 긋기만 하면 언제라도 전쟁이 재개될 수 있는 위험천만한 상태이다. 군사적 대결이 상존하고 전쟁 위협이 내재되어 있는 한반도 현실에서 통일이 대박이라는 구호는 어찌보면 한가한 말장난에 지나지 않을지도 모른다. 남북의 군사적 신뢰 구축과 한반도 평화 체제 정착이 전제되지 않는 한, 지금 이 상태에서의 통일은 분명 크나큰 충돌과 재앙을 결과할지 모른다. 핵무기와 재래식 무기, 언제나 남쪽을 향하고 있는 장사정포와 방사포가 즐비한 지금과 같은 한반도의 현실이 그대로 존치된다면, 통일 과정이 평화로이 진행되리라고 보장할 수 없다. 이것이 바로 어렵고 더디지만 군사적 긴장 완화와 신뢰 구축, 더 나아가 정전 체제의 평화 체제로의 전환이라는 과제를 반드시 실현해야 하는 이유이다(김근식, 2015d).

혹자는 사전적 억지와 사후적 응징만으로 평화가 유지될 수 있다고 믿는다. 그러나 이는 소극적 평화이며 불안정한 평화일 뿐이다. 도발의 의지가 있는데도 도발 이후 응징이 무서워 도발하지 않는 것은 걸빈의 평화이다. 막강한 군사력과 과감한 응징으로 팔레스타인의 도발을 억지하는 이스라엘의 평화는 남녀 모두 군대에 복무해야 하고, 온 국민이 집 안에 총기를 보관하며, 일상에서 테러의 위험을 안고 살아야 하는 불안정한 평화이다. 도발의 억지를 넘어 도발의 주체에게서 도발 의지를 없애는 것처럼 갈등의 원인을 해소하는 것이 적극적인 평화이자 안정적인 평화이다. 이렇기 때문에 억지와 응징을 넘어 평화 체제로의 전환이 꼭 필요하다.

평화로운 통일을 위해서는 이뿐 아니라 남북 관계 차원의 안정적 평화가 반드시 평화 체제에 수반되어야 한다. 한반도 평화는 남북 관계의 진전만큼 실제화된다. 독일이 예멘과 달리 평화로운 통일이 가능했던 이유는 오랜 기간 지속해온 화해와 협력이 있었기 때문이다. 문서상으로 평화 체제에 서명했다 해도 현실에서 이를 뒷받침하는 남북 관계의 평화가 병행되지 않는다면 그것은 취약한 평화이다(김근식, 2010). 이명박 정부 이후 남북 관계의 경색과 대결이 군사적 충돌과 긴장을 증대시켰다는 것은 부인할 수 없는 사실이다.

군사적 긴장을 거론하지 않더라도 남북의 관계는 아직도 평화로운 통일에 가까이 다가서지 못하고 있다. 지금의 남북 관계는 서로가 서로를 굴복시켜야 할 상대로 여기는 경우가 더 많다. 진정으로 평화로운 남북 관계가 아니라면 또한 전면적 화해와 협력이 일상화된 남북관계가 아니라면, 통일의 상황이 도래한다 해도 그것이 과연 대박일 수 있을지 결코 확신하기 어렵다. 통일이 된다면 과연 북한 주민들이 한국을 선택할까? 과연 남쪽 사람들은 북한 주민들을 두 팔 들고 환영하면서 같이 살자고 할까? 지금의 남북 관계는 시간이 지날수록 서로가 서로를 불신하고 혐오하며 불편해하는 정도가 더욱 커지고 있다. 남북 관계의 평화가 자리 잡지 않은 한 우리가 맞이하는 통일은 갈등이 만연하고 폭력적이며, 소모적인 통일이 될 수 있다.

평화 없는 통일의 위험성은 사실 우리 내부의 폭력적인 이념 갈등 속에 가장 잘 내포되어 있다. 이른바 남남 갈등으로 불리는 현재 우리 내부에 자리 잡은 분열과 적대는 도를 넘어도 한참을 넘어서고 있다. 대북 정책을 둘러싸고 진보와 보수, 좌와 우, 여와 야가 보여주는 상대방에 대한 적개심과 색깔론은 가히 비정상을 넘어 위험천만한 지경이다. 인도적 대북 지원을 주장하는 사람은 무조건 친북 빨갱이거나 김정은 추종 세력으로 매도되고 북한인권법을 반대하면 종북 세력으로 낙인찍히는 우리 내부의 현실은, 막상 통일이 되면 역사상 유례없는 사상 검증과 이념몰이가 대대적으로 진행될 개연성을 높이고 있다. 통일이 오히려 대대적인 좌익 색출과 진보 죽이기로 변질되지 않는다고 장담할 수 없다.

군사적 긴장이 여전하고, 하시라도 군사적 충돌과 전쟁 위기가 발현될 수 있는 한반도의 현실, 상호 불신 및 힘겨루기, 신경전으로 얼룩지고 있는 남북 관계, 갈수록 격화되고 잔인해지는 남남 갈등의 현실을 생각하면 우리에게 통일은 비평화적이고 폭력적이며 적대적인 일방의 합병이 될 가능성이 높고, 그 상황은 진정 대박이 아니라 재앙일 수 있다. 평화가 빠진 통일론은 그래서 항상 위험하다(김근식, 2016: 15~56).

5. 평화로운 통일 과정
이상과 현실

남북의 화해와 협력을 증진시키고 평화를 증대시킴으로써 북한의 유의미한 변화를 유도해 점진적인 통일을 이루는 것이 가장 바람직한 통일 경로라 할 수 있다. 평화공존과 교류 및 협력을 통해 한반도의 안정과 남북 공동체를 이뤄내면서 북한의 변화를 점진적으로 이뤄내고, 그 결과로 자유민주주의와 시장경제에 입각한 통일을 달성하는 것이다.

한반도 통일 과정에서 화해·협력과 평화공존의 점진적 평화통일을 이상으로 삼는다면, 무력을 사용해 억지로 통일을 달성하거나 북한이 갑자기 붕괴해 우리가 그 지역을 지배하는 도둑처럼 하루아침에 다가오는 통일 방식은 바람직하지 않다. 오히려 지금의 분단 현실에서 상호 체제를 인정하고 화해와 협력을 증진시켜 상호 의존도를 높여나가는 동시에 북한의 변화를 이끌어냄으로써 남과 북이 부작용 없이 점진적으로 하나의 공동체로 합쳐지는 점진적 평화통일이야말로 바람직하고 '더 나은 통일' 이 될 것이다.

그러나 북한의 변화를 전제한 점진적 평화통일의 경우라 해도 어느 시기에 가서는 남북이 합의라는 절차를 통해 통일 과정에 진입할 것이다.

그리고 북한 체제가 중국식의 개혁·개방 수준에 머물고 사회주의가 완전히 해체되지 않는 한, 그 방식과 내용은 1990년에 남북 예멘이 채택했던 합의형 대등 통합이 될 가능성이 높다. 그러나 예멘의 사례에서 확인했듯이 착실히 준비되지 않은 채, 전 국민적 합의가 미비한 채, 남북의 역관계를 제대로 반영하지 않은 채로 합의형 대등 통합을 추진할 경우, 이후의 통일 과정에는 필연적으로 힘의 우위를 반영한 정치적 다이내믹스가 작동하면서 약한 쪽이 강한 쪽으로 쏠리고 강한 쪽은 약한 쪽을 장악하려는 갈등과 혼란이 전개되어 심지어는 재분리와 강압적 통합으로 귀결될지 모른다.

결국 점진적 평화통일 모델에 따라 화해·협력과 평화공존을 통해 우리가 바라는 대로 북한이 개혁·개방과 연착륙에 성공한다 하더라도 이후의 통일 과정이 북한의 존재를 인정하는 남북 상호 타협의 합의통일이 된다면, 이 경우 역시 통일 과정의 정치적 다이내믹스는 통합의 급격한 구심력으로 작용해 힘의 역관계를 철저히 반영함으로써 혼란과 갈등이 적잖이 발생할지도 모른다.

점진적 평화통일이 아니지만, 또 하나의 가능한 통일 과정으로 북한의 급격한 체제 전환에 의한 흡수통일 방식을 상정할 수 있다. 바람직하지는 않지만 현실적 가능성을 분명히 인정해야 하는 통일 방식이다. 평화공존과 북한 스스로의 변화에 의한 점진적 평화통일이라는 바람직한 통일 경로를 희망하지만, 북한 체제의 예기치 않은 급변 가능성은 항상 존재하고 있기 때문이다. 실제로 점진적 평화통일의 과정에서 북한 급변 사태가 발생할 개연성은 하시 존재한다. 진보 진영 내에서도 대북 포용 기조에 의한 점진적 평화통일 노선을 견지하고 있지만, 불안정한 북한 변수의 가변성 때문에 급변 사태에 대한 대비책을 고민해야 한다는 논의가 제기되고 있다.*

급변 사태에 의한 흡수통일 방식은 한반도 통일 과정의 정치동학을 더욱 급격히 진행시킬 것이다. 급변 사태로 북한에 권력 공백이 생기거나 새로운 정치권력이 등장해 체제 불안정이 심화될 경우 한반도 통일 과정은 곧바로 본격화될 것이고, 그로부터 역동적인 정치 과정이 진행되어 힘의 역관계에 의한 남북 통합의 구심력이 작동하게 될 것이다. 이 경우에도 통일 과정의 정치동학은 매우 혼란스럽고 복잡하고 어려울 것이다.

사실 점진적 평화통일과 급변 후 흡수통일이 반드시 상호 모순적인 것이 아닐 수도 있다. 점진적 평화통일이 정상적으로 진행된다 하더라도 결국 남과 북의 체제 통합은 현실적으로 일방의 근본적 변화와 타방으로의 흡수라는 방식을 거칠 가능성이 높다. 평화공존과 북한의 변화라는 점진적 평화통일 노력에도 불구하고, '똑같이 사는 통일'로서 통일의 완성 단계는 부득불 한쪽의 체제 전환과 이를 통한 흡수통일일 수밖에 없기 때문이다.

결국 현실에서는 화해와 협력에 의한 점진적 통일 방식이 급변 후 흡수통일과 반드시 배치되지 않을 수 있다는 의미이다. 점진적 통일 과정이지만, 마지막 결과로 이뤄지는 통일이 일방의 급변과 타방으로의 흡수라

---

* 진보 진영 역시 북한 변수의 불안정성을 인정하면서 점진적 평화통일 담론의 대비책을 주문하고 있다(이태호, 2010: 11~12).

는 경로를 택할 수도 있기 때문이다. 이에 따른다면 사실 바람직한 방식인 점진적 평화통일과 가능한 방식인 급변 후 흡수통일이 배타적이거나 양립 불가능한 것이 아닐 수 있다. 오히려 실제로 가능한 통일의 방식은 점진적 평화통일 과정이 지속되다가 일정한 시기와 국면에서 급변 후 흡수통일이라는 마지막 단계를 거치는 것일지도 모른다(김근식, 2009).

6. 평화로운 통일 과정의 필요조건
화해와 협력의 필요성과 상호 민주화

결과적으로 평화로운 한반도식 통일 과정을 상정해본다면 북한의 연착륙을 목표로 점진적 평화통일을 추진하되, 어느 시점에서 급변 후 흡수통일을 준비하는 것이 가장 현실적인 경로일 수 있다. 그리고 어떤 경우에도 한반도식 통일 과정의 정치동학은 매우 급격한 구심력이 작동하면서 남북의 힘의 관계를 반영하는 매우 역동적인 양상으로 진행될 것이다. 이를 전제로 우리는 평화로운 통일 과정을 담보하기 위한 우리 식의 노력과 준비를 게을리하면 안 된다. 그리고 한반도식 통일 과정이 예멘식의 정치적 대결 갈등과 재분열 및 무력 통일의 참담한 결과로 귀결되는 것을 피하기 위해 가능한 한 독일식의 평화적 방식을 선택하되, 급변 후 흡수통일 방식이 '평화의 파괴자'로서의 통일이 되지 않도록 노력과 장치를 깊이 고민해야 한다.

북한의 연착륙을 전제로 남북 합의의 대등 통합이라는 통일 과정을 상정할 경우, 우리는 예멘의 사례를 반면교사로 삼아 결코 예멘식의 오류를 범해서는 안 된다. 준비되지 않은 합의통일, 힘의 관계를 반영하지 못하는 합의통일, 남북의 비민주적 요소를 잔존시켜 갈등과 대립의 씨앗을 배태한 합의통일은 반드시 막아내야 한다. 진보 진영은 점진적 평화통일을 추구하면서도 예멘식이 합의형 대등 통합의 취약성과 모순점을 충분히 인식하고, 결국에는 역동적 흡수통일 과정을 수용해야 한다.

북한의 경착륙을 전제로 급변 후 흡수통일이라는 통일 과정을 상정할 경우, 우리는 또한 독일의 사례를 타산지석으로 삼아 반드시 평화적인 통일을 성취해야 한다. 무력이 아닌 평화적 방법으로 통일을 완성한 것을 본받되 통일의 후유증과 부작용을 최소화하는 데 노력을 기울여야 한다. 보수 진영은 급변 후 흡수통일을 지향하면서도 가능한 한 오랜 기간의 공존과 상호 민주화 과정을 충분히 고려하고 준비해야 한다.

결국 한반도식 통일 과정이 평화라는 대원칙을 견지하려면 무엇보다 통일 과정으로 진입하기 전에 되도록 오랜 평화공존과 화해·협력의 과정을 착실히 준비해야 한다. 북한의 급변 사태 이후 흡수통일의 경로가 시작된다 하더라도, 급격한 통합의 구심력이 일방의 해체와 파괴에 의한 타방의 압도적 덮어씌우기식의 파행으로 치닫지 않도록 가능한 한 통일 과정의 본격화 이전에 남북이 상호 인정과 상호 이해의 훈련 과정을 경험하고 축적해야 한다.

독일과 예멘의 차이에서 알 수 있듯이 급격한 통합의 구심력과 힘의 관계를 반영하는 정치적 역동성이 불가피하다 하더라도 남북의 통일 과정이 예멘식의 재분열과 무력 통일이라는 최악의 경로를 피하고, 독일식의 동독의 자유 선택에 의한 평화로운 흡수통일 방식으로 진행되려면 무엇보다 오래되고 일관된 화해·협력과 평화공존의 준비 과정을 반드시 거쳐야 한다.

이른바 붕괴 후 흡수통일로 분류되는 독일의 경험이 화해와 협력에 의한 점진적 통일 방식과 역사적으로 결합되어 있다는 점을 놓쳐서는 안 된다. 독일 통일을 붕괴에 의한 흡수통일 방식으로만 규정한다면 그것은 절반의 분석에 그치고 만다. 1989년 베를린 장벽 붕괴와 1990년 동독의 자유선거 그리고 동서독 통합 과정은 분명 붕괴 후 흡수 방식에 해당된다. 그러나 베를린 장벽 붕괴 이전 20여 년에 걸친 교류 및 접촉과 화해·협력의 신동방정책이 없었다면, 하루아침에 동독이 붕괴하고 흡수통일되는 사건은 일어나지 않았을 것이다. 동독이 서독으로 공식 편입되는 1990년 10월의 '사건'에 도달하기까지 신동방정책 추진 이후 활발히 지속된 교류·협력과 자유 왕래라는 긴 통일 과정을 겪었음은 두말할 나위 없다. 동독이 붕괴되고 주민들의 자유의사에 의해 서독으로의 편입을 결정할 수 있었던 것 역시 20여 년 동안의 '접근을 통한 변화' 즉 동방정책이라는 화해와 협력 정책의 성과였다. 화해와 협력이라는 준비 기간이 지속됨으로써 비로소 붕괴 후 흡수통일이라는 통일의 결과를 가능하게 한 것이다(김용욱, 2006; 홍현익, 2015 참조).

따라서 한반도식 통일 과정에서는 어떤 경로를 상정한다 하더라도 화해·협력과 평화공존을 지속해야 한다. 이른바 '대북 포용 정책engagement'에 의한 화해·협력의 증진과 남북관계의 개선을 통해 상호 존중과 평화공존의 바탕을 튼튼히 하고, 동시에 같이 살 수 있는 공동체로서의 통일을 준비하는 차원에서 남과 북 공히 상호 변화 과정을 경험해야 한다.* 상호 인정과 공존, 상호 변화의 역사적 경험을 공유하지 않는다면 실제 통일 과 정에 진입했을 때 급격한 통합의 구심력은 적자생존의 정글 법칙에 따라 힘의 우위에 따른 일방적 통일로 진행될 것이기 때문이다. 통일 이전에 통일 방안에 집착하거나 일방적인 통일국가상에 집착하는 것 역시도 상 호 공존과 상호 이해의 필요성에 반하는 것이다. 한반도식 통일 과정이 비폭력적이며 평화적 통일로 진행되기 위해서는 부득불 화해·협력과 평 화공존의 장기적 훈련 과정이 전제되어야 한다. 통일 과정의 공유를 통해 보수 진영이 반드시 수용해야 할 교훈이자 원칙이 바로 이것이다.

평화로운 통일 과정의 필요조건으로서 남북의 상호 민주화는 아무리 강조해도 지나치지 않을 것이다. 우선 점진적 평화공존 기간 동안 북이 가 능한 한 높은 수준의 체제 변화를 수반해야 한다. 주체형의 폐쇄된 사회주 의를 개혁하고, 유일 지배의 수령 독재를 되도록 완화해야 한다. 정치적· 경제적으로 북한 사회주의가 체제 전환에 나서야만, 연착륙에 의한 합의 통일로 통일 과정이 시작되든 경착륙에 의해 급격히 통일 과정이 시작되 든 간에 북한 주민의 자유의사가 온전히 표출되고 반영되는 정치동학이 가능할 것이기 때문이다. 더불어 정치동학의 결과를 그대로 받아들이기 위해서는 북한의 정치 엘리트들이 약화되는 과정을 거쳐야 한다. 예멘처 럼 민주화되지 못한 채 남북에 상호 적대의 정치 세력이 온존하는 한 정치 적 다이내믹스의 결과로 선거가 실시된다 해도, 이에 저항할지 모른다.

---

* 　대북 포용 정책의 정당성과 진화 방향에 대해서는 김근식(2011) 참고.

북의 사회주의 강경파가 약화되어야 하는 것처럼 남에서도 원만한 통일 과정을 방해할 극단적인 수구 세력이 민주적 가치를 수용해야 한다. 민주화를 공고히 하는 가운데 남한에서도 북의 존재를 인정하는 '관용성 tolerance'이 자리 잡아야 한다. 북예멘의 이슬람개혁당과 같이 맹목적이고 강압적인 반북 수구 세력이 정치적으로 일정한 기반을 잡고 있는 한, 어떠한 통일 과정에서도 그들의 정치동학은 평화적인 통일을 훼손하게 될 것이다.

동독의 첫 자유선거는 독일의 통일 과정이 평화로울 수 있었던 동인을 가장 상징적으로 보여준다. 첫 자유선거에서 공산당의 후신인 민사당이 16.4%를 득표했고, 서독 주민들은 그 정치적 결과를 덤덤히 수용했다. 북한이 민주화된 이후 첫 자유선거에서 노동당이 국회의원을 배출하게 된다면, 지금 우리 사회의 정치적 갈등과 분열을 감안할 때 과연 수용할 수 있을 것인가? 이것이 바로 독일과 극명히 대조되는 지점이다. 있는 그대로 북한을 수용하는 관용이야말로 북한 붕괴 이후 더욱 우리에게 필요한 민주주의의 덕목일 것이다.

결국 한반도식 통일 과정에서는 점진적 평화통일이든 급격한 흡수통일이든 간에 되도록 오랜 기간의 화해·협력과 평화공존 기간이 축적·공유·확산됨으로써 일방의 흡수와 일방의 해체라는 극단적 통일의 부작용을 최소화해야 할 것이다. 또한 한반도식 통일 과정이 극단적 세력의 무분별한 대결과 적대에 의해 발목을 잡히지 않기 위해서는 북한 체제의 변화 및 기득권 세력의 약화와 더불어 남한의 수구 강경 세력의 민주화가 이뤄져야 한다. 즉 북한에 친남 세력이 형성·확대되고 남한에 극단적 반북 세력이 약화되어야만, 점진적 평화통일이든 급격한 흡수통일이든 간에 적대와 대결의 통일 과정을 피할 수 있을 것이다.

통일 과정의 공론화를 통해 진보 진영은 점진적 평화통일을 지향하되 흡수통일의 가능성을 항상 열어두어야 한다. 평화공존과 점진적 통일을 지향하더라도 어느 시점에서는 반드시 역동적 징치동학이 작용하게 되고, 일방이 타방을 흡수하는 과정을 겪게 된다는 점을 진보 진영은 받아들여야 한다. 더불어 평화적 방식의 흡수통일을 위해서는 가능한 한 북한의 민주화가 많이 진척되어야 한다는 점에도 동의해야 한다.

통일 과정의 공론화를 통해 보수 진영은 흡수통일을 지향하되 화해·협력 기간의 중요성에 동의해야 한다. 결국에는 흡수통일의 방식을 취하겠지만, 통일 과정이 평화적이고 결과로서의 통일이 지금보다 더 나은 삶으로 귀결되기 위해서는 되도록 오랜 기간의 화해·협력과 공존 기간이 필요하다는 것을 인정해야 한다. 더불어 비폭력적 통일 과정을 위해 보수 진영은 북한의 민주화와 함께 한국 내부의 수구·반북 세력이 약화되고 관용의 민주주의가 더욱 증대되어야 한다는 점에 동의해야 한다. 진보와 보수가 함께 통일 과정을 고민해 합의 가능한 지점을 찾아내어 최소한의 공감대를 이뤄내는 것이야말로, 향후 평화로운 통일 과정을 맞이하는 첫 출발점이 될 것이다.

참고문헌

김국신. 2001. 「통일협상 과정에서 남북예멘 내부의 권력투쟁」. ≪통일연구논총≫,
10권 2호.

김국신 외. 2001. 「독일·베트남·예멘 통일 사례」. ≪통일연구원 학술회의 총서≫,
01-07(12월). 통일연구원.

김근식. 2003. 「연합과 연방: 통일방안의 폐쇄성과 통일과정의 개방성-615 공동선언
2항을 중심으로」. ≪한국과 국제정치≫, 19권 4호(겨울 호).

_____. 2005. 「광복 60년과 한반도」. ≪KINU 정책연구시리즈≫, 2005-04(8월). 통
일연구원.

_____. 2009. 「북한 급변사태와 남북연합: 통일과정적 접근」. ≪북한연구학회보≫,
13권 2호(겨울 호).

_____. 2010. 「탈냉전과 한반도 평화 그리고 민주주의」. ≪평화연구논집≫, 18권 2호
(가을 호). 고려대학교 평화와 민주주의 연구소.

_____. 2011. 『대북포용정책의 진화를 위하여』. 한울.

_____. 2012. 「한반도 통일과정의 정치동학: 독일·예맨 사례의 시사점」. 이수훈 외.
『한반도 통일론의 재구상』. 선인.

_____. 2015a. 「통일 대박과 통일 예멘」. ≪통일시대≫, Vol.101. 민주평화통일자
문회의.

_____. 2015b. "평화 오디세이 릴레이 기고 13: 통일은 평화에서 시작된다". ≪중앙
일보≫(8.26).

_____. 2015c. 「'8·25 남북 합의' 성과와 과제」. ≪통일시대≫, Vol.107. 민주평화통
일자문회의.

_____. 2015d. "평화체제 담론 우리가 주도권을 쥐어야 한다". ≪중앙일보≫(11.21).

_____. 2016. 「남북관계의 구조적 딜레마와 새로운 접근」. 경남대학교 극동문제연

구소 엮음. 『분단 70년의 남북관계』. 선인.

김용욱. 2006. 「예멘과 독일의 통일사례 비교와 시사점: 통합 합의과정 및 통일방식을 중심으로」. ≪한국정치외교사논총≫, 28집 1호.

이동윤. 2002. 「분단과 갈등, 그리고 통일: 독일, 예멘, 베트남의 갈등관리 사례 비교」. ≪통일정책연구≫, 11권 2호.

이석 외. 2009. 『북한 계획경제의 변화의 시장화』. 통일연구원.

이태호. 2010. 「한반도 위기관리, 평화관리에서 시민사회의 역할」. 시민평화포럼 6월 공개 포럼 발표문(6.24).

임수호 외. 2015. 『북한 경제개혁의 재평가와 전망: 선군경제노선과의 연관성을 중심으로』. 대외경제정책연구원.

홍현익. 2015. 「'대박'통일을 위한 대북정책 및 국제 협력방안: 독일과 예멘 사례의 교훈」. 세종연구소.

Buchanan, James et al., *Toward a theory of the Rent-seeking society*(Texas a & M University Press, 1980).

지은이

김근식 경남대학교 정치외교학과 교수
김성경 북한대학원대학교 교수
김학성 충남대학교 정치외교학과 교수
박재규 경남대학교 총장
서주석 북한대학원대학교 겸임교수
양문수 북한대학원대학교 교수
조봉현 IBK 경제연구소 부연구소장
조재욱 경남대학교 정치외교학과 교수
조한범 통일연구원 선임연구위원
홍현익 세종연구소 수석연구위원

한울아카데미 1977

새로운 통일 이야기

© 박재규 외, 2017

지은이 박재규·김근식·김성경·김학성·서주석·양문수·조봉현·
조재욱·조한범·홍현익
펴낸이 **김종수**
펴낸곳 **한울엠플러스(주)**
편 집 **최진희**

초판 1쇄 인쇄 2017년 4월 5일
초판 1쇄 발행 2017년 4월 15일

주소 10881 경기도 파주시 광인사길 153 한울시소빌딩 3층
전화 031-955-0655
팩스 031-955-0656
홈페이지 www.hanulmplus.kr
등록번호 제406-2015-000143호

Printed in Korea.
ISBN 978-89-460-5977-1 93340(양장)
        978-89-460-6322-8 93340(학생판)

※ 책값은 겉표지에 표시되어 있습니다.
※ 이 책은 강의를 위한 학생용 교재를 따로 준비했습니다.
   강의 교재로 사용하실 때는 본사로 연락해주시기 바랍니다.